2025年度版

熊本県・熊本市の
音楽科

過 去 問

協同教育研究会 編

協同出版

本書には，熊本県・熊本市の教員採用試験の過去問題を収録しています。各問題ごとに，以下のように5段階表記で，難易度，頻出度を示しています。

難 易 度

非常に難しい	☆☆☆☆☆
やや難しい	☆☆☆☆
普通の難易度	☆☆☆
やや易しい	☆☆
非常に易しい	☆

頻 出 度

◎	ほとんど出題されない
◎◎	あまり出題されない
◎◎◎	普通の頻出度
◎◎◎◎	よく出題される
◎◎◎◎◎	非常によく出題される

※**本書の過去問題における資料，法令文等の取り扱いについて**
　本書の過去問題で使用されている資料や法令文の表記や基準は，出題された当時の内容に準拠しているため，解答・解説も当時のものを使用しています。ご了承ください。

はじめに～「過去問」シリーズ利用に際して～

　教育を取り巻く環境は変化しつつあり，日本の公教育そのものも，教員免許更新制の廃止やGIGAスクール構想の実現などの改革が進められています。また，現行の学習指導要領では「主体的・対話的で深い学び」を実現するため，指導方法や指導体制の工夫改善により，「個に応じた指導」の充実を図るとともに，コンピュータや情報通信ネットワーク等の情報手段を活用するために必要な環境を整えることが示されています。

　一方で，いじめや体罰，不登校，暴力行為など，教育現場の問題もあいかわらず取り沙汰されており，教員に求められるスキルは，今後さらに高いものになっていくことが予想されます。

　本書の基本構成としては，出題傾向と対策，過去5年間の出題傾向分析表，過去問題，解答および解説を掲載しています。各自治体や教科によって掲載年数をはじめ，「チェックテスト」や「問題演習」を掲載するなど，内容が異なります。

　また原則的には一般受験を対象としております。特別選考等については対応していない場合があります。なお，実際に配布された問題の順番や構成を，編集の都合上，変更している場合があります。あらかじめご了承ください。

　最後に，この「過去問」シリーズは，「参考書」シリーズとの併用を前提に編集されております。参考書で要点整理を行い，過去問で実力試しを行う，セットでの活用をおすすめいたします。

　みなさまが，この書籍を徹底的に活用し，教員採用試験の合格を勝ち取って，教壇に立っていただければ，それはわたくしたちにとって最上の喜びです。

協同教育研究会

C O N T E N T S

第1部

熊本県・熊本市の
音楽科
出題傾向分析

熊本県・熊本市の音楽科　傾向と対策

　熊本県の音楽科の問題は，特に問題数が多いという訳ではないが，学習指導要領と音楽の専門的な問題を相互に関わらせた出題が多く，細かい知識と教員としての実践力が同時に問われる。特に二次試験の論述問題は念入りな準備を要する。なお，2017年度以降は，それまで頻出だった放送による聴き取り問題(中学校)は出題がみられない。さらに，時間を要する問題については，2018年度は旋律の作曲問題，2019年度は提示された旋律を移調して記譜する問題，2020年度はリズム譜から答える問題，2021年度は問題の一部を移調して記譜する問題など，傾向にばらつきがあることも特徴の一つとしてあげられる。

　一次試験の構成は，学習指導要領関連の問題，教科書教材による総合問題，日本伝統音楽の問題が主となっている。また，全体的に単なる語句の穴埋めなどの暗記問題よりも，実際の指導と関わらせた論述問題が多い。

　以上の傾向からみて，次のような対策が必要であることが分かる。

　学習指導要領関連の問題は，教科の目標や各学年の指導内容に関する文言を正確に覚えること，また学習指導要領解説を熟読し，特に改訂の要点を理解することが重要である。教科書教材による総合問題は，実際に旋律の一部を五線譜に書かせる問題や，生徒への指導法を問う問題等，かなり実践的な出題傾向にある。徹底した教材研究をすることはもちろん，自分ならどのような指導をするか，またその教材の特徴を生かした指導法はどのようなものなのか，常に構想を練っておかれたい。日本伝統音楽の問題は和楽器に関する問題が中心である。楽器の部位の名称，楽譜の読み方，調弦法，奏法等を中心に学習しておこう。その他，年度別チャートにある音楽ジャンルについては，特に高等学校で複数のジャンルについてかなり細かく問われている。それぞれ代表的な人物名や曲名，キーワードを押さえ，自分の言葉で説明できるようにしておくとよい。なお，放送による聴き取り問題も，今後再び出題される可能性があ

る。それぞれ過去問をよく分析し，対策をしておきたい。

　二次試験の論述問題は，例年学習指導要領の内容をふまえた指導の展開例が出題されている。過去に，高等学校では，音楽とその他の事項との関わり等といった，より発展的な問題が出題されたこともある。2022年度はICTに関する問題も出題されており，時代に応じた指導法についてのイメージを持っておくことも重要である。学習指導要領の内容を理解しているか，そして自分なりの具体的な指導の構想を説明できるかがポイントとなる。論述は回数を重ねて対策しておく必要があるので，日頃から文章を書く訓練をし，実際に周囲の人に読んでもらうとよい。また学習指導要領解説について，内容を理解できていない部分がないかについても確認しながら，日々の学習を進められるとよいだろう。

過去5年間の出題傾向分析

分類	主な出題事項		2020年度	2021年度	2022年度	2023年度	2024年度
A 音楽理論・楽典	音楽の基礎知識		●	●	●	●	●
	調と音階		●	●	●		●
	音楽の構造						
B 音楽史	作曲家と作品の知識を問う問題		●	●	●	●	●
	音楽様式，音楽形式の知識を問う問題						
	文化的背景との関わりを問う問題				●		
	近現代の作曲家や演奏家についての知識		●			●	
C 総合問題	オーケストラスコアによる問題			●			
	小編成アンサンブルのスコア，大譜表（ピアノ用楽譜）による問題					●	
	単旋律による問題				●	●	●
D 楽器奏法	リコーダー						
	ギター		●				
	楽器分類			●			
E 日本伝統音楽	雅楽		●	●			●
	能・狂言		●				●
	文楽						●
	歌舞伎			●		●	
	長唄等					●	●
	楽器（箏，尺八，三味線）		●	●	●		
	民謡・郷土芸能				●	●	●
	総合問題			●			●
F 民族音楽	音楽のジャンルと様式	(1)アジア（朝鮮，インド，トルコ）					
		(2)アフリカ　打楽器					
		(3)ヨーロッパ，中南米					
		(4)ポピュラー					
	楽器	(1)楽器分類（体鳴，気鳴，膜鳴，弦鳴）					
		(2)地域と楽器		●			

分類		主な出題事項	2020年度	2021年度	2022年度	2023年度	2024年度
G 学習指導要領	(A)中学校	目標		●			
		各学年の目標と内容			●	●	●
		指導計画と内容の取扱い	●			●	●
		指導要領と実践のつながり					●
	(B)高校	目標	●				
		各学年の目標と内容					
		指導計画と内容の取扱い			●	●	
H 教科書教材		総合問題	●	●	●	●	●
		旋律を書かせたりする問題	●	●	●	●	
		学習指導要領と関連させた指導法を問う問題	●			●	●
I 作曲・編曲		旋律，対旋律を作曲					
		クラスの状況をふまえた編成に編曲					
		新曲を作曲					
J 学習指導案		完成学習指導案の作成					
		部分の指導案の完成					
		指導についての論述	●	●	●	●	●

第 2 部

熊本県・熊本市の教員採用試験実施問題

2024年度　実施問題

一次試験

【中学校 (県・市共通)】

【1】次の文章は,「中学校学習指導要領(平成29年告示)　第2章　第5節 音楽」の「第3　指導計画の作成と内容の取扱い」からの抜粋である。 文中の ① ～ ⑩ に当てはまる語句を答えなさい。

1　指導計画の作成に当たっては,次の事項に配慮するものとする。((2)(5)(6)は省略)

(1)　題材など内容や時間のまとまりを見通して,その中で育む ① の育成に向けて,生徒の ② の実現を図るようにすること。その際,音楽的な ③ を働かせ,他者と ④ しながら,音楽表現を生み出したり音楽を聴いてその ⑤ などを見いだしたりするなど,思考,判断し,表現する一連の過程を大切にした ⑥ を図ること。

(3)　第2の各学年の内容の〔 ⑦ 〕は,表現及び鑑賞の学習において ⑧ に必要となる ① であり,「A表現」及び「B鑑賞」の指導と併せて,十分な指導が行われるよう工夫すること。

(4)　第2の各学年の内容の「A表現」の(1),(2)及び(3)並びに「B鑑賞」の(1)の指導については,それぞれ ⑨ のみに偏らないようにするとともに,必要に応じて,〔 ⑦ 〕を要として ⑩ や分野の関連を図るようにすること。

(☆☆○○○○○)

10

【2】次の楽譜は共通教材「荒城の月」の一部である。以下の各問いに答えなさい。

1 （ ① ）に当てはまるこの曲の速度記号を示すものを次のア〜エから選び記号で答えなさい。また，その意味を答えなさい。

ア　Andante　　イ　Moderato　　ウ　Allegretto　　エ　Allegro

2 （ ② ）に当てはまる3番の歌詞を以下に答えなさい。

歌詞（　　　　　　　　　　　　　　　　　　　）

3 この曲の調を答えなさい。

4 この曲を補作編曲している作曲者名を答えなさい。

5 原曲と補作編曲の1番のみを歌唱した時，それぞれ何小節歌唱することになるか答えなさい。

6 この曲の指導についての留意点を「中学校学習指導要領(平成29年告示)解説　音楽」「第4章　指導計画の作成と内容の取扱い」「2　内容の取扱いと指導上の配慮事項」(2)(ウ)に示されている内容を踏まえて答えなさい。

（☆☆◎◎◎◎）

【3】オペラについて，次の各問いに答えなさい。

1 オペラは歌を中心とするが，独唱以外の歌の形態を2つ答えなさい。

2 オペラの中で歌われる独唱曲を何というか，答えなさい。

3 オペラにおいて，歌唱以外の音楽の演奏形態を答えなさい。

4 オペラは音楽の他にさまざまな要素が結びついた総合芸術と言われている。音楽以外の要素を4つ答えなさい。

5 次の〔図1〕はオペラが上演される劇場を横から見た図である。ス

テージと観客席の間にある，演奏者が演奏する場所を何というか。また，指揮者の位置はA〜Cのうち，どこであるか，記号で答えなさい。

〔図1〕

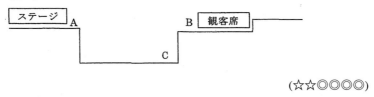

(☆☆◎◎◎◎)

【4】日本の伝統芸能について，次の各問いに答えなさい。

1　文楽(人形浄瑠璃)や雅楽，歌舞伎，能などの文化遺産を何と言うか，答えなさい。

2　文楽(人形浄瑠璃)で使用される三味線の種類を答えなさい。

3　能の囃子で使用される楽器を4つ答えなさい。

4　能の謡で1音ずつ意識して謡う場合や，音を長く延ばしたりその高さを変化させたりして謡う場合の母音のことを何と言うか，答えなさい。

(☆☆☆◎◎◎◎)

【5】日本の民謡について，次の各問いに答えなさい。

1　次の表は民謡の種類とその説明の一部である。(　①　)〜(　④　)の歌は，我が国ではそれぞれ何歌と言われているか，説明を参考に答えなさい。

種類	種類の説明
(　①　)歌	さまざまな労働作業をする際に歌われ，農作業や木の伐採から生まれた歌などがある。
(　②　)歌	全国各地にあり，踊りを伴う歌。
(　③　)歌	子どもを眠らせる時の歌や，子守の大変さを歌った歌。
(　④　)歌	正月や婚礼などお祝いの場面で歌われてきた。

2　次の音階は日本の音階である。それぞれの音階名を答えなさい。
（開始音はハにそろえている）

3　民謡の特徴について，「拍節的リズム」の音楽と，「非拍節的リズム」の音楽があるが，次の曲はどちらに当たるか，それぞれ答えなさい。また，どこの民謡か，都道府県名を答えなさい。
①　ソーラン節　　②　かりぼし切り歌

（☆☆☆☆◎◎◎◎）

【6】生活や社会の中の音楽，著作権について，次の各問いに答えなさい。
1　演奏家などがふだん生演奏を聴く機会が少ない人々のところへ出向いて，音楽を提供することを何というか，答えなさい。
2　知的な創作活動によって何かをつくり出した人に対して付与される他人に無断で利用されない権利を何と言うか，答えなさい。
3　次の場合，音楽著作権上正しい場合は○，間違っている場合は×を答えなさい。
　(1)　作品を創る時，子供，大人，プロ，アマチュアでもそれらに関係なく著作権は発生する。
　(2)　インターネットを通じて配信される音楽には，著作権は存在しない。
　(3)　保護される期間が過ぎた著作物は，誰でも自由に利用することができる。

（☆☆☆◎◎◎）

13

二次試験

【中学校 (県のみ)】

【１】「中学校学習指導要領　第2章　第5節　音楽」の「第2　各学年の目標及び内容〔第2学年及び第3学年〕　2　内容　A　表現　(2)器楽　ウ」の(イ)において「創意工夫を生かし，全体の響きや各声部の音などを聴きながら他者と合わせて演奏する」技能を身に付けることとある。この内容を指導する際のポイントと展開例を述べなさい。

(☆☆☆☆◎◎◎◎◎)

解答・解説

一次試験

【中学校 (県・市共通)】

【１】①　資質・能力　　②　主体的・対話的で深い学び　　③　見方・考え方　　④　協働　　⑤　よさや美しさ　　⑥　学習の充実　　⑦　共通事項　　⑧　共通　　⑨　特定の活動　　⑩　各領域

〈解説〉中学校学習指導要領の指導計画の作成と内容の取扱いから，指導計画作成上の配慮事項(1)(3)(4)についての語句の穴埋め記述式の問題である。全部で6項目あるのですべての文言を覚えるとともに，内容について理解を深めておきたい。内容の取扱いについての配慮事項についての問題も頻出で，内容も具体的で重要なので同様に学習しておくこと。

【２】1　速度記号…ア　　意味…ゆっくり歩くような速さで

2

歌詞（かわらぬ　ひかり　　た　が　た　め　ぞ　）

3　ロ短調　　4　山田　耕筰　　5　原曲…8小節　　補作作曲…16小
節　　6　歌詞の内容や言葉の特性，短調の響き，旋律の特徴などを
感じ取り，これらを生かして表現を工夫することなどを指導すること
が考えられる。

〈解説〉1　Andanteは，イタリア語で「歩くような速さで」という意味で
あり，おおよそ♩＝63～76で演奏される。　　2　4番は「栄枯は移る世
の姿」である。歌唱共通教材の歌詞はすべて覚えること。　　3　調号
が♯が2つで，ニ長調かロ短調であり，旋律の感じや，フレーズの最
後の音がシであることなどからロ短調である。　　4　山田耕筰が補作
編曲したものは，リズムの形が変わっている他，一部の音を半音低く
改めてある。原曲と補作編曲版の違いについての問いは頻出なので違
いを記述できるようにしておきたい。　　5　原曲は原則8分音符に1文
字ずつ割り振ってある4分の4拍子であるのに対し，補作編曲は原則4
分音符に1文字ずつ割り振ってある4分の4拍子であるので，それぞれ8
小節と16小節になる。　　6　中学校学習指導要領解説の該当箇所には，
「荒城の月は，原曲と山田耕筰の編作によるものとがある。人の世の
栄枯盛衰を歌いあげた曲である。例えば，歌詞の内容や言葉の特性，
短調の響き，旋律の特徴などを感じ取り，これらを生かして表現を工
夫することなどを指導することが考えられる。」と示されている。

【3】1　重唱，合唱　　2　アリア　　3　オーケストラ　　4　文学，演
劇，舞踊，美術　　5　場所名…オーケストラピット　　記号…C
〈解説〉1　他にも問われることは，アリアとレチタティーヴォについて
である。確認しておくこと。　　2　レチタティーヴォはセリフの掛け
合いであるのに対し，アリアは1人の登場人物が心情などを歌う独唱
である。　　3　実際に演奏を聴きにいくか，映像で鑑賞しておくこと。

　４　オペラと歌舞伎，京劇などとの共通点を問われることがあるので，理解しておきたい。　５　指揮者はオーケストラピットから舞台を見上げて指揮をする。

【４】１　ユネスコ無形文化遺産　　２　太棹(太棹三味線)　　３　太鼓，小鼓，大鼓，笛(能管)　　４　産み字(生み字，産字)

〈解説〉１　日本の無形文化遺産には他に，組踊，風流踊などもある。　２　三味線の種類として細棹三味線，中棹三味線，太棹三味線があり，棹の長さはいずれもほぼ同じであるが，棹の太さ，胴の厚さ，皮の厚さ，重さなどが異なる。それぞれの三味線がどのジャンルで使用されるのか確認しておくこと。　３　これら４つの楽器を「四拍子」といい，囃子方によって演奏される。　４　産み字は，能の謡以外にも，浄瑠璃や民謡などでも用いられる。

【５】１　①　仕事　　②　踊り　　③　子守り　　④　祝い
２　(1)　律音階　　(2)　都節音階　　３　①　リズム…拍節的リズム
都道府県名…北海道　　②　リズム…非拍節的リズム　　都道府県名…
宮崎県

〈解説〉１　民謡は，昔の労働や風習や行事などと密接に関連している。民謡は地方と種類をあわせて学習しておくこと。　２　他に，「ド・ミ♭・ファ・ソ・シ♭・ド」からなる民謡音階や，「ド・ミ・ファ・ソ・シ・ド」からなる沖縄音階などがある。これらの４つの基本的な日本の音階は楽譜に書けるようにしておくこと。　３　教科書に掲載されている民謡については特徴と，地域も答えられるようにしておきたい。

【６】１　アウトリーチ　　２　知的財産権　　３　(1)　○　　(2)　×
(3)　○

〈解説〉１　学校現場では芸術鑑賞会として行われることもあれば，授業の一環として行われることもある。　２　知的財産権の中の一つに著

作権があり，著作権には，著作物を保護する著作者の権利，実演等を保護する著作隣接権がある。　3　著作権に関する問題は近年増えている。特に学校で使用する音楽や楽譜について，手続きが必要なものとそうでないものを整理して覚えておきたい。

二次試験

【中学校 (県のみ)】

【1】(解答例)　指導のポイントとしては，教師主導型ではなく，生徒自身が思いや意図をもち，全体の響きや各声部の声などを聴きながら他者と合わせて歌う技能を身に付けられるようにすることである。そのために，教師は一方的に「このパートは小さく」などという直接的な指導をするのではなく，「主旋律はどこか」「自分のパートの役割は何か」を生徒に問いかけ，生徒自身に考えさせることが重要である。

　この活動の展開例として，「翼をください」の歌唱活動を取り上げる。まず，全体の音楽をどのようにつくるかを生徒と共に考える。楽譜に示してある強弱記号の意図を，音形や歌詞から発展させて，作品のイメージを共有する。次に，どの部分でどのパートが主旋律を担当しているのかを，全体で把握する。その際，主旋律を歌っている際に，そのパートに手を挙げながら歌ってもらったり，生徒の楽譜の主旋律のパートに色を塗らせたりするとよい。また，バランスを考える際には，最初から歌いながら調節するのは難しいので，生徒が歌唱したものを録音して聴かせるなどして，客観的にバランスを捉えさせる。このような活動を繰り返す中で，他者や他の声部の声，全体の響きなどを意識して，他者と合わせて歌うよさや必要性を感じながら技能を身に付けられるようにする。

〈解説〉この事項は，歌唱分野における「技能」に関する資質・能力である。創意工夫を生かし，全体の響きや各声部の声などを聴きながら他者と合わせて歌う技能を身に付けて歌うことができるようにすること

をねらいとしている箇所である。評価の観点としては，語句の表現や記述が適切であり，論理的で分かりやすい構成が求められる。また，学習指導要領の視点を踏まえながらも，自分の考えを具体的に述べ，教師としての資質をアピールできるようにすることが重要である。

2023年度　実施問題

一次試験

【中学校 (県・市共通)】

【1】次の文章は,「中学校学習指導要領(平成29年告示)　第2章　第5節 音楽」の「第3　指導計画の作成と内容の取扱い」からの抜粋である。 文中の[　①　]〜[　⑩　]に当てはまる最も適当な語句を答えなさい。

2　第2の内容の取扱いについては,次の事項に配慮するものとする。

(1)　各学年の「A表現」及び「B鑑賞」の指導に当たっては, 次のとおり取り扱うこと。(ア　ウ　オは省略)

イ　音楽によって喚起された[　①　]や感情,音楽表現に対する[　②　],音楽に対する評価などを伝え合い共感するなど,[　③　]及び言葉によるコミュニケーションを図り, 音楽科の特質に応じた[　④　]を適切に位置付けられるよう指導を工夫すること。

エ　生徒が様々な感覚を関連付けて[　⑤　]を深めたり,主体的に学習に取り組んだりすることができるようにするため,[　⑥　]や教育機器を効果的に活用できるよう指導を工夫すること。

カ　自己や他者の[　⑦　]及びそれらの著作者の[　⑧　]を尊重する態度の形成を図るとともに,必要に応じて,音楽に関する[　⑨　]について触れるようにすること。また, こうした態度の形成が,[　⑩　]の継承,発展,創造を支えていることへの理解につながるよう配慮すること。

(☆☆○○○○○)

【２】共通教材「早春賦」について，次の各問いに答えなさい。

1　この曲の①作詞者名，②作曲者名を答えなさい。

2　この曲の速度設定として，最もふさわしいのはどれか。次のア〜オから一つ選び，記号で答えなさい。

ア　♪＝60　　　イ　♪＝90　　　ウ　♪＝112　　　エ　♪＝116

オ　♪＝120

3　一番の歌詞にある「時にあらずと」の意味を答えなさい。

4　次の楽譜の(①)には当てはまる強弱記号を，(ア)・(イ)には枠内の歌詞に当てはまる旋律(音符)を(ウ)には当てはまる歌詞を答えなさい。

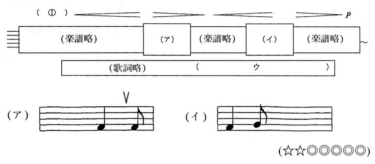

（☆☆○○○○○）

【３】次の楽譜はある楽曲の一部である。以下の各問いに答えなさい。

(楽譜略)

1　上の楽譜の①作曲者名，②作曲者の生まれた国名，③曲名を答えなさい。

2　この曲は，何のための音楽として作曲されたか，答えなさい。

3　上の楽譜 ☆ には同じリズムが入る。当てはまるリズムを書き入れ，1小節目を完成させなさい。

4 上の楽譜のリズムを演奏する楽器名を答えなさい。

5 上の楽譜上にある，pizz.の意味を答えなさい。

6 次の楽譜は，この曲で演奏される旋律の一部である。この旋律を最初に演奏する楽器名を答えなさい。

> (楽譜略)

7 この曲で使用される，金属の音板をハンマーでたたいて音を出す鍵盤楽器名を答えなさい。

(☆☆○○○○○)

【4】三味線について，次の各問いに答えなさい。

1 [図1][図2]の(あ)〜(う)に当てはまる名称を答えなさい。

[図1]

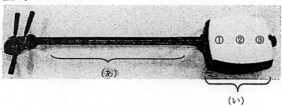

[図2]

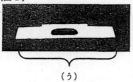

2 [図2]の(う)は，[図1]の(い)の①・②・③のどの部分に付けるか，番号で答えなさい。

3 左手で糸を押さえるときの正しい位置のことを何というか，答えなさい。

4 次に示したものは代表的な三味線の調弦法である。調弦法の名前を答えなさい。

5　三味線の音をまねて歌う唱歌のことを何というか，漢字で答えなさい。

6　次の楽譜は，三味線の記譜の方法であるが，何というか，答えなさい。

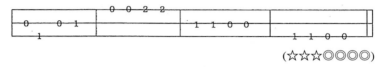

(☆☆☆◎◎◎◎)

【5】歌舞伎について，次の各問いに答えなさい。

1　歌舞伎における独特な化粧法を何というか，答えなさい。

2　歌舞伎の音楽として生まれ，唄，三味線，囃子で構成されるものを何というか，答えなさい。また，囃子で使われる管楽器名を答えなさい。

3　歌舞伎の音楽で，情景や登場人物，場面などの演出に必要な音楽や効果音などが演奏される場所は次の図のA・B・Cのどこか，記号で答えなさい。

[舞台を上から見た図]

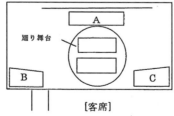

4　3の場所で演奏される音楽を何音楽というか，答えなさい。

5　歌舞伎の音楽や唄を担当する唄方が，音の高さを変えながら長く引きのばして唄う母音のことを何というか，答えなさい。

6　役者が一瞬動きを止めて，両目をぐっと寄せて睨んでみせる歌舞伎独特の睨みの演技を何というか，答えなさい。

7　左右交互に片足で3歩ずつ飛ぶように歩く，歌舞伎独特の歩き方を何というか，答えなさい。

8　我が国の伝統的な歌唱の指導における留意点を「中学校学習指導要領(平成29年告示)解説　音楽」「第4章　指導計画の作成と内容の取扱い」「2　内容の取扱いと指導上の配慮事項」(2)(イ)に示されている内容を踏まえて答えなさい。

(☆☆○○○)

【6】コードネームについて，次の各問いに答えなさい。

1　Dの基本形を，次の五線譜上に全音符で答えなさい。

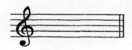

2　次の和音をコードネームで答えなさい。

3　次の楽譜の[①]と[②]に合うコードネームを答えなさい。また，曲名を答えなさい。

(楽譜略)

(☆☆○○○○○)

23

二次試験

【中学校 (県のみ)】

【１】「中学校学習指導要領(平成29年告示)　第2章　第5節　音楽」の「第2　各学年の目標及び内容〔第2学年及び第3学年〕2　内容　A　表現(3)　イ」の(ア)においては，「音階や言葉などの特徴及び音のつながり方の特徴」について，表したいイメージと関わらせて理解することとある。このことについて，指導のポイントと展開例を述べなさい。

(☆☆☆☆☆○○○○○)

解答・解説

一次試験

【中学校 (県・市共通)】

【１】①　自己のイメージ　　②　思いや意図　　③　音や音楽　　④　言語活動　　⑤　音楽への理解　　⑥　コンピュータ　　⑦　著作物　　⑧　創造性　　⑨　知的財産権　　⑩　音楽文化

〈解説〉中学校学習指導要領の指導計画の作成と内容の取扱いから，内容の取扱いについての配慮事項(1)から出題された。(1)はアからカの事項があり，また内容の取扱いについての配慮事項は(1)～(10)まで10項目あるので，文言を覚えておくこと。実際の指導に関する具体的な内容で重要な部分なので必ず理解しておくこと。

【2】1 ① 吉丸一昌 ② 中田章 2 エ 3 まだその時では
ないと 4 ① **f**

ア  イ

ウ こえもたてず(一)

〈解説〉1 歌唱共通教材については，作詞・作曲者名や歌詞，旋律は覚
え，書けるようにしておくこと。 2 教材曲の速度記号を問われる
ことは多い。ピアノ伴奏を練習し，弾き歌いできるようにし，アーテ
ィキュレーションも含め理解しておくこと。 3 文語調の歌詞の意
味は必ず確認し，曲想との関わりを感じられるようにしておくこと。
4 歌唱共通教材のすべての曲について，歌詞やアーティキュレーシ
ョンも含めて楽譜に書けるようにしておくこと。

【3】1 ① ラヴェル ② フランス ③ ボレロ 2 バレエ
(バレエ音楽)
3
4 小太鼓(スネアドラム) 5 弓を使わずに指で弦をはじく奏法
6 フルート 7 チェレスタ

〈解説〉1 ボレロは教科書にも掲載されており，創作や鑑賞の授業で使
用することが考えられるので，スコアも確認し学習しておくこと。
2 他にもチャイコフスキーの三大バレエ音楽(白鳥の湖，くるみ割り
人形，眠りの森の美女)についても覚えておきたい。 3 ボレロのリ
ズムは必ず楽譜に書けるようにしておくこと。他にも舞曲など特徴の
あるリズムについては同様である。 4 小太鼓による一定のリズム
と2種類の旋律から成る。フルート，クラリネット，ファゴットと順
に楽器が登場する。 5 これに対し，弓を用いて弾くことを指示す
る際には「arco.」と示される。 6 「ボレロ」は，旋律自体が変化す
るのではなく，ソロや2種類以上の楽器の組合せによる音色の変化が

効果的に用いられた作品である。　7　チェレスタは，木琴や鉄琴のように，ハンマーで上からたたいて音を出す仕組みである。この曲では他のオーケストラ曲には珍しい，サクソフォンも使用されている。

【4】1　(あ)　棹　　(い)　胴　　(う)　駒　　2　③　　3　勘所
4　本調子　　5　口三味線　　6　文化譜
〈解説〉1　三味線の各部の名称は覚えること。三味線だけでなく，箏，尺八などの和楽器についても同様である。　2　駒は根緒から約1.5cmのところに置く。駒は折れやすいため，動かす際には必ず糸を持ち上げるようにする。　3　勘所と，文化譜で示された音の高さの関係を理解しておくこと。　4　「本調子」は音程の関係が，下から完全4度＋完全5度である。「二上り」は完全5度＋完全4度，「三下り」は完全4度＋完全4度である。　5　唱歌は，三味線のもの，箏や尺八のものを確認しておきたい。楽譜が存在せず口承で伝えられてきた日本音楽ならではのものである。　6　文化譜は，三味線の糸に見立てた3本の線上に，押さえる勘所の数字が記されているものである。文化譜から五線譜に書き換えられるようにしておきたい。

【5】1　隈取　　2　構成…長唄　　管楽器名…笛(能管，篠笛)　　3　B
4　黒御簾音楽(下座音楽)　　5　産字(産み字)　　6　見得　　7　飛び六方(飛び六法)　　8　民謡，長唄などの我が国の伝統的な歌唱のうち，生徒や学校，地域の実態を考慮して，伝統的な声や歌い方の特徴を感じ取れるものを歌唱教材として選択すること。なお，これらを取り扱う際は，その表現活動を通して，生徒が我が国や郷土の伝統音楽のよさを味わい，愛着をもつことができるように工夫する。
〈解説〉1　隈取は，顔の筋肉や血管などを誇張して表現したものである。正義と勇気を表す紅隈，超人的な悪を表わす藍隈，二枚目の白塗り，敵役の赤っ面など，顔の化粧の色によって，役の類型がわかるものが多い。　2　長唄は，唄を担当する唄方，三味線を担当する三味線方，鳴物(打楽器と笛)を担当する囃子方によって演奏される。　3，4　黒

御簾についての問題は頻出である。舞台のどこにあるのか，どの楽器が演奏されるのか理解しておくこと。また，歌舞伎の舞台の各部の名称は理解しておくこと。文楽，能の舞台についても同様である。

5　産字は長唄以外にも，日本の伝統的な歌謡で見られる。中学校学習指導要領解説にも示されており，指導することになるので詳しく学習しておくこと。　　6　見得に関する問題は頻出である。例えば「勧進帳」では，「不動の見得」や「元禄見得」「石投げの見得」などがあるので確認しておきたい。　　7　飛び六方については「勧進帳」において，弁慶が行うものが特に有名である。映像で確認しておくこと。

8　設問であげられている中学校学習指導要領の項目の内容は「民謡，長唄などの我が国の伝統的な歌唱のうち，生徒や学校，地域の実態を考慮して，伝統的な声や歌い方の特徴を感じ取れるもの。なお，これらを取り扱う際は，その表現活動を通して，生徒が我が国や郷土の伝統音楽のよさを味わい，愛着をもつことができるよう工夫すること。」である。

【6】1

2　E₇　3　①　C　②　B♭　　曲名…蛍(ほたる)の光

〈解説〉1　Dは，レを根音とする長3和音である。初歩的な問題なので必ず正答できるようにすること。　　2　ミを根音とする長3和音＋長3度の属七の和音である。　　3　楽譜からコードネームを判定する際は，和音の構成音を正しく判定し，根音から並べ替えることが大切である。曲名を判定するには，日頃から様々な曲を聴いておくこと，また教科書に掲載されるような曲についてはスコアをあわせて学習しておくとよい。

二次試験

【中学校 (県のみ)】

【１】(解答例)　○指導のポイント

　　言葉には抑揚やアクセントがあり，使用する音階により特徴があることを感受し，それを活かした音楽の創作ができるようにする。生徒が実感を伴って創作することができるよう，日頃よく使う言葉を題材にすること。また，言葉自体が有するリズムやアクセントや音の高低をよく吟味するために，あまり長くないものが好ましい。また，生徒が考えやすいように，題材をシンプルにする。

○展開例

　　「オリジナルで考えた言葉に旋律をつけよう」というグループによる活動。

　　4人〜5人で1グループとし，共同で言葉決め，言葉の分析，旋律創作を行う。まず言葉決めをする。8小節の旋律創作をすることを想定し，7文字＋5文字＋7文字＋5文字を原則とする。例えば，「風がすーっと　吹いている　雲の形を　変えていく」などである。なかなか言葉が決まらないグループには，「春」や「学校」や「友だち」などといったテーマを渡す。

　　次に，グループで決めた言葉が有するリズムやアクセントや音の高低について分析する。例えば，「かぜ」は「か」よりも「ぜ」の方が高い音になるなどといったものである。いきなり音階をつけようとすると困難な生徒も，普段話している言葉を分析することは比較的容易にできると考える。また，方言によってアクセントが異なる場合は，グループで話し合い，自分たちが納得できるものであればそのアクセントを採用してよいこととする。その際，言葉も文化の一つであり，文化の違いによって音楽が異なる例として伝える。

　　言葉の分析ができたら，それを元にして音階をつける。旋律としてまとまりがあるように仕上げる。

〈解説〉設問にあげられている箇所は，創作分野に関する箇所で，音階や

言葉などの特徴及び音のつながり方の特徴について，表したいイメージと関わらせて理解すること，と示されている。指導のポイントがここからずれないようにすること。展開例では具体的に記述すること。日頃から，さまざまな教材について指導案を作成する練習を重ね，このような問題を，時間をかけることなく解答できるように準備しておきたい。なお，評価の観点については次のように示されている。(1) 語句の表現や記述が適切であり，論理的でわかりやすい構成になっている。 (2)自分の考えを具体的に述べ，教員としての資質(熱意，誠実さ，向上心，柔軟性，協調性，発想力など)が窺える。 (3)学習指導要領の視点を踏まえた記述内容である。 (4)旋律をつくるための手掛けとして，音階の特徴である音階の構成音によって生み出される独特な雰囲気や言葉の特徴である抑揚・アクセント・リズムなど具体的な例を挙げている。 (5)学習活動，学習形態等に工夫があり，生徒が主体的に，音階や言葉などの特徴と表したいイメージを関わらせながら旋律をつくることができるような学習内容である。 (6)生徒が創作表現を創意工夫する楽しさや喜びを実感しながら，必要な知識を身に付けることができる学習内容で，実現可能であり新規性もある。

2022年度　実施問題

一次試験

【中学校 (県・市共通)】

【1】「中学校学習指導要領(平成29年告示)　第2章　第5節　音楽　第2　各学年の目標及び内容　第1学年　2　内容B　鑑賞」の(1)には次のように示されている。文中の①～⑩に当てはまる最も適当な語句を答えなさい。

---

(1)　鑑賞の活動を通して，次の事項を身に付けることができるよう指導する。

ア　鑑賞に関わる[　①　]を得たり生かしたりしながら，次の(ア)から(ウ)までについて自分なりに考え，[　②　]を味わって聴くこと。

(ア)　曲や演奏に対する[　③　]

(イ)　生活や社会における[　④　]

(ウ)　音楽表現の[　⑤　]

イ　次の(ア)から(ウ)までについて理解すること。

(ア)　曲想と[　⑥　]との関わり

(イ)　音楽の特徴とその背景となる[　⑦　]，他の芸術との関わり

(ウ)　我が国や[　⑧　]及びアジア地域の[　⑨　]の特徴と，その特徴から生まれる[　⑩　]

(☆☆○○○○○)

【2】共通教材「夏の思い出」について各問いに答えなさい。

1　この曲の①　作詞者名，②　作曲者名を答えなさい。

2　この曲は何分の何拍子か答えなさい。

3 この曲の速度として適当なものを，次の①〜④から選び，番号で答えなさい。

① ♩＝63ぐらい　　② ♩＝72ぐらい　　③ ♩＝80ぐらい

④ ♩＝108ぐらい

4 尾瀬の夕暮れの色を，作詞者は何と表現しているか答えなさい。

5 共通教材の中には，この作詞者の作品がもう1曲あります。その曲名を答えなさい。

6 次の楽譜の(ア)，(イ)には，[＿＿＿＿]内の歌詞に当てはまる旋律を記入し，「おぜ」に当てはまる音符には，必要な記号を書き加えなさい。

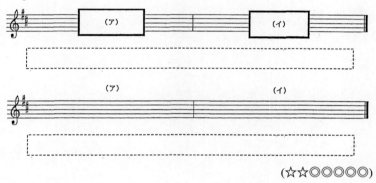

(☆☆○○○○○)

【3】次の各問いに答えなさい。

(楽譜略)

1 この旋律は，[ア]が作曲した，六つの楽曲からなる連作交響詩
[イ]の中の第[ウ]曲目にある[エ]という曲です。
[ア]〜[エ]に当てはまる語句を答えなさい。

2 この旋律を演奏する楽器を2つ答えなさい。

3 作曲者の祖国(Ａ)は，どこの国(Ｂ)の支配を受けていましたか。(Ａ)，(Ｂ)に当てはまる国名をそれぞれ答えなさい。

4　作曲者による標題が記されているが，その中でホルンが主に表現している標題を答えなさい。

5　次の楽譜に合う①標題と，[　②　]と[　③　]に当てはまる強弱記号を答えなさい。

(☆☆☆◎◎◎)

【4】尺八について次の各問いに答えなさい。

1　次図の尺八の(あ)，(い)に当てはまる名称を書きなさい。(う)は，指孔の名称を答えなさい。

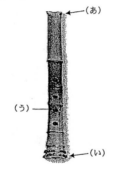
- (あ)
- (う)
- (い)

2　尺八の構え方で，正しいものを次のA〜Cから選び，記号で答えなさい。

A　右手が上　　B　左手が上　　C　どちらが上でもよい

3　次の楽譜の[　]に当てはまる尺八の基本となる音を書きなさい。

(楽譜略)

(☆☆☆◎◎◎)

【5】箏について次の各問いに答えなさい。

1　次の「さくらさくら」のAの縦譜に合う唱歌を答えなさい。また，Bの縦譜に合う弦名を記入しなさい。

2　楽譜上に「ヲ」と書かれていた場合の奏法名を答えなさい。

3　次の写真の柱は，何という糸に立てるか漢字で答えなさい。

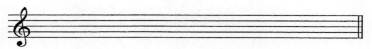

(☆☆○○○)

【6】日本の音楽について次の各問いに答えなさい。

1　律音階を全音符で次に書きなさい。(開始音は，ハ音で答えなさい。)

2　日本の音階は，[　　]音階でできているものが多く，律音階を含む4つの種類がある。[　　]に当てはまる語句を答えなさい。

3　民謡「谷茶前」は，日本の音階の4つの種類のうち，①　何音階でつくられているか。また，伴奏に多くの場合用いられている②　楽器名を答えなさい。

(☆☆☆○○○○)

33

【7】コードネームについて次の各問いに答えなさい。

1　Dm7の基本形を，次の五線譜上に全音符で答えなさい。

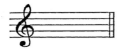

2　次の和音をコードネームで答えなさい。

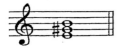

3　次の楽譜の①　曲名と，[　②　]と[　③　]に合うコードネームを答えなさい。

(☆○○○○○)

【8】創作の指導における留意点を，「中学校学習指導要領(平成29年告示)解説　音楽編」「第4章　指導計画の作成と内容の取扱い」「2　内容の取扱いと指導上の配慮事項」に示されている内容を踏まえて答えなさい。

(☆☆☆○○○○)

【高等学校 (県のみ)】

【1】次の文章は，「高等学校学習指導要領(平成30年告示)芸術」の「第2款　各科目」における「第1　音楽Ⅰ」の「3　内容の取扱い」からの抜粋である。以下の1，2の各問いに答えなさい。

(1)　内容の「A表現」及び「B鑑賞」の指導については，中学校音楽科との関連を十分に考慮し，それぞれ特定の活動のみに偏らないようにするとともに，必要に応じて，〔共通事項〕を要として各領域や分野の関連を図るものとする。

(8)　内容の「A表現」及び「B鑑賞」の指導に当たっては，（　A　），（　B　），（　C　）等の育成を図るため，音や音楽及び言葉によるコミュニケーションを図り，芸術科音楽の特質に応じた(　D　)を適切に位置付けられるよう指導を工夫する。なお，内容の「B鑑賞」の指導に当たっては，曲や演奏について(　E　)する活動などを取り入れるようにする。

1　文中の(　A　)〜(　E　)にあてはまる言葉を答えなさい。
2　下線部「〔共通事項〕を要として各領域や分野の関連を図る」とはどのようなことか答えなさい。

(☆☆☆☆○○○○○)

【2】次のA，Bの楽譜は，あるオペラで歌われるアリアの一部分である。次の1〜4の各問いに答えなさい。

(楽譜略)

1　このオペラの作品名と作曲者名を答えなさい。また，歌詞の原語は何語で書かれているか答えなさい。

2　Aのアリアを歌う歌手の声種を答えなさい。また，Aの楽譜を長二度下に移調しなさい。その際，五線に拍子記号と調号を必ず記入すること。

3　Bのアリアの冒頭に速さを示す用語「Allegro moderato」が書いである。その用語の示す意味を書きなさい。

4　このオペラの劇中の音楽を題材にして，スペインの作曲家サラサ
ーテが作曲した器楽曲の作品名を答えなさい。

(☆☆☆◎◎◎◎)

【3】日本の楽器や伝統音楽について，次の1〜5の各問いに答えなさい。
1　日本音楽の伝承に用いられ，楽器の音を声に置き換えて歌うこと
で，奏法の習得などに活用されているものを何というか，漢字で答
えなさい。
2　「声明」について説明しなさい。
3　十三弦の箏を平調子に調弦した場合(但し，一の弦をニ音とする)，
九の音をドイツ音名で答えなさい。
4　民謡の歌い方の特徴である「コブシ」とはどのようなものか，説
明しなさい。
5　尺八の奏法の「ムラ息」とはどのようなものか，説明しなさい。

(☆☆☆☆◎◎◎)

【4】次の1，2の各問いに答えなさい。
1　(1)〜(3)について説明しなさい。
(1)　オラトリオ　　(2)　インテルメッツォ　　(3)　スケルツォ
2　次のA，Bの楽譜は，ある楽曲の楽譜の一部分である。曲名と作曲
者名をそれぞれ答えなさい。

(楽譜略)

(☆☆☆☆◎◎◎◎)

【5】次の1〜3の各問いに答えなさい。
1　次の(1)，(2)の音階を1オクターブ上の主音まで，全音符で答えなさ
い。(但し，調号は用いないこと。)
(1)　律音階(但し，開始音は1点ニ音とする。)

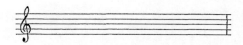

(2) 民謡音階(但し，開始音は1点ハ音とする。)

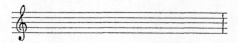

2 次の(1)〜(4)の西洋音楽の用語の意味を，日本語で答えなさい。

(1) alla marcia (2) giocoso (3) con moto

(4) largamente

3 次の和音について，(1)，(2)は和音の種類を日本語で，(3)，(4)はコードネームで答えなさい。

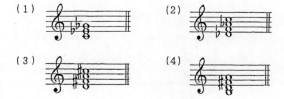

(☆☆○○○○○)

二次試験

【中学校 (県のみ)】

【1】「中学校学習指導要領(平成29年告示)第2章　第5節　音楽」の「第2　各学年の目標及び内容　〔第1学年〕　2　内容　A表現(3)　イ」の(イ)において「音素材の特徴及び音の重なり方や反復，変化，対照などの構成上の特徴」について，表したいイメージと関わらせて理解することとある。この内容の指導のポイントと展開例を述べなさい。

(☆☆☆☆☆○○○○○)

【高等学校 (県のみ)】

【１】「高等学校学習指導要領(平成30年告示)芸術」の「第2款　各科目」における「第1　音楽Ⅰ」の「A表現」の(1)歌唱に、「ア　歌唱表現に関わる知識や技能を得たり生かしたりしながら、自己のイメージをもって歌唱表現を創意工夫すること。」という事項がある。

「自己のイメージをもって歌唱表現を創意工夫すること」とはどういうことかを説明し、ICT機器を活用して、上記事項をねらいとする歌唱の学習を行うためには、どのような指導(授業)の展開が考えられるか、「題材名」「教材名」「題材の目標」を具体的に設定し、指導上の留意点を踏まえた上で述べなさい。

(☆☆☆☆☆◎◎◎◎◎)

解答・解説

一次試験

【中学校 (県・市共通)】

【１】①　知識　　②　音楽のよさや美しさ　　③　評価とその根拠
④　音楽の意味や役割　　⑤　共通性や固有性　　⑥　音楽の構造
⑦　文化や歴史　　⑧　郷土の伝統音楽　　⑨　諸民族の音楽
⑩　音楽の多様性

〈解説〉中学校学習指導要領の第1学年の内容からB鑑賞についての語句の穴埋め、記述式の出題であった。文言を覚えるだけでなく、学年ごと、またA表現の歌唱、器楽、創作についても整理して理解しておきたい。

【２】1　①　江間章子　　②　中田喜直　　2　四分の四拍子　　3　①
4　石楠花色　　5　花の街

6

は　る　か　な　お　ぜ　　　と　お　い　そ　ら

〈解説〉歌唱共通教材についての問題は毎年出題されているため，すべて
の曲について，作詞・作曲者についての基礎知識や，旋律，歌詞など
覚えておくこと。またそれぞれの曲について，学習指導要領解説に指
導のポイントが示されているので必ず理解しておくこと。「夏の思い
出は，夏の日の静寂な尾瀬沼の風物への追憶を表した叙情的な曲であ
る。例えば，言葉のリズムと旋律や強弱との関わりなどを感じ取り，
曲の形式や楽譜に記された様々な記号などを捉えて，情景を想像しな
がら表現を工夫することなどを指導することが考えられる。」と示さ
れている。

【3】1　ア　スメタナ　　イ　我が祖国　　ウ　2　　エ　ブルタバ(モ
ルダウ)　　2　ヴァイオリン，オーボエ　　3　A　チェコ(共和国)
B　オーストリア(帝国)　　4　森の狩猟(森ー狩り)　　5　①　ビシェ
フラト(の動機)　　②　ff　③　f
〈解説〉1　「我が祖国」はビシェフラト，ブルタバ，シャールカ，ボヘミ
アの森と草原から，ターボル，ブラニークの6曲で構成されている。
スメタナはチェコの国民楽派の作曲家である。　　2　ブルタバにはさ
まざまな情景が描かれており，標題がつけられた旋律が各楽器により
演奏されている。教科書にも標題と動機と楽器が紹介されているので，
それぞれの旋律を奏でている主要な楽器は理解しておくこと。
3　オーストリア帝国から独立しようとしていた祖国チェコへの想い
から作曲された。チェコの伝説や自然を題材にしている曲である。
4　ホルンは元々狩猟に使われていたことから，狩猟の場面を表すと

きに用いられることが多い。曲の始まりであるブルタバの二つの水源のうち，最初の水源はフルート，第2の水源はクラリネットで奏でられる。これはよく問われるので覚えておくこと。　5　ビシェフラトとは，プラハにある城跡で，かつてこの地の王の居城だったところである。ビシェフラトの動機の旋律はフルートで奏でられている。問題部分に楽譜が提示されなかったので，スコアで確認しておきたい。

【4】1　(あ)　歌口(唄口)　　(い)　管尻　　(う)　二孔　　2　C
　　3　解答略
〈解説〉1　尺八の孔は，管尻側から，一孔，二孔〜裏側が五孔となる。今年度は尺八についての問題であったが，他の和楽器についても各部の名称は覚えておくこと。　2　構えはどちらの手を上にしてもよく，両手の中指は支えの指として常に楽器から離さないようにする。
　　3　楽譜が提示されなかったのでどの音かはわからないが，一尺八寸管の音の高さと運指は確認しておきたい。

【5】1

B	唱歌 A		
七	ッ七ン		
八七	テ八ン		
六	チ九ン		
●	テ八ン		

　　2　弱押し　　3　巾
〈解説〉1　箏の縦譜の記譜の仕方は学習しておくこと。五線譜に書き換えられるようにしておきたい。調弦法，唱歌，主な楽曲と作曲者につ

いて理解を深めておきたい。　2　押し手には2種類あり，設問のヲで
表される弱押しは半音上げる。オと記譜される強押しは全音上げる。
他にも合わせ爪，すくい爪，あと押しなど，様々な奏法について，理
解しておきたい。山田流と生田流の違いについての問題は頻出なので
確認しておくこと。　3　一番手前の，巾柱(きんじ)だけ違う形をして
いる。一の糸と巾の糸の柱は，足の片方を磯にかけて立てる。

【6】1　解答略　2　五音　3　①　沖縄音階(琉球音階)　②　三
線
〈解説〉1　律音階は，ド・レ・ファ・ソ・ラ・ドである。記譜できるよ
うにしておくこと。　2　日本の主要な五音音階は，民謡音階，律
音階，都節音階，琉球音階である。すべて記譜できるようにしておく
こと。　3　「谷茶前」は，沖縄の民謡である。音源と楽譜を確認して
おくこと。

【7】1

　2　E　3　①　帰れソレントへ　②　A♭　③　Cm
〈解説〉1　根音がレの短三和音に，短3度上のドを加えてDm7となる。
2　ミが根音の長三和音なのでEである。　3　①　「帰れソレントへ」
はナポリ民謡である。ハ短調で始まり，同主調のハ長調に転調する。
これについての問題は頻出なので覚えておきたい。　②　コードネー
ムを答える問題は，基本の3度ずつの重なりになるように転回させ，
構成音を理解し，根音を決定させるとスムーズに判定することができ
る。

【8】即興的に音を出しながら音のつながりを試すなど，音を音楽へと構
成していく体験を重視すること，その際，理論に偏らないようにする

とともに，必要に応じて作品を記録する方法を工夫させること。

〈解説〉内容の取扱いと指導上の配慮事項の中でも特に，(7)に関わる事項を踏まえて記述する。即興的に音を出すことや，音を音楽へと構成していく体験の解説も示されている。さらに，つくった音楽を，五線譜だけではなく，文字，絵，図，記号，コンピュータなどを用いて，生徒が作品を記録する方法を工夫することについても示されているので理解を深めたい。

【高等学校(県のみ)】

【１】１　Ａ　思考力　　Ｂ　判断力　　Ｃ　表現力　　Ｄ　言語活動　Ｅ　根拠をもって批評　　２　その題材の学習において主として扱う音楽を形づくっている要素やそれらに関わる用語や記号などを共通に設定して，複数の領域や分野を関連させた一題材を構想したり，主として扱う音楽を形づくっている要素やそれらに関わる用語や記号などの一部を共通にして，学びの連続性や系統性などをねらって複数の題材の配列の仕方を工夫したりすることなどである。

〈解説〉１　音楽Ⅰの内容の取扱いに関する語句の穴埋め，記述式の問題である。内容の取扱いについては，設問にあげられているものもふくめ(1)～(11)の11項目が示されている。授業に関わる具体的な事項なので，文言を覚えるだけでなく理解を深めたい。　２　今回の改訂で新設された〔共通事項〕に関する問題は2年連続で出題されている。高等学校指導要領解説では〔共通事項〕の新設に関して，「表現と鑑賞の学習に共通に必要となる資質・能力として，次のように〔共通事項〕を新設した。『思考力，判断力，表現力等』に関する資質・能力として『ア　音楽を形づくっている要素や要素同士の関連を知覚し，それらの働きを感受しながら，知覚したことと感受したこととの関わりについて考えること』を，『知識』に関する資質・能力として『イ　音楽を形づくっている要素及び音楽に関する用語や記号などについて，音楽における働きと関わらせて理解すること』を示した。」としている。

【2】1 作品名…カルメン 作曲者名…ビゼー 原語…フランス語
2 声種…メッゾ・ソプラノ (楽譜解答略) 3 ほどよく速く
4 カルメン幻想曲(カルメン・ファンタジー)

〈解説〉1 オペラ「カルメン」の中で，カルメンが歌うアリアは「ハバ
ネラ」「セギディーリャ」「ジプシーの歌」「カルタの歌」などである。
音源とスコアを確認しておきたい。他の主要なオペラの有名なアリア
についても同様である。 2 他の主要な登場人物の声種は，ドン・
ホセはテノール，ミカエラはソプラノ，エスカミーリョはバリトンで
ある。他のオペラの主要な登場人物の声種も覚えておきたい。Aの楽
譜が示されていないので原曲の調がわからないが，移調の記譜問題は
調号・音符・休符・臨時記号のケアレスミスがないよう気をつけるこ
と。 3 実際の速度としては，AndanteとAllegroの間である。
4 序奏と4つの部分から成り，それぞれ「ハバネラ」「トゥ・ラララ」
「セギディーリャ」「ジプシーの歌」が素材となっている。

【3】1 唱歌 2 仏教儀式で行われる声楽。 3 B 4 装飾的
な細かい節回しで歌う歌唱法。 5 息を激しく吹き込んで音を出
す奏法。独特の噪音を得ることができる。

〈解説〉1 唱歌は学習指導要領にも指導について示されており，日本の
音楽を学ぶ上で重要な語句であるので理解しておくこと。様々な和楽
器の唱歌を理解しておくこと。 2 「しょうみょう」と読み，日本の
仏教儀礼で用いられる声楽曲の総称のことである。 3 十三弦箏を
平調子に調弦すると，一から順にレ・ソ・ラ・シ♭・レ・ミ♭・ソ・
ラ・シ♭・レ・ミ♭・ソ・ラ」となる。九の音はシ♭なので，ドイツ
音名でBである。 4 民謡の他に，演歌でもよく用いられる奏法であ
る。日本の歌謡の特徴なので理解を深めておきたい。 5 息を激し
く吹き込み，多くの息を歌口から外して吹くことで得られる音である。

43

【４】１　(1)　宗教的・道徳的なテーマによる劇音楽。演奏会形式で上演される。　　(2)　劇やオペラの幕間に演奏される器楽曲。間奏曲。　(3)　一般的にテンポの速い快活な3拍子の器楽曲。中間部に(ふざけて)トリオをはさむ三部形式の楽曲。　　２　(曲名，作曲者名)　Ａ　マタイ受難曲，ヨハン・セバスティアン・バッハ　　Ｂ　ヴァイオリン協奏曲(ニ長調作品35)，チャイコフスキー

〈解説〉１　(1)　「宗教的・道徳的なテーマ」と「演奏会形式で上演」が入っている必要がある。カンタータ，レクイエム，受難曲などについても説明できるようにしておくこと。　　(2)　他にも，プレリュード，カプリチオーソ，ロンドなども説明できるようにしておきたい。
(3)　「急速なテンポによる3拍子の器楽曲」と「中間部にトリオをはさむ三部形式」が入っている必要がある。ラプソディー，バラード，バルカローレなども説明できるようにしておきたい。　　２　様々な楽曲を，スコアをあわせて聴いておきたい。選択式ではないので，曲名も作曲者名も書けるようにしておくこと。

【５】１

２　(1)　行進曲風に　　(2)　おどけて愉快に　　(3)　動きを付けて
(4)　ゆったりと　　３　(1)　減三和音　　(2)　長七の和音
(3)　DM7　　(4)　Bm7

〈解説〉１　律音階，民謡音階の他に都節音階，沖縄音階についても楽譜に書けるようにしておくこと。日本の主な4つの音階に関する問題は頻出である。　　２　いずれもよく用いられるもので難易度はそれほど高くないが，選択式ではなく記述式なので，楽語に関しては普段からスコアを読むときに，見かけたものは意味を書けるように意識しておくとよい。　　３　(1)　短3度＋短3度で減三和音である。　　(2)　長三和

音＋長3度であるので長七の和音である。　(3)　レが根音で長三和
音＋長3度なのでDM7である。　(4)　シが根音で短三和音＋短3度なの
でBm7である。

二次試験

【中学校 (県のみ)】

【1】(解答例)　○指導のポイント

　　生徒が実際に音を鳴らしたり，音の出し方を様々に試したりするこ
とができることが必要である。そのために，短いフレーズを様々に展
開する活動が良いであろう。さらに，生徒自身が表したい音をイメー
ジさせるためには，まずは表現するものの具体を教師が示す必要があ
る。

○具体的な展開例

　　「Michael, Row The Boat Ashore」のフレーズを用いた応答のゲームを
挙げる。この曲は一度聞いたら音自体はすぐに覚えることができる。
第1学年の教科書に掲載されていることも多い。教師が「Michael, Row
The Boat Ashore」の部分を歌い，生徒が「Hallelujah!」の部分を歌う。
何度か行って音を覚えたら，「Michael, Row The Boat Ashore」の部分を
替え歌にするのである。旋律はそのままで「大きな声で」や「ささや
くように」などの直接的なものから始め，生徒はそれに応じた
「Hallelujah!」を歌う。慣れてきたら「オペラ歌手のように」や「ライ
オンのように」など，様々に応用する。生徒は思い思いのイメージに
合った「Hallelujah!」を歌うだろう。生徒は，歌を繰り返す中で，自
身の様々な「Hallelujah!」を比較することができる。また，グループ
や個人で順に歌うように設定することで，他者と比較することもでき
る。その上で，「Hallelujah!」の部分の音やリズムを創作させる。声以
外にも楽器をつかっても良い。打楽器などもリズムの変化を感じるこ
とができて興味をもつかもしれない。数種類の旋律ができたら，2人

以上で旋律を重ねてみるなどして，展開していく。

〈解説〉学習指導要領の視点を踏まえながらも，自分の考えを具体的に述べ，教師としての資質をアピールできることが重要である。問われている箇所は，創作分野における「知識」に関する資質・能力である，音素材の特徴及び音の重なり方や反復，変化，対照などの構成上の特徴を表したいイメージと関わらせて理解できるようにすることをねらいとしている。評価の観点については，次のように示されている。

(1)　語句の表現や記述が適切であり，論理的でわかりやすい構成になっている。　(2)　自分の考えを具体的に述べ，教師としての資質(熱意，誠実さ，向上心，柔軟性，協調性，発想力など)が窺える。

(3)　学習指導要領の視点をふまえた記述内容である。　(4)　生徒が実際に音を鳴らしたり，音の出し方を様々に試したりするなどして，音の質感を感じ取れるような学習内容である。　(5)　生徒が音素材及び音の重なり方や反復，変化，対照などによって生み出される特質や雰囲気と自分が表したいイメージとの関わりを捉えていくことができる学習内容である。　(6)　生徒が創作表現を創意工夫する楽しさや喜びを実感しながら，必要な知識を身に付けることができる学習内容で，実現可能であり新規性もある。

【高等学校 (県のみ)】

【1】(解答例)　○題材名　楽譜を分析して自分なりの「Caro mio ben」を歌おう

　　○教材名　「Caro mio ben」ジョルダーニ作曲

　　○題材の目標　リズム，旋律，強弱，構成等に注目しながら曲を知り，意図を持ってCaro mio benを表現する。

　　指導の留意点として，曲全体を丁寧に仕上げようとすると時間がかかるので，ねらいを厳選することが重要である。今回は，曲中に4回出てくる「Caro mio ben」という言葉をどのように歌い分けるかという点に焦点を当てて授業を展開する。「Caro mio ben」は「私の愛しい恋人」という意味であるが，曲中に出てくる4回は，それぞれ強弱や

装飾音などが異なることから，同じ歌い方にはならないことが想定される。この4回について，生徒が自己のイメージを持って歌唱表現することを目標とする。

　自己のイメージをもって歌唱表現を創意工夫するためには，歌詞の意味を理解し，自身の世界観を構築することに加え，楽譜を正しく読み取ることが重要である。生徒は，強弱などは楽譜を見るだけで意味を理解することができるが，ピアノの旋律や和声感は，楽譜だけでは分からないだろう。一人一台あるいはグループに一台ICT機器を準備し，音と合わせて楽譜を見ることができるようにすることで，視覚情報と聴覚情報の双方から楽譜をより深く分析できるようになる。

　また，個人で創意工夫した歌唱表現を，グループ内で発表し互いに聴くことで，他者のイメージを知り，さらに深い表現に繋がると考える。

〈解説〉高等学校学習指導要領　解説では，「自己のイメージをもって歌唱表現を創意工夫すること」について次のように示されている。「曲に対する自己のイメージを膨らませたり他者のイメージに共感したりして，音楽を形づくっている要素の働かせ方などを試行錯誤しながら，表したい歌唱表現について考え，どのように歌唱表現するかについて表現意図をもつことである。また，表現意図は，創意工夫の過程において，歌唱表現に関わる知識や技能を得たり生かしたりしながら，さらに深まったり新たな表現意図となったりする。」解答を作成する際には，これについて具体的に説明できているかどうか，またICT機器の活用の説明が適切にされているかが問われる。さらに，実際の指導にあたっての留意点や，具体的な「題材名」「教材名」「題材の目標」が書かれているかなどといった事項も漏れがないようにすること。評価の観点については次のように示されている。　(1)　語句の表現や記述が適切であり，論理的でわかりやすい構成になっている。　(2)　自分の考えを具体的に述べ，教師としての資質(熱意，誠実さ，向上心，柔軟性，協調性，発想力など)が窺える。　(3)　「自己のイメージをもって歌唱表現を創意工夫すること」について適切に説明している。

(4)　ICT機器の活用方法を適切に説明している。　(5)　実際の指導にあたっての留意点について述べている。　(6)　具体的な「題材名」「教材名」「題材の目標」を挙げての授業の実践事例について述べている。

2021年度　実施問題

一次試験

【中学校 (県・市共通)】

【1】新「中学校学習指導要領　第2章　第1節　音楽科の目標」について，「1　教科の目標」には次のように示されている。文中の[　①　]～[　⑩　]に当てはまる語句をそれぞれ答えなさい。

[　①　]の幅広い活動を通して，[　②　]を働かせ，[　③　]の中の音や音楽，音楽文化と豊かに関わる[　④　]を次のとおり育成することを目指す。

(1)　曲想と音楽の[　⑤　]などとの関わり及び[　⑥　]について理解するとともに，[　⑦　]音楽表現をするために必要な技能を身に付けるようにする。

(2)　音楽表現を創意工夫することや，[　⑧　]を味わって聴くことができるようにする。

(3)　音楽活動の楽しさを体験することを通して，[　⑨　]を育むとともに，音楽に対する感性を豊かにし，音楽に親しんでいく態度を養い，[　⑩　]を培う。

(☆☆○○○○○)

【2】共通教材「花の街」について，次の1～6の各問いに答えなさい。

1　この曲の①作詞者名，②作曲者名をそれぞれ答えなさい。

2　この曲は何分の何拍子か答えなさい。

3　この曲は何調で書かれているか答えなさい。

4　この曲の作曲者が作ったオペラの曲名を1つ答えなさい。

5　この曲の時代背景及び，歌詞に込められた思いを答えなさい。

6　次の楽譜はこの曲の一部です。(ア)に調号，(イ)に強弱記号と，(ウ)に当てはまる2番の歌詞を，音符に合わせて記入しなさい。

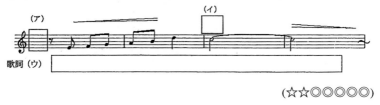

歌詞(ウ)

(☆☆○○○○○)

【3】ベートーヴェン作曲の「交響曲第5番　ハ短調」の第1楽章について，次の1～6の各問いに答えなさい。

1　ベートーヴェンの生まれた①国名，②都市名をそれぞれ答えなさい。

2　この曲の第1楽章は何という形式で作られているか答えなさい。

3　「2」で答えた形式の構成について次の表の空欄(ア)，(イ)に当てはまる語句を答えなさい。

[　(ア)　]部　→　[　(イ)　]部　→　再現部　→　コーダ(終結部)

4　この曲の冒頭の動機を楽譜に記入しなさい。(調号及び拍子記号も記入しなさい。)

5　第1楽章にはAllegro con brioと表示されています。この表示の意味を答えなさい。

6　第2主題の導入部分を演奏する楽器は何か答えなさい。

(☆☆○○○○○)

【4】次の①～⑧の「雅楽」の楽器について，あとの1～8の各問いに答えなさい。

50

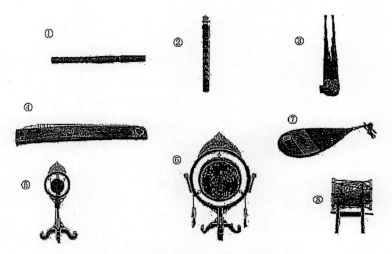

1 上の①, ③, ⑤, ⑧の楽器名をそれぞれ答えなさい。

2 ①~③の楽器の中で, 吹いても吸っても音が出る楽器はどれか, 番号で答えなさい。

3 ①~⑧の楽器の中で, 指揮者の役割(リードする役目)を持つ楽器はどれか, 番号で答えなさい。

4 ①, ②のような和楽器(吹きもの)と, リコーダーの奏法(吹き方)の違いを簡潔に答えなさい。

5 ②の楽器と, 発音の仕組みや音色が似ているトルコの楽器の名前を次のA~Dから1つ選び, 番号で答えなさい。

【A ズルナ   B タンソ   C ウード   D ラウネッダス】

6 ①~⑧の楽器を用いて演奏される「雅楽」の中で, よく知られている平調の管弦(管絃)の曲名を漢字で答えなさい。

7 もともとは雅楽の用語で, 演奏が進むにつれ, 速度が次第に速くなる状態のことを何というか漢字で答えなさい。

8 このような我が国の伝統音楽を指導するに当たり, 新「中学校学習指導要領 第2章 第5節 音楽 第2 各学年の目標及び内容 第2学年及び第3学年 2 内容 B 鑑賞」の中に示されている学習

活動を答えなさい。

(☆☆☆☆◎◎◎)

【5】共通教材「花」について，次の1～3の各問いに答えなさい。

1　この曲の①作詞者名，②作曲者名と，その人物が作曲した「花」以外の共通教材に示されている，③曲名をそれぞれ答えなさい。

2　次の楽譜上の[　あ　]と[　い　]に当てはまる記号をそれぞれ答えなさい。

> (楽譜略)

3　次の主旋律にあてはまる低音部の旋律を記入しなさい。

> (楽譜略)

(☆◎◎◎◎◎)

【高等学校 (県のみ)】

【1】次の文章は，新「高等学校学習指導要領　芸術」の「音楽Ⅰ」の〔共通事項〕からの抜粋である。あとの1～3の各問いに答えなさい。

> (1)「A表現」及び「B鑑賞」の指導を通して，次の事項を身に付けることができるよう指導する。
>
> 　ア　音楽を形づくっている要素や要素同士の関連を知覚し，それらの働きを感受しながら，知覚したことと感受したこととの関わりについて考えること。
>
> 　イ　音楽を形づくっている要素及び音楽に関する用語や記号などについて，音楽における働きと関わらせて理解すること。

1 表現及び鑑賞の学習において共通に必要となる資質・能力について，上記のアは「[a]等」に関する資質・能力，イは「[b]」に関する資質・能力を示している。[a]，[b]にあてはまる適切な語句を答えなさい。

2 「音楽を形づくっている要素」について，新「中学校学習指導要領 第2章 第5節 音楽」の「第3の2の(9)」では8つ示している。それらをすべて答えなさい。

3 ア，イについて，指導に当たっては，どのようなことが重要となるか，答えなさい。

(☆☆○○○○○)

【2】次のA，Bの楽譜は曲名，歌詞が同一のドイツ語の歌曲の一部分である。下の1〜4の各問いに答えなさい。

(楽譜略)

---

1 この2曲の曲名，作詞者名を答えなさい。また，A，Bの作曲者名をそれぞれ答えなさい。

2 Aの曲の原調を答えなさい。また，Aの楽譜の冒頭に，曲想を表す「愛らしく」の意味のドイツ語が書いてある。そのドイツ語を書きなさい。

3 Bの原曲は合唱曲であるが，11小節目から14小節目(前奏を除く)の主旋律を短三度上に移調して答えなさい。その際，拍子記号と調号を必ず記入すること。

4 歌詞 "lief er schnell, es nah zu sehn, sah's mit vielen Freuden." の部分の，近藤朔風の訳詞を答えなさい。

(☆☆☆○○○○○)

【3】和楽器や日本の伝統音楽について，次の1〜5の各問いに答えなさい。

1　歌舞伎「勧進帳」は，[　a　]と，関守の[　b　]との緊張感に満ちた場面を描いたものである。空欄[　a　]，[　b　]に当てはまる人物名を，漢字で答えなさい。

2　[　c　]が琉球に伝わったのは14世紀頃である。[　c　]を演奏するための楽譜を[　d　]といい，左手の勘所が示され，上から下へと読んでいく。空欄[　c　]，[　d　]に当てはまる語句を，漢字で答えなさい。

3　篠笛の八本調子で，「一」の運指で「1点ハ音」が出る場合，「3」の運指で出る音は何か，音名で答えなさい。

4　「八木節様式」と「追分様式」の音楽の特徴の違いを，「拍節」という言葉を用いて説明しなさい。

5　箏の奏法の「引き色」とはどのようなものか，説明しなさい。

(☆☆☆☆○○○)

【4】次の1，2の各問いに答えなさい。

1　(1)〜(3)について，簡潔に説明しなさい。

(1)　フーガ　　(2)　交響詩　　(3)　著作隣接権

2　A，Bの楽譜の曲名(第何楽章かを含め)と作曲者名をそれぞれ答えなさい。

(楽譜略)

(☆☆☆☆○○○○○)

【5】次の1〜3の各問いに答えなさい。

1　次の(1)，(2)の音階を1オクターブ上の主音まで，全音符で答えなさい。(但し，調号は用いないこと。)

(1)　沖縄音階(但し，開始音は1点ホ音とする。)

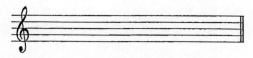

(2) 都節音階(但し，開始音は1点ホ音とする。)

2 次の(1)～(4)の記号の意味を，日本語で答えなさい。

(1) sostenuto　　(2) grave　　(3) stringendo

(4) ma non troppo

3 次の和音について，(1)，(2)は和音の種類を日本語で，(3)，(4)はコードネームで答えなさい。

(☆☆○○○○○)

二次試験

【中学校 (県のみ)】

【1】新「中学校学習指導要領　第2章　第5節　音楽」の「第2　各学年の目標及び内容〔第1学年〕2　内容　B鑑賞　(1)　イ」の(ウ)において「我が国や郷土の伝統音楽及びアジア地域の諸民族の音楽の特徴と，その特徴から生まれる音楽の多様性」について理解することとある。このことについて，生徒が音楽の特徴や多様性を理解するための指導のポイントと展開例を述べなさい。

(☆☆☆☆☆○○○○○)

【高等学校 (県のみ)】

【1】新「高等学校学習指導要領　第7節　芸術　第2款　各科目」における「第1　音楽Ⅰ」「第2　音楽Ⅱ」および「第3　音楽Ⅲ」には[共通事項]が新設された。この[共通事項]について説明した上で，留意点を示し，授業の実践例を述べなさい。

(☆☆☆☆☆○○○○○)

解答・解説

一次試験

【中学校 (県・市共通)】

【1】①　表現及び鑑賞　　②　音楽的な見方・考え方　　③　生活や社会　　④　資質・能力　　⑤　構造や背景　　⑥　音楽の多様性　⑦　創意工夫を生かした　　⑧　音楽のよさや美しさ　　⑨　音楽を愛好する心情　　⑩　豊かな情操

〈解説〉学習指導要領の教科の目標に関する問題である。この箇所は出題頻度が高いので，文言を覚えることは確実にし，さらに本質を理解して，小学校からの学びの流れや学年毎の違いを整理しておくことが重要である。

【2】1　①　江間章子　　②　團伊玖磨　　2　四分の二拍子(4分の2拍子)　　3　ヘ長調　　4　夕鶴　　5　戦後間もなく作られ，瓦礫の街が再び美しい花の咲く平和な街になって欲しいという願いが込められている。

6

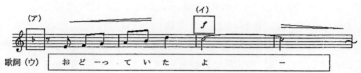

歌詞(ウ) おどーっていたよ ー

〈解説〉歌唱共通教材に関する問題は毎年出題されているため，作詞・作曲者などといった基礎知識はもちろん，歌詞はすべて覚えること。また，楽譜も書けるようにしておきたい。「花の街」の指導のポイントについて，学習指導要領解説には次のように示されている。「花の街は，希望に満ちた思いを叙情豊かに歌いあげた曲である。例えば，強弱の変化と旋律の緊張や弛緩との関係，歌詞に描かれた情景などを感じ取り，フレーズのまとまりを意識して表現を工夫することなどを指導することが考えられる」。他の歌唱共通教材についても確認しておこう。

【3】1 ① ドイツ ② ボン 2 ソナタ形式 3 (ア) 提示 (イ) 展開

4

5 速く，生き生きと(生き生きと速く) 6 ホルン

〈解説〉1 交響曲第5番ハ短調は教科書にも取り上げられており，出題の頻出が高いので，スコアを読み込んでおくことが必要である。ベートーヴェンの生涯について，また他の主要な曲についても学んでおこう。

2，3 ソナタ形式についての問題は頻出である。スコアの問題から付随して出題されることがあるので，曲と形式をセットで理解できると望ましい。ソナタ形式の他に，二部形式，三部形式，ロンド形式，フーガ形式，複合三部形式など定義を説明できるようにしておこう。

4 本楽曲の動機について「運命はこのように扉をたたく」とベートーヴェンが言ったことから，「運命」という通称が付けられたと言わ

れている。　5　第2楽章はAndante con moto(ゆっくり歩くような速さ
で，動きをつけて)，第3楽章はAllegro atacca，第4楽章はAllegro-Presto
である。　6　4で問われていた，第1主題冒頭は弦楽器だけでなく，
クラリネットも一緒に演奏する。これを問われることもあるので覚え
ておこう。第2主題への橋渡し役として，ホルンの旋律がある。第2主
題の旋律とともに，スコアで確認しておこう。

【4】1　①　竜笛(龍笛)　　③　笙　　⑤　鉦鼓　　⑧　鞨鼓
2　③　　3　⑧　　4　リコーダーと違い，和楽器はタンギングをせ
ずに吹く。　　5　A　　6　越天楽(越殿楽)　　7　序破急
8　・(我が国の伝統音楽や諸外国の)様々な音楽の特徴を捉え，比較し
たり関連付けたりすることによって，音楽の多様性を見いだしていけ
るようにする。　　・人々の暮らしとともに音楽文化があり，様々な特
徴があることを理解できるようにする等。(学習指導要領解説P89及び
P135より)

〈解説〉1　写真から楽器名を答える問題である。雅楽で用いられる楽器
として，管楽器…笙・篳篥・竜笛(龍笛)，弦楽器…楽琵琶・楽箏，打
楽器…鉦鼓・鞨鼓・楽太鼓は形と役割を確認しておこう。②が篳篥，
④が楽箏，⑥が楽太鼓，⑦が楽琵琶である。　2　笙は管の孔をおさ
えて吹いたり吸ったりすることで音を鳴らす楽器である。　3　鞨鼓
の奏者は，曲の始まりや終わりを示したり，曲の速度を指示したりす
るなどの役割を担っている。　4　和楽器は指でタンギングのような
役目をすることが多い。　5　篳篥はリードのついた縦笛である。ズ
ルナはリード付きの木管楽器，タンソはリードがなく尺八に似た竹製
の縦笛，ウードは琵琶に似た弦楽器，ラウネッダスはクラリネット属
の縦型の葦笛で，3本同時に吹いて演奏する。　6　管弦とは，舞を伴
わずに演奏する形態。舞がある舞楽とは分けられる。楽器の奏法を生
かすためにゆったりとした速度で演奏される。　7　もともとは雅楽
の言葉であったが，現在は伝統芸能全般で用いられている。学習指導
要領解説には，「序破急は，我が国の伝統音楽において，多様な意味

をもつ。本来は,『はじめ・なか・おわり』という形式上の三つの区分やそれに伴う様式の変化のことを表す用語で,転じて,次第に速くなる速度を表す際にも用いられる。例えば,曲の開始部,中間部,終結部のもつ特徴の違いや,緩急の変化が生み出す音楽の特徴などを,表現や鑑賞の活動を通して理解することなどが考えられる」とある。

8　我が国の音楽,諸外国の音楽を指導するにあたって,注意すべき点や,重要なポイントについて,指導要領解説もあわせて学習し理解を深めておきたい。

【5】1　①　武島羽衣　　②　滝廉太郎　　③　荒城の月
　2　あ　rit.　い　a tempo　3　解答略
〈解説〉1　歌唱共通教材については,基本的な知識だけでなく,歌詞や曲の背景を理解し,楽譜を書けるようにしておきたい。　2　問題で指示された楽譜を見られないが,「荒城の月」と推測できる。　3　楽譜の提示がないため,解説略。

【高等学校 (県のみ)】

【1】1　a　思考力,判断力,表現力　　b　知識　　2　音色,リズム,速度,旋律,テクスチュア,強弱,形式,構成　　3　どの要素を学習の対象にするのかを明らかにし,単に名称などを知るだけではなく,音楽活動を通してそれらの働きを実感しながら理解し,表現や鑑賞の学習に生かすことができるよう配慮し,そのことによって,用語や記号などの大切さを生徒が実感できるようにすることが重要となる。
〈解説〉高等学校学習指導要領　音楽Ⅰの〔共通事項〕に関する問題である。共通事項に関しては中学校の指導要領で詳しく示されているので学習しておくこと。音の要素をすべて答えるのは必須で,それぞれの教材についてどの要素を指導するのが適しているか,授業を想定して理解しておきたい。

【２】１　曲名…野ばら　　作詞者名…ゲーテ　　作曲者名…Ａ　シューベルト　　Ｂ　ヴェルナー　　２　原調名…ト長調　　「愛らしく」の意味のドイツ語…Lieblich

３

４　その色愛でつ　飽かずながむ(そのいろめでつ　あかずながむ)

〈解説〉１　楽譜が開示されていないが，解答から「野ばら」の２曲についての出題であったことがわかる。頻出問題であるので，それぞれの楽譜は読み込んでおこう。　　２　ヴェルナーの「野ばら」は，「静かな，穏やかな」という意味のruhigが記されており，ゆったりとした曲調である。　　３　原調はEs durなので，短３度上のGes dur(♭)６つに移調して記譜する。　　４　１番から３番まであるので，原語とあわせて学習しておくこと。作曲者と作品の知識を問う問題は，近年では毎年出題されている。問われている曲が分からないことには答えようのないものなので，教科書に掲載されているものを中心に幅広く学習しておこう。

【３】１　ａ　弁慶　　ｂ　富樫左衛門　　２　ｃ　三線　　ｄ　工工四　　３　２点ホ音　　４　八木節様式は拍節がはっきりしており，追分様式は拍節がはっきりしていない。　　５　弦を弾いた後，左手で柱の左側の弦をつかみ，右側に寄せて音を低くする技法。

〈解説〉１　勧進帳の見所として，出題されている弁慶の「山伏問答」，「延年の舞」や「飛び六方」が挙げられる。鑑賞して，セリフや使われる音楽などもあわせて確認しておこう。　　２　三線から三味線への変遷の問題は頻出である。「工工四」は「くんくんしー」と読み，タブラチュア譜の一種である。　　３　篠笛の八本調子は西洋の音階でいうとC管である。運指の表記は漢数字と算用数字(またそれに点がついていく)に書き分けられている。「一(漢数字)」の運指で１点ハ音(中央のド)が出る場合，「3」の運指では２点ホ音が出る。「1(算用数字)」の運指では２点ハ音である。　　４　日本の民謡には，有拍のリズムである八

木節様式と，無拍のリズムである追分様式がある。各地の民謡がどちらにあてはまるのか確認しておきたい。　5　箏の奏法としては他にも「合わせ爪」「かき爪」「すくい爪」「押し手」「あと押し」など様々ある。映像などで音と併せて学習しておきたい。

【4】1　(1)　始めに示された主題が，次々と加わる他の声部によって，繰り返されながら発展していく形式。　　(2)　物語や情景等をオーケストラによって表現する音楽。　　(3)　実演等によって，著作物の公衆への伝達に重要な役割を果たしている者に与えられる権利。
2　A　曲名…アランフェス協奏曲第2楽章　　作曲者名…ロドリーゴ
B　曲名…交響曲第9番「合唱付き」第4楽章　　作曲者名…ベートーヴェン
〈解説〉1　(1)　音楽の形式の問題は頻出である。フーガ形式，ソナタ形式，ロンド形式は中でも重要なので説明できるようにしておこう。(2)　交響詩は音楽の歴史においても重要な意味を持つ様式である。その歴史と関わった作曲家，主な曲は整理して覚えておこう。「フィンランディア」や「魔法使いの弟子」などは授業でも取り上げることが考えられる。　　(3)　著作権などの知的財産権については学習指導要領でも言及されている。生徒に教える点以外にも，教育現場においては著作権者の了解を得ずに著作物を利用できる例外措置等がある。指導に直結する事項なので常に最新の情報を知っておきたい。　2　教科書教材を中心に，スコアから作品名や作曲者名が答えられるようにしておくこと。日頃から意識して，オーケストラスコアに慣れておきたい。

【5】1　(1)

(2)

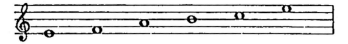

2　(1)　音の長さを十分に保って　　(2)　重々しく緩やかに

(3)　だんだんせきこんで　　　(4)　しかしはなはだしくなく

3　(1)　増三和音　　(2)　長七の和音　　(3)　E7　　(4)　G♯m7

〈解説〉1　都節音階，沖縄音階，律音階，民謡音階の4つの日本の音階は
ドを起点として楽譜に書けるようにしておくこと。ドからの音階を覚
えれば，主音が何になっても，音程関係がわかるので対応できる。

2　いずれもよく用いられる発想用語で難易度は高くない。普段から
スコアを読むときにわからない楽語については意味を調べる癖をつけ
ておきたい。　　3　(1)　長3度＋長3度であるので増三和音。　(2)　長
三和音＋長3度であるので長七の和音。七の和音については，長七，
短七，属七も重要なので音程関係を覚えておくこと。　(3)　ミが主音
の長三和音＋短3度の属七の和音なのでE7。　(4)　ソ♯が主音の短三
和音＋短3度なのでG♯m7。

二次試験

【中学校(県のみ)】

【1】(解答例)　西洋音楽の流れを汲む音楽を耳にすることが多い現代に
おいて，我が国や郷土の伝統音楽及びアジア地域の諸民族の音楽など
を扱う際には，聴き方の指導を工夫する必要がある。単に教材として
の音楽を流すだけでは，その良さや楽しみ方を知らないため，生徒が
関心を持ちにくく，音楽の特徴をつかむことも困難である。

　　展開例として，最初は何の知識もない状態で鑑賞させる。生徒は何
を聴いていいのかが分からないため戸惑いがあるだろう。次に，「何
人で演奏していると思うか」や「どんな楽器で演奏していると思うか」
など，聴き方を焦点化した発問をする。発問後に聴く際には，何に着

目して聴けばよいのかが分かるため，音楽を立体的に聴くことが期待
できる。教員から答えを一方的に示すのではなく，あくまで生徒の中
から答えが出るような仕掛けづくりを試みたい。さらに，発問を契機
として，どのように感じたかを話すなどして，生徒が主体的に授業に
取り組むことができるように工夫したい。

　楽曲自体に興味が湧けば，作品が作られた背景や，作曲者について
知りたくなり，さらには類似した曲を聴くときの聴き方が育つことも
期待できる。授業をとおして，様々な音楽の聴き方を知ることで，生
徒の中で音楽観が形成されるであろう。

〈解説〉学習指導要領には「我が国や郷土の伝統音楽，アジア地域の諸民
族の音楽を含む諸外国の様々な音楽など多様な音楽に触れることは，
人間の生活と音楽との関わりに関心をもって，生涯にわたり音楽文化
に親しむ態度を育てることになる。また，様々な音楽文化に触れ，そ
の多様性を感じ取ったり理解したりすることは，音楽に対する価値観
や視野の拡大を図ることになる。そして，それぞれの音楽のもつ固有
性や多くの音楽に共通する普遍性などを知り，自己の音楽の世界を広
げていくことは，自分にとって真に価値ある音楽を見いだす契機とな
る。」と書かれている。授業を契機として，生徒の中の音楽観が形成
されることまで言及できるとよい。

【高等学校 (県のみ)】

【1】(解答例) ［共通事項］は，A表現(歌唱・器楽・創作)とB鑑賞の全
ての活動において共通するものである。指導にあたっては，各活動の
中で［共通事項］のいずれかを扱う必要がある。

　［共通事項］と表現及び鑑賞の各活動とを関連付けた学習例として
は，例えば，A表現の歌唱活動においては，「旋律」や「強弱」を知覚
して，楽曲の特徴を感受し，それらと「歌詞の内容」を関連させて歌
うことなどが考えられる。また，器楽においては，「リズム」「音楽の
縦と横の関係(テクスチュア)」と「声部の役割や全体の響き」とを関
連させたり，音楽づくり(創作)の学習において「音色」「反復」「問い

と答え」「変化(構成)」と全体のまとまりを関連させたりすることなどが考えられる。また，B鑑賞においては，「速度」「形式」を知覚し，楽曲の特徴や雰囲気を感受し，それらと「構造と曲想とのかかわり」を関連させて鑑賞するなどが考えられる。

　実践例として，滝廉太郎作曲「花」の授業の展開を述べる。この楽曲は3番に「くるればのぼる　おぼろづき」という歌詞がある。1番と2番の同じ箇所には強弱記号がついていないにも関わらず，「おぼろづき」の部分でpになっている。これについてクラスで検討したいと考える。該当箇所の歌詞の意味は「日が暮れたらのぼる朧月」というものである。「花」の歌詞の中で夜の場面を歌っていることや，直前の歌詞で歌われている，「月明かりが川に反射して美しい織物のように見える」といった，静かな情景をpに込めたのだと考えられる。授業ではこれを一方的に教授するのではなく，写真などで先述の場面を見せたり，教室で静かな時間をつくり歌詞の場面を想像させたりするなどし，生徒を主体として歌詞から連想するpを作らせたいと考える。

〈解説〉学習指導要領によると，[共通事項]は，「ア　音楽を形づくっている要素や要素同士の関連を知覚し，それらの働きが生み出す特質や雰囲気を感受しながら，知覚したことと感受したこととの関わりについて考えること。　イ　音楽を形づくっている要素及びそれらに関わる用語や記号などについて，音楽における働きと関わらせて理解すること。」とある。知覚と感受について整理しておく必要がある。また，音楽を形づくっている要素として，「音色，リズム，速度，旋律，テクスチュア，強弱，形式，構成」は覚えておくこと。

2020年度 実施問題

一次試験 (県・市共通)

【中学校】

【1】次の文章は，現行の「中学校学習指導要領解説 音楽編」の「第4章 指導計画の作成と内容の取扱い 2 内容の取扱いと指導上の配慮事項」の(2)〜(4)である。文中の[①]〜[⑩]に当てはまる最も適当な語句をそれぞれ答えなさい。

> (2) 器楽の指導については，指導上の必要に応じて，和楽器，弦楽器，[①]，打楽器，鍵盤楽器，電子楽器及び[②]の楽器を適宜用いること。なお，和楽器の指導については，3学年間を通じて[③]の楽器の表現活動を通して，生徒が我が国や[④]のよさを味わうことができるよう工夫すること。
>
> (3) 我が国の伝統的な歌唱や和楽器の指導については，[⑤]と[⑥]との関係，[⑦]や[⑧]の使い方にも配慮すること。
>
> (4) 読譜の指導については，小学校における学習を踏まえ，#や♭の調号としての意味を理解させるとともに，3学年間を通じて，1#，1♭程度をもった調号の楽譜の[⑨]や[⑩]に慣れさせるようにすること。

(☆☆○○○○)

【2】共通教材「赤とんぼ」について次の1〜7の各問いに答えなさい。

1 この曲の①作曲者名，②作詞者名を漢字で答えなさい。

2 この曲の作曲者が生まれた都道府県名を答えなさい。

3　歌詞の中に出てくる「負われて」とは，どのような意味か答えなさい。

4　次の文章は，この曲を歌う時に心掛けることとして書かれたものです。(　①　)にあてはまる適当な言葉を下のア〜オから一つ選び，記号で答えなさい。

　　『この曲は，情景を思い浮かべながら，拍子や(　①　)のまとまりに気をつけて歌うことが大切である。』

　　　ア　リズム　　イ　強弱　　ウ　音階　　エ　旋律　　オ　抑揚

5　この曲の速度設定として，最もふさわしいのはどれか。次のア〜オから一つ選び，記号で答えなさい。

　　ア　♩=100〜110　　イ　♩=106〜126　　ウ　♩=58〜63
　　エ　♩=80〜92　　　オ　♩=90〜102

6　この楽曲の指導の一例として，現行の「中学校学習指導要領解説　音楽編　第4章　指導計画の作成と内容の取扱い　2　内容の取扱いと指導上の配慮事項」にはどのように示してあるか答えなさい。

7　次の楽譜は，この曲の主旋律の一部です。(ア)，(イ)の小節にあてはまる旋律を以下に記入しなさい。

(☆☆○○○○○)

【3】「箏」の指導について，次の1〜7の各問いに答えなさい。

1　箏は奈良時代に，唐(現在の中国)から伝えられた楽器ですが，その当時，主にどのような音楽の中で演奏されていたか答えなさい。

2　調弦を行う時，音を低くするためには「柱」を左右どちらに動かすか答えなさい。

3　左手で弦をつまんで柱の方に引き，音高をわずかに下げる奏法を何というか。次のア〜オから一つ選び，記号で答えなさい。

　　　ア　合わせ爪　　イ　引き色　　ウ　押し手　　エ　ピッチカート

66

オ　後押し

4　次の楽譜は，箏の調弦法の一つである。何という調弦法か漢字で答えなさい。また，(ア)〜(ウ)に当てはまる音符を全音符で以下の五線に記入しなさい。(一の弦をホ音とした場合)

(ア)　　　　　　　　(イ)　　　　　　　　(ウ)

5　箏曲「六段の調」の作曲者は，八橋検校である。この「検校」について説明しなさい。

6　この曲のように，いくつかの部分(段)によって構成された器楽曲のことを何というか答えなさい。

7　この曲の特徴として，(　　)の変化があげられます。この(　　)に当てはまる音楽を形づくっている要素を答えなさい。

(☆☆◎◎◎◎)

【4】「フーガ　ト短調」について，次の1〜6の各問いに答えなさい。

1　この曲の①作曲者名，②作曲者の生まれた国名，③作曲者の活躍した時代を答えなさい。

2　この曲の作曲者と同世代の作曲者を次のア〜オから一人選び，記号で答えなさい。

　　ア　ヘンデル　　　イ　ビゼー　　　ウ　ベートーヴェン
　　エ　シューマン　　オ　スメタナ

3　この曲で演奏されている楽器名を答えなさい。

4　「フーガ」とはどのような形式のことか説明しなさい。

5　この曲は，いくつの声部で構成されているか答えなさい。

6　次の文の(　①　)〜(　③　)にあてはまる言葉を，それぞれ答えなさい。

　　『この曲は第1部から(　①　)と(　②　)がくり返し現れるが，

（　②　）の時には調が（　③　）調へと転調する。』

（☆☆◎◎◎◎）

【5】「魔王」について，次の1〜6の各問いに答えなさい。
1　この曲の作曲者を答えなさい。
2　この曲は，作曲者が何歳の時に作曲した曲か年齢を答えなさい。
3　ドイツ語による歌曲のことを何というか答えなさい。
4　この曲の伴奏をしている楽器名を答えなさい。
5　この曲は，誰が書いた詩に作曲されたものか，作詞者名を答えなさい。
6　次の楽譜は，この曲のある登場人物が歌う旋律の一部分です。歌っている登場人物を答えなさい。

（楽譜略）

（☆☆☆☆◎◎◎◎◎）

【6】次のリズム譜は，共通教材の中の1曲です。楽曲の旋律となるよう正しい音程で以下の五線譜に作成しなさい。また，臨時記号等がある場合は記入すること。(原曲で答えること)

（☆☆☆☆◎◎◎）

【高等学校】

【1】 次の文は新「高等学校学習指導要領　芸術」の「音楽Ⅰ」の目標の一部(抜粋)である。下の1〜4の各問いに答えなさい。

> (1)　①曲想と音楽の構造や文化的・歴史的背景などとの関わり及び音楽の[　a　]について理解するとともに，②創意工夫を生かした音楽表現をするために必要な技能を身に付けるようにする。
>
> (3)　主体的・[　b　]に音楽の幅広い活動に取り組み，③生涯にわたり音楽を愛好する心情を育むとともに，感性を高め，音楽文化に親しみ，音楽によって生活や[　c　]を明るく豊かなものにしていく態度を養う。

1　文中の空欄[　a　]，[　b　]，[　c　]にあてはまる語句を漢字で答えなさい。

2　下線部①を理解することとはどういうことか，答えなさい。

3　下線部②とはどのような技能であるか，答えなさい。

4　下線部③のためには，どのような力を育成する必要があるか，答えなさい。

(☆◎◎◎)

【2】和楽器や日本の伝統音楽について，次の1〜6の各問いに答えなさい。

1　十三弦の箏を平調子に調弦した場合(但し，一の音をD音とする)，斗の音をドイツ音名で答えなさい。

2　中国の[　a　]が琉球(現・沖縄)で[　b　]となり，これが16世紀半ばに大阪の堺に伝わり三味線となった。空欄[　a　]，[　b　]に当てはまる語句を漢字で答えなさい。

3　「箏」と「琴」の構造の違いを，説明しなさい。

4　篠笛の奏法の「さし指(指うち)」について説明しなさい。

5　雅楽の中の「左舞」と「右舞」の楽曲面の違いを，説明しなさい。

6　能において，主役のことを[　a　]，相手役のことを[　b　]と呼び，
声楽にあたる部分を[　c　]という。空欄[　a　]，[　b　]，[　c　]
に当てはまる語句を答えなさい。

(☆☆☆◎◎◎)

【3】次の楽譜はドイツ歌曲の一部分である。下の1〜4の各問いに答えな
さい。

1　この曲の原題をカタカナで書くと[　a　]となり，作曲者は[　b　]
で，一番の歌詞はドイツの民謡詩集の[　c　]から取られた。空欄
[　a　]，[　b　]，[　c　]に当てはまる語句や人名を答えなさい。
2　この楽譜の冒頭に "Zart bewegt" と書いてある。"Zart bewegt" の
意味を答えなさい。
3　上の楽譜を長3度上に移調しなさい。その際，調号や拍子記号も適
切な位置に書きなさい。

4　楽譜の部分の1番の歌詞は "Morgen früh, wenn Gott will, wirst du
wieder geweckt." である。読み方を以下の歌詞の下の適切な場所に，
カタカナで答えなさい。また，日本語訳も答えなさい。

　　Morgen früh, wenn Gott will, wirst du wieder geweckt.
　　(読み方)

(☆☆☆☆◎◎◎)

【4】次の1〜8の各問いに答えなさい。
1　数多くの『Requiem』が作曲されているが，『Requiem』のラテン語
の意味を答えなさい。
2　音楽と劇が深く結びついた「楽劇」という新たなジャンルを創始
したドイツの作曲家名を答えなさい。
3　イタリアの作曲家プッチーニの遺作となったオペラの題名を答え

なさい。

4 ミュージカル『キャッツ』や『オペラ座の怪人』などを作曲した イギリスの作曲家名を答えなさい。

5 ペンデレツキやリゲティが用いた，2度以下の音程で同時に複数の 音をならす現代音楽の技法を答えなさい。

6 管弦楽の総譜は一般的に上から[a]楽器→[b]楽器→[c] 楽器→特殊楽器等→[d]楽器の順に書かれている。[a]～ [d]に当てはまる語句を答えなさい。

7 ギターの奏法の「アポヤンド奏法」と「アル・アイレ奏法」の違 いを説明しなさい。

8 チューニング・メーター(チューナー)等で一音一音確認しないギタ ーの調弦のやり方を説明しなさい。

(☆☆☆◎◎◎)

【5】次の1～3の各問いに答えなさい。

1 次の(1)，(2)の音階を主音から1オクターブ上の主音まで全音符で答 えなさい。その際，調号は用いないこと。

(1) 1点二音を下属音とする旋律的短音階上行形(ト音譜表上)。

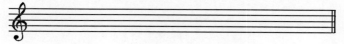

(2) ヘ音を主音とする調の下属調(ヘ音譜表上)。

2 次のコードネームの和音をト音譜表上に全音符で答えなさい。

(1) B_dim (2) D_M7

(3) G_{SUS4}　　　　　　　　(4) G♭_{dim7}/C

3　次の(1)，(2)は楽語の意味を日本語で，(3)，(4)は日本語の意味する
　楽語をイタリア語で答えなさい。

(1)　scherzando　　(2)　appassionato　　(3)　幅広くゆるやかに

(4)　気楽に

(☆☆☆○○○○○)

二次試験 (県のみ)

【中学校】

【1】現行の「中学校学習指導要領　第5節　音楽」の「第2　各学年の目
標及び内容〔第2学年及び第3学年〕2　内容　A表現　(1)　イ」におい
て，「曲種に応じた発声や言葉の特性を理解して，それらを生かして
歌うこと。」とある。この内容の指導のポイントと展開例を述べなさ
い。

(☆☆☆○○○○)

【高等学校】

【1】現行の「高等学校学習指導要領」，新「高等学校学習指導要領」の
いずれにも，知的財産権の一つである著作権を尊重する態度の育成な
どの配慮に関する事項がある。このことについて，生徒の意識を高め
つつ，どのような指導(授業)の展開が考えられるか，「題材名」「教材
名」「題材の目標」を具体的に設定して述べよ。

(☆☆☆○○○○)

解答・解説

一次試験 (県・市共通)

【中学校】

【1】① 管楽器　　② 世界の諸民族　　③ 1種類以上　　④ 郷土
の伝統音楽　　⑤ 言葉　　⑥ 音楽　　⑦ 姿勢　　⑧ 身体
⑨ 視唱　　⑩ 視奏

〈解説〉中学校学習指導要領解説　音楽編の指導計画の作成と内容の取扱
いに関する問題である。指導上の配慮事項に関する問題は出題頻度が
高いので，設問の(2)〜(4)だけでなく，(1)〜(8)まで網羅的に学習して
おくとよい。出題は現行のものからであるが，改訂後の同項目も学習
しておきたい。新旧対照表の改訂事項や新設事項もよく確認しておく
とよいだろう。

【2】1　① 山田耕筰　　② 三木露風　　2　東京都　　3　背負われ
て　　4　エ　　5　ウ　　6　日本情緒豊かな曲として，人々に愛さ
れて親しまれてきた楽曲である。例えば，拍子や速度が生み出す雰囲
気，旋律と言葉との関係などを感じ取り，歌詞がもっている詩情を味
わいながら日本語の美しい響きを生かして表現を工夫することなどを
指導することが考えられる。

7

〈解説〉共通教材に関する問題は毎年出題されているため，共通教材につ
いてはすべての曲を深く理解しておくことが必要である。「赤とんぼ」
に関していえば，作詞作曲者，歌詞の意味，速度などに加え，日本語
と旋律の関連性については特に留意すべき点である。歌詞の「あかと
んぼ」という言葉は現在とアクセントの高低が異なり，「あ」が高か
った。そのため，ド・ミ・ミ・ファ・ソとなっているのである。

【3】1　雅楽　　2　左　　3　イ　　4　調弦法…平調子

音符…(ア)　　　　　　(イ)　　　　　　　　(ウ)

5　目の不自由な音楽家などでつくられた組織の最高位　　6　段物
7　速度

〈解説〉日本の伝統音楽(箏，尺八，三味線)に関する問題は，出題傾向は高いが，難易度は高くはない。　1　奈良時代に遣唐使を通して伝えられた。現在も雅楽では合奏楽器の一つに含まれており，楽箏と呼ばれる。江戸時代に入り，八橋検校により独奏楽器として確立されたものが，現在広く演奏されているもので，楽箏に対して俗箏と呼ばれている。　2　「柱」より右側を弾くため，柱を左に動かすと振動する弦の長さは長くなり，音高は低くなる。　3　選択肢の他の奏法も，唱歌や記譜法とあわせて学習しておきたい。　4　平調子の調弦法がわかれば，教材として使うような楽曲の楽譜を読むことが可能になるので覚えておきたい。　5　八橋検校以降の重要な箏曲者は，生田検校(生田流)，山田検校(山田流)。　6　箏曲では，器楽曲は段物または調物，歌が入るものは箏組歌という。　7　この曲は，速度の変化を感じやすく，授業で序破急の説明をし，理解させるのに適している。

【4】1　①　バッハ　　②　ドイツ　　③　バロック(時代)　　2　ア
3　パイプオルガン　　4　始めに示された主題が，次々と加わる他の声部によって，繰り返されながら発展していく形式。　　5　4つ
6　①　主題　　②　応答　　③　ニ短調

〈解説〉1　バッハは「音楽の父」と称され，バロック時代を代表する作曲家である。　2　選択肢の他の作曲家が活躍した時代は，イ，エ，オはロマン派，ウは古典派〜ロマン派である。　3　バッハ自身もオルガニストであり，パイプオルガンのための曲を数多く残している。この曲は，小フーガと呼ばれ，よく知られている。　4　フーガに近いものとして，カノンが挙げられる。フーガは主題が発展しながら繰

り返されるのに対し，カノンは主題がそのまま繰り返される。
5　このフーガは4声で書かれている。　6　主題に対して，応答は原則ではその属調を用いる。この曲ではト短調の主題が用いられるので，応答はニ短調になる。

【5】1　シューベルト　　2　18歳　　3　リート　　4　ピアノ
　　　5　ゲーテ　　6　魔王
〈解説〉1　シューベルトは，ドイツ歌曲を多く作曲しており，「歌曲の王」と称されることもある。シューベルトの他にドイツ歌曲を残した作曲家として，シューマンやブラームスなども挙げられる。　2　シューベルトは31年間という短い生涯の中で数多くの曲を残しており，作曲をはじめたのは11歳とされている。　3　イタリア語の歌曲はカンツォーネという。　4　ドイツ歌曲が多く作曲された時代が，ピアノの発展の時期と重なったこともあり，ピアノの伴奏によるものが多い。5　ジングシュピール「漁師の娘」の一部である。シューベルト以外にもこの詩を題材に作曲している。ロマン派の詩人の活躍はロマン派の音楽にも大きな影響を与えた。　6　楽譜は公開されていない。父親は低音域，子どもは高音域・短調，魔王は基本的に長調，というように，登場人物に応じて異なる音域や調を当てはめている。

【6】

〈解説〉提示されたリズム譜は，土井晩翠作詞，滝廉太郎作曲の「荒城の月」である。原曲で答えるよう指示されており，山田耕筰による編曲版もあるので留意すること。山田耕筰版は，4分の2拍子ニ短調であり，楽譜2小節目のミ♯の音程が半音低くミ♮になっている。

【高等学校】

【1】1 a　多様性　　b　協働的　　c　社会　　2　その音楽固有の雰囲気や表情，味わいなどを感じ取りながら，自己のイメージや感情と音楽の構造や文化的・歴史的背景などとの関わりを捉え，理解すること。　　3　創意工夫の過程でもった音楽表現に対する表現意図に基づいて，その表現意図を音楽で表現する際に自ら活用できる技能。
4　音楽活動を通して，音や音楽のよさや美しさなどを感じ取るとともに，表現意図をもって音楽で表したり，味わって聴いたりする力を育成する必要がある。

〈解説〉改訂後の学習指導要領の目標に関する問題である。目標は重要な部分であり，高等学校学習指導要領解説　芸術編　第2章各科目　第1節音楽Ⅰ　2目標　にそれぞれの文言ごとに詳しく解説されている。言葉を覚えるだけではなく，深く理解しておくことが必要である。

【2】1　Es　　2　a　三弦　　b　三線　　3　箏には柱を用いるが，琴には柱を用いない。　　4　同じ音が続くときに，そのつど吹き直しをせず，押さえている指を指孔から一瞬離してすぐふさぐ奏法。
5　「左舞」は中国を起源とする唐楽の楽曲を，「右舞」は朝鮮半島を起源とする高句麗の楽曲を使用する。　　6　a　シテ　　b　ワキ　c　謡(うたい)

〈解説〉1　一の音をDとして平調子に調弦すると，順にD，G，A，B，D，Es，G，A，B，D，Es，G，Aとなる。斗は11番目の音であるから，正答はEsとなる。　　2　問題文には「16世紀半ばに大阪の堺に伝わり」とあるが，三味線は，永禄年間(1558〜1570)に中国から伝来した三弦(サンシエン)が琉球で三線(サンシン)となり，16世紀後半にもたらされ発展したものとされている。　　3　琴(キン)は中国の伝統楽器で，7弦で柱がない。琴は古琴とも呼ばれる。　　4　さし指(指うち)の奏法は篠笛に限らず尺八でもみられる。タンギングの奏法を用いずに指で連続音を区切るのは日本の伝統的な楽器の特徴の一つである。　　5　楽曲における違いは解答のとおりであるが，それに加えて，装束の色の違

いが挙げられる。左舞は赤系統，右舞は緑系統の装束を身につける。
6　主役であるシテのみが能面をつけて演じることも特徴である。また，役者以外の音楽には，謡の他に囃子がある。囃子は太鼓，大鼓，小鼓，笛(能管)から成る。

【3】1　a　ヴィーゲンリート　　b　ブラームス　　c　少年(子ども)の魔法の角笛　　2　優しく　動きをつけて
3

4　読み方…
Morgen　früh，　wenn　Gott　will，　wirst　du　wieder　geweckt.
モルゲン　　フリュー　　ヴェン　ゴット　ヴィル　ヴィルスト　ドゥー　ヴィーダー　ゲヴェックト
日本語訳…明日の朝，神様が望まれる時，おまえは，また目覚めるのだ。

〈解説〉1　「ブラームスの子守歌」として有名な曲である。　2　ドイツ語の楽語もある程度は覚えておきたい。子守歌らしく，ゆりかごにゆられているようなおだやかな曲調である。　3　原調がEs durなので，長3度上のG durで記譜する。　4　ドイツリートを歌ううえで，ドイツ語の読み方，子音の発音の仕方など重要であるので学習しておきたい。

【4】1　安息を　　2　ワーグナー　　3　トゥーランドット　　4　(アンドリュー・)ロイド・ウェッバー　　5　トーン・クラスター
6　a　木管楽器　　b　金管楽器　　c　打楽器　　d　弦楽器
7　アポヤンド奏法…弾いた指が隣の弦に触れて止まる奏法。
アル・アイレ奏法…弾いた指が隣の弦に触れず，手のひらに向かって止まる奏法。　　8　第6弦の開放弦の音をEの音に合わせて，その音を基準に残りの弦をA，D，G，B，Eに合わせる。

〈解説〉1　レクイエムは鎮魂曲や死者のためのミサの曲を表すが，ラテン語としての意味は「安息を」である。　　2　楽劇はオペラの様式のひとつで，レチタティーヴォとアリアを中心とする様式への反動から

生じたとされている。　３　プッチーニは他にも「トスカ」「ラ・ボエーム」「蝶々夫人」など，多くのオペラ作品を残している。　４　ロイド・ウェッバーの作品としては他に，「ジーザス・クライスト・スーパースター」「エビータ」などが有名である。　５　トーン・クラスターを用いた作品として，ペンデレツキ作曲「広島の犠牲者に捧げる哀歌」などがある。　６　木管楽器，金管楽器，弦楽器それぞれ高音域の楽器から並べられている。　７　アル・アイレ奏法に比べると，アポヤンド奏法の方がはっきりとした太い音が出るため，メロディラインや音を強調したいときに用いられる。　８　開放弦を基準に，隣の弦の同じ音になるフレットを押さえ2弦が同じ音になるように調子をそろえていくとよい。

【５】１　(1)

(2)

２　(1) 　　(2)

(3) 　　(4)

３　(1)　おどけて　　(2)　熱情的に　　(3)　largo　　(4)　comodo

〈解説〉１　(1)　ニ音を下属音とする短調は，完全4度下のイ短調である。調号は0で，旋律的短音階なので，第6音と第7音を半音あげる。1点ニ音の音高に気をつけること。　(2)　ヘ音を主音とする調はヘ長調もしくはヘ短調である。その下属調は，完全4度上の変ロ音から始まる音階である。ヘ音は点がついていない，ひらがなの「へ」である。音高に気をつける。　※解答は変ロ長調のみあげられており，変ロ短調については記載されていない。　２　(1)　dimは短3度＋短3度である。したがってBdimはシ・レ・ファとなる。　(2)　M7は長3和音＋長3度である。

したがってD_{M7}は，Dの長3和音であるレ・ファ#・ラに，ラから長3度上のド#を加えたものである。　(3)　$_{sus4}$は第3音を根音から完全4度にする。G_{sus4}は，ソ・シ・レの第3音であるシをドにかえる。

(4)　先述の$_{dim}$に第7音(減7度)を加えたものに，根音Cを付け足す。

3　楽語はアルファベットの羅列が似たもの，意味が類似しているもの，対義語など，グループにして覚えるとよい。

二次試験 (県のみ)

【中学校】

【1】(解答例)　世界の国々には，それぞれの文化と言語があり，歌唱においては特に言語と発声法の結びつきが強いことを指導したい。まずは，教科書にも掲載されているカンツォーネ「サンタルチア」を音源や映像で鑑賞させる。イタリア語とカンツォーネの特徴を意識させるために，日本語訳で歌われた「サンタルチア」も比較鑑賞する。イタリア語で歌われたカンツォーネと日本語で歌われたカンツォーネの違い，印象などについて，意見を交換しあう。

　次に，長唄の「勧進帳」を鑑賞する。自分の国の言語を使って歌われた長唄を聴き，ふしまわしの特徴などを意識させ，日本語の特徴を発表しあう。

　カンツォーネのビブラート，日本音楽のコブシ，スイスのヨーデルなど，独特の発声法があることを知り，その曲にあった発声で歌うことが大切であることを認識させる。

　班にわかれ，「サンタルチア」を，よりカンツォーネらしく，「勧進帳」を，より長唄らしく，一番違いのわかりやすい数小節(サビの部分を選ぶのもよい)を斉唱できるよう練習させる。数人で一緒に歌うためには，特徴を全員が把握し，意識をそろえて歌わねばならないので，よりその歌らしい歌唱法，体の使い方を見つけるために有効である。

　班でその斉唱を発表しあう。「サンタルチア」か「勧進帳」かは生

徒に選ばせる。「この曲がいい」「聴いた特徴を真似て歌いやすい」「やってみたい」という感情が生まれなければ，積極的な活動に繋がらない。発表しあい感想を共有しあうことで，それぞれの班の特徴の捉え方を感じ，おぎないあい，その歌唱法がその国の楽曲らしさを表現していることを再確認できる。

〈解説〉評価の観点は，[(1)語句の表現や記述が適切であり，論理的でわかりやすい構成になっている。(2)自分の考えを具体的に述べ，教師としての資質(熱意，誠実さ，向上心，柔軟性，協調性，発想力など)が窺える。(3)学習指導要領の視点をふまえた記述内容である。(4)世界には多様な音楽があり，それぞれにふさわしい発声や言葉の特性と音楽とのかかわりがあることを理解できるような学習内容である。(5)学習活動，学習形態等に工夫があり，生徒が主体的に，曲にふさわしい表現を工夫することができるような学習内容である。(6)生徒の思考力，判断力，表現力等を育む学習内容で，目標達成が可能であり新規性もある。]である。生徒の中には声を出すということに抵抗があるものも少なくない。班単位での活動にするなど，生徒が無理なく表現活動まで繋げられるようにする工夫が必要である。

【高等学校】

【１】(解答例)　題材名：YouTubeの著作権

教材名：YouTubeでの著作権(YouTube　ホームページサイトより)

題材の目標：生徒にとって最も身近にあるYouTubeで，著作権を侵害されたり侵害してしまうことのないよう，著作権のことを知る。

授業の展開：

　生徒にとって，インターネットでの情報発信，または受信することは，生活から切り離せないほどの存在になっている。簡単に情報発信できることの有益性だけでなく，怖さと知識を持つことの大切さを指導したい。インターネットで配信される情報は日本だけでなく世界を相手にしており，著作権は各国で違いがあるので，どこで抵触するかの判断は簡単ではない。被害者にも加害者にも簡単になりかねないこ

とを認識させる。

　教材にあげた，YouTubeのサイトで，動画にはどれだけ多くの著作権が存在するのかを理解する。班にわかれて，著作権についてのクイズをつくる。サイトに「著作権に関するよくある誤解」などの項目があるのでそれらを参考にさせる。自分がYouTuberだったとして，例えば，「自分で買ってきたCDの音源をBGMで使うことは著作権の侵害か，侵害にあたらないか？」「自分の作った動画を勝手にマネして投稿された場合はどんな手続きをすればいいか？」など，yes，noで答えられる解答も用意させて発表しあう。

　作品を使う権利は基本的にはそれを作った人が持っており，他者が利用するときは，著作者の承諾を得る必要がある。なぜそのようなルールが必要なのかを個人でワークシートに記述させる。それぞれが記述したことを，班や全体で共有する。著作権があることで，それがクリエイターを守り，ポテンシャルとなって創造活動を促すことを考えさせる。自分がYouTuberだったら，という想像に難くない問題提起により，自分の著作物を勝手に使われるとどういう気持ちになるかなど問いかけ，単にルールであるから守るのではなく，常に相手の立場に立って思考することの重要性を説くよう留意する。

〈解説〉評価の観点は，[(1)語句の表現や記述が適切であり，論理的でわかりやすい構成になっている。(2)自分の考えを具体的に述べ，教師としての資質(熱意，誠実さ，向上心，柔軟性，協調性，発想力など)が窺える。(3)「著作権」についての記述。(4)「著作権」についての指導上の留意点。(5)「題材名」「教材名」「題材の目標」についての記述。(6)具体的な指導(授業)の展開の記述。]である。生徒の意識を高めつつ指導することが問題文に設定されているため，授業の展開においては，最初に生徒の身の回りにある著作権を問い，最後に実生活でどのような姿勢で向き合うかを確認するようにするとよい。

2019年度　実施問題

一次試験 (県・市共通)

【中学校】

【1】現行の「中学校学習指導要領　第2章　各教科　第5節　音楽　第2各学年の目標及び内容　〔第2学年及び第3学年〕　2　内容　A表現」の(1)～(3)には次のように示されている。文中の[　①　]～[　⑩　]に当てはまる最も適当な語句をそれぞれ答えなさい。

---

(1)　歌唱の活動を通して，次の事項を指導する。

　ア　歌詞の内容や曲想を味わい，[　①　]を工夫して歌うこと。

　イ　曲種に応じた[　②　]の特性を理解して，それらを生かして歌うこと。

　ウ　声部の役割と[　③　]を理解して，[　④　]合わせて歌うこと。

(2)　器楽の活動を通して，次の事項を指導する。

　ア　曲想を味わい，[　①　]を工夫して演奏すること。

　イ　[　⑤　]を理解し，[　⑥　]を生かして演奏すること。

　ウ　声部の役割と[　③　]を理解して，[　④　]合わせて演奏すること。

(3)　創作の活動を通して，次の事項を指導する。

　ア　[　⑦　]などの特徴を生かし，表現を工夫して[　⑧　]。

　イ　表現したいイメージをもち，[　⑨　]の特徴を生かし，[　⑩　]などの構成や全体のまとまりを工夫しながら音楽をつくること。

(☆☆☆◎◎◎◎)

【2】共通教材「浜辺の歌」について，次の1～7の各問いに答えなさい。

1 この曲の① 作曲者名，② 作詞者名を漢字で答えなさい。

2 この曲は何分の何拍子か答えなさい。

3 この曲は何調で書かれているか答えなさい。

4 歌詞の中に出てくる，「もとおれば」とは，どのような意味か答え
なさい。

5 この曲の速度設定として，ふさわしいのはどれか。次のア～オか
ら一つ選び，記号で答えなさい。

ア ♪＝92～100 イ ♪＝126～132 ウ ♪＝104～112

エ ♪＝52～63 オ ♪＝132～140

6 この曲のピアノ伴奏は，どのような情景を表したものか答えなさ
い。

7 次のリズム譜は，主旋律の一部で，歌詞は「風の音よ 雲のさま
よ」となっている。この歌詞に合うよう，以下の五線譜に正しい音
程を記入しなさい。また，(ア)にあてはまる記号も答えなさい。

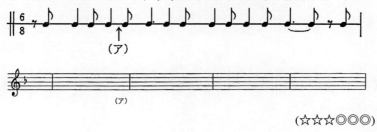

(ア)

(☆☆☆○○○)

【3】「アルトリコーダー」の奏法について，次の1～6の各問いに答えな
さい。

1 旋律にさまざまな表情をつけるために大切な奏法で，音と音を結
びつけたり離したり，一つ一つの音の切り方やつなぎ方のことを何
というか答えなさい。

2 親指でサムホール(親指孔または裏穴)にわずかな隙間をつくり，空
きぐあいを操作する運指のことを何というか答えなさい。

3 ピッチ(音)を合わせることを何というか答えなさい。また，ピッチ

を低くしたい時には，頭部管を抜くのか差し込むのか，どちらか答えなさい。

4　次のア〜ウは何という奏法か，それぞれ答えなさい。

ア　一音一音，音を短く切って演奏する奏法。

イ　スラーの付いた音を息の流れを切らずに滑らかに演奏する奏法。

ウ　音と音との間に短い隙間をつくり，一音一音切り離して演奏する奏法。

5　リコーダーで，「表現を工夫して演奏する」場合，どのような活動が考えられるか。現行の「中学校学習指導要領解説　音楽編　第3章　各学年の目標及び内容　第1節　第1学年の目標と内容　2　内容　(1)　A表現」の中に示されている内容をふまえて答えなさい。

6　次の楽譜はアルトリコーダーの音域を示したものである。正しいものを次のア〜オから1つ選び，記号で答えなさい。

(☆☆☆◎◎◎◎)

【4】次のA〜Eの楽譜は『春　第一楽章(「和声と創意の試み」第1集「四季」)から』の一部分である。下の1〜7の各問いに答えなさい。

A

B

C　　　　　　　　　　　(楽譜略)

D

E

1　この曲の①　作曲者名，②　作曲者の生まれた国名を答えなさい。

2　この曲の作曲者の父親も音楽家で，ある楽器の奏者であった。何の楽器の奏者であったか楽器名を答えなさい。

3　この曲の第1楽章AからEには短い形の詩が付けられている。

① その短い詩のことを何というか答えなさい。 ② AとBの楽譜はどのような場面を現したものか答えなさい。

4 この曲で演奏される鍵盤楽器のことを何というか答えなさい。

5 独奏楽器と合奏のための器楽曲のことを何というか答えなさい。

6 この作曲者が影響を与えた，同時代の作曲者を次の人物名から1人選び，答えなさい。

ショパン　　ブラームス　　スメタナ　　ベートーヴェン
バッハ

7 A〜Eの楽譜を演奏順に並べ替えた時，どのような順になるか，記号で答えなさい。また，この曲にふさわしい，速度に関する記号をアルファベットで答えなさい。

(☆☆☆◎◎◎◎)

【5】次の1，2の各問いに答えなさい。

1 次の楽譜は，日本の音階を示している。それぞれ何という音階か答えなさい。

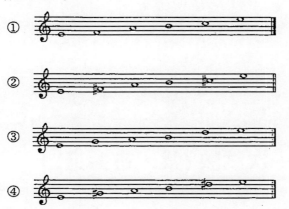

2 次の楽譜の旋律を，長3度低く移調して，以下に記入しなさい。また，調号も該当する調のものに変更しなさい。

(楽譜略)

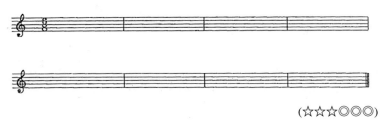

(☆☆☆◎◎◎)

二次試験 (県のみ)

【中学校】

【1】現行の「中学校学習指導要領　第5節　音楽」の「第2　各学年の目標及び内容　〔第1学年〕2　内容　A表現　(3)創作　イ」において「表現したいイメージをもち，音素材の特徴を感じ取り，反復，変化，対照などの構成を工夫しながら音楽をつくること。」とある。この内容の指導のポイントと展開例を述べなさい。

(☆☆☆◎◎◎)

解答・解説

一次試験 (県・市共通)

【中学校】

【1】①　曲にふさわしい表現　　②　発声や言葉　　③　全体の響きとのかかわり　　④　表現を工夫しながら　　⑤　楽器の特徴　　⑥基本的な奏法　　⑦　言葉や音階　　⑧　旋律をつくること　　⑨

音素材　　⑩　反復，変化，対照

〈解説〉中学校においては平成30年から新学習指導要領の先行実施が始まっており，次年度以降，新学習指導要領からの出題となる可能性が高い。新学習指導要領では現行の学習指導要領に加えて(1)〜(3)のように派生的な新設項目が設けられている。おそらくそういう部分からの出題になると考えられる。以下は，新学習指導要領の同部分(A　表現(1))である。比較してみよう。「(1)　歌唱の活動を通して，次の事項を身に付けることができるよう指導する。　ア　歌唱表現に関わる知識や技能を得たり生かしたりしながら，曲にふさわしい歌唱表現を創意工夫すること。　イ　次の(ア)及び(イ)について理解すること。

(ア)　曲想と音楽の構造や歌詞の内容及び曲の背景との関わり

(イ)　声の音色や響き及び言葉の特性と曲種に応じた発声との関わり

ウ　次の(ア)及び(イ)の技能を身に付けること。　(ア)　創意工夫を生かした表現で歌うために必要な発声，言葉の発音，身体の使い方などの技能　(イ)　創意工夫を生かし，全体の響きや各声部の声などを聴きながら他者と合わせて歌う技能。

【2】1　①　成田為三　　②　林古溪　　2　八分の六(拍子)　　3　ヘ長調　　4　巡れば，さまよえば　　5　ウ　　6　浜辺に打ち寄せる波の情景を表した様子

7

〈解説〉歌唱共通教材については，本問のように作詞者・作曲者の氏名を漢字で書かせる問題，旋律を書かせたり歌詞を書かせたりする問題や，文語体で書かれている本曲や「早春賦」「荒城の月」などは歌詞の意味を問われることも多い。歌唱共通教材の7曲については，何をどのように問われても解答できるように入念な準備が必要である。

【３】１　アーティキュレーション　　２　サミング　　３　何というか…チューニング　頭部管…抜く　　４　ア　スッタカート(奏法)　　イ　レガート(奏法)
ウ　ノンレガート(奏法)　　５　リコーダーで演奏する場合，音色，旋律，リズムなどの要素の関連や構造から曲想を感じ取り，ふさわしい音色やフレーズの表現を求めながら，タンギングや息づかいを工夫する活動が考えられる。　　６　エ

〈解説〉アルトリコーダーの運指等については頻出度が高い。運指で，図の指孔を塗りつぶすタイプの問題は比較的解答しやすいが，指番号のみでの解答を求められる場合もある。いずれの形で問われても解答できるように実際に自分で演奏しながら運指を確認しよう。また，奏法についてはノンレガート，ポルタート，スタッカート，レガートの４つの奏法が主に問われる。何がどう違うのかよく確認しておくこと。裏孔のことをサムホールと呼ぶので，併せて覚えておくこと。

【４】１　①　ヴィヴァルディ　　②　イタリア　　２　ヴァイオリン
３　①　ソネット　　②　Ａ　小鳥は楽しい歌で春を歓迎する。
Ｂ　泉はそよ風に誘われ，ささやき流れていく。　　４　チェンバロ
５　協奏曲(コンチェルト)　　６　バッハ　　７　順…Ｃ→Ａ→Ｂ→Ｅ→Ｄ
記号…Allegro

〈解説〉楽譜は公開されていない。ヴィヴァルディの四季より「春」は大変有名な曲で，試験での頻度も高い。ヴィヴァルディの活躍した時代区分はバロックで，当時はまだピアノが発明されていなかったのでチェンバロ(ハープシコード)を用いた作品を多く遺した。この時代区分のキーワードとして覚えておくとよいのは，初期のオーケストラが誕生したこと，協奏曲が音楽のジャンルの中で重要な位置を占めていたこと，などが挙げられる。

【５】１　①　都節音階　　②　律音階　　③　民謡音階　　④　沖縄(琉球)音階

2

〈解説〉1　日本の音階として問われることが多いのは都節音階，律音階，民謡音階，琉球音階の4つである。本問ではまさにその4つが問われている。注意したいのは音階を覚える際に，絶対的な音高ではなく相対的な音高で覚えるということである。例えば琉球音階などはDとAがない音階だと認識している人が多いが，それは開始音がCの場合である。問題によっては開始音をDやEと指定してくる場合があるので，音程の幅として記憶しておくことが大切である。　2　楽譜は公開されていない。

二次試験 (県のみ)

【中学校】

【1】解答略

〈解説〉学習指導要領に基づいて指導のポイントと展開例を述べる問題である。まず基になるのが「表現したいイメージをもち，音素材の特徴を感じ取り，反復，変化，対照などの構成を工夫しながら音楽をつくること」という文言である。これは創作の領域における話である。まず指導のポイントは，偶発性や即興性をもたせた創作活動を行わせることである。その中から生まれた音楽には求められている要素が十分に含まれているだろう。音素材の特徴という点について加えるなら，金属の楽器や木製の楽器など種類の違う楽器を用意しておくとよい。次に展開例である。例えば先述したような創作活動を展開する場合，まず生徒に自由に色々な楽器に触れさせる時間を設ける。そして生徒

がその活動の中で見出した音楽について，五線紙だけに限らず図や絵など様々な方法で記譜(記録)させる。そしてその音楽を演奏する中で，音楽的な要素(反復，変化，対照)に気付くような発問を行う。ワークシートを用意しグループ活動にして，お互いの創作した演奏を聴き合って感想を書く活動を盛り込むのもよいであろう。

2018年度 **実施問題**

一次試験 (県・市共通)

【中学校】

【1】現行の「中学校学習指導要領　第2章　第5節　音楽」について，次の1，2の各問いに答えなさい。

1 「第2　各学年の目標及び内容」〔第1学年〕　1　目標」は次のように示されている。文中の①〜⑤に当てはまる最も適当な語句を答えなさい。

(1) 音楽活動の楽しさを体験することを通して，音や音楽への[　①　]を養い，音楽によって生活を[　②　]にする態度を育てる。

(2) 多様な音楽表現の豊かさや美しさを感じ取り，基礎的な[　③　]を身に付け，[　④　]して表現する能力を育てる。

(3) 多様な音楽のよさや美しさを味わい，幅広く[　⑤　]に鑑賞する能力を育てる。

2 「第2　各学年の目標及び内容」[第1学年]　2　内容　A　表現(3)には，創作の活動について次の(ア，イ)のように2つ示されている。文中の①〜⑤に当てはまる言葉の組合せとして正しいものをa〜eから1つ選び番号で答えなさい。

> ア　言葉や[　①　]などの特徴を感じ取り，表現を工夫して簡単な[　②　]をつくること。
>
> イ　表現したい[　③　]をもち，音素材の特徴を感じ取り，[　④　]，変化，対照などの[　⑤　]を工夫しながら音楽をつくること。

a	①	音程	②	副旋律	③	イメージ	④	反転
	⑤	形式						
b	①	音色	②	伴奏	③	意図	④	反復
	⑤	構成						
c	①	音階	②	フレーズ	③	雰囲気	④	回転
	⑤	仕組						
d	①	音楽	②	リズム	③	情景	④	反転
	⑤	要素						
e	①	音階	②	旋律	③	イメージ	④	反復
	⑤	構成						

(☆☆☆◯◯◯)

【2】共通教材「夏の思い出」について，下の1～4の各問いに答えなさい。

1　この曲の　ア　作詞者名，イ　作曲者名を漢字で答えなさい。

2　この曲の拍子記号を答えなさい。

3　ア・イの記号の読み方と意味を答えなさい。

4　この教材を取り扱うに当たって，どのような観点で授業を展開すればよいか。現行の「中学校学習指導要領解説　音楽編　第4章　指導計画の作成と内容の取扱い　2　内容の取扱いと指導上の配慮事項」に示されている内容をふまえて答えなさい。

(☆☆☆◯◯◯◯)

【3】「筝」について，次の1～7の各問いに答えなさい。

1　筝は，いつの時代に中国大陸から伝えられた楽器か答えなさい。

2　次の楽譜の調弦法を何というか，漢字三文字で答えなさい。

3　2の楽譜のア・イ・ウに当てはまる弦の名称を答えなさい。

4　箏を用いた曲に「六段の調」がある。その曲の作曲者を漢字で答えなさい。また，この曲に見られる速度の変化のことを何というか，答えなさい。

5　弦を支える「柱」を左右に動かすと音が変化する。右に柱を動かすと音の高さはどうなるか，答えなさい。

6　箏を演奏する時，どの指に爪をつけるか，答えなさい。

7　箏の奏法のひとつで，「右手で弾いた後に，左手で弦を押して音を全音上げる」奏法を何というか，答えなさい。

(☆☆☆◎◎◎)

【4】オペラ「アイーダ」について，次の1〜5の各問いについて答えなさい。

1　この曲の　ア　作曲者名，イ　作曲者の国名　を答えなさい。

2　このオペラの内容は，どこの国を舞台としたものか，答えなさい。

3　下の楽譜は，このオペラの第2幕，第2場で演奏されます。この旋律を主に演奏している管楽器を1つ答えなさい。また，この曲が演奏されている場面はどのような場面か説明しなさい。

4　オペラは，歌を中心に，音楽の要素をはじめ複数の要素同士が関わり合うため総合芸術と呼ばれている。音楽以外に関わる要素を2つ答えなさい。

5　この作曲者の他の作品を，次の①〜⑤から1つ選び，番号で答えなさい。

①　蝶々夫人　　　②　カルメン　　　③　セビリアの理髪師
④　タンホイザー　　⑤　椿姫

(☆☆☆◎◎◎)

【5】歌舞伎「勧進帳」について，次の1〜6の各問いに答えなさい。

1　歌舞伎は何時代に始まった舞台芸術か，時代名を答えなさい。

2　歌舞伎の舞台には，役者が客席と客席との間を通ることができる通路がある。その通路のことを何というか，答えなさい。

3　「勧進帳」では長唄が用いられ，唄，三味線，囃子によって演奏される。この時，囃子に含まれる楽器を3つ答えなさい。

4　義経一行の中で，安宅の関で「勧進帳」を読み上げたり，「延年の舞」を披露した人物名を漢字で答えなさい。

5　長唄では，歌詞の一部や母音を長く延ばして唄う歌い方があるが何というか，答えなさい。

6　我が国の伝統音楽を含め，音楽の多様性を理解できるようにするためにはどのような指導が大切であるか，現行の「中学校学習指導要領解説　音楽編　第3章　各学年の目標及び内容　第2節　第2学年及び第3学年の目標と内容」の「2　内容　(2)　B　鑑賞」の内容をふまえて答えなさい。

(☆☆☆◎◎◎)

【6】次の楽譜は，伴奏の和音のみを表しています。各小節，その伴奏にふさわしい旋律を8小節創作しなさい。

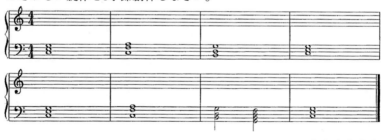

(☆☆☆◎◎◎)

二次試験 (県のみ)

【中学校】

【1】現行の「中学校学習指導要領　第2章　第5節　音楽」の「第3　指導計画の作成と内容の取扱い　1　(4)」において，道徳教育の目標に基づき，道徳の時間などとの関連を考慮しながら，音楽科の特質に応じて適切な指導をすることが示されている。歌唱共通教材を用いて，道徳教育の関連を意識した指導のポイントと展開例を述べなさい。

(☆☆☆☆◎◎◎)

解答・解説

一次試験 (県・市共通)

【中学校】

【1】1　①　興味・関心　　②　明るく豊かなもの　　③　表現の技能　④　創意工夫　　⑤　主体的　　2　e

〈解説〉1　(1)　本問は，中学校学習指導要領解説　音楽編　を参考にすると，情意面に関する目標であることがわかる。音楽活動を通して音や音楽が自分にとってどのような意味をもつのか考え，興味・関心を導くことをねらいとしている。音楽活動，音楽への興味・関心によって，音楽が生活を明るく豊かなものにすることを認識することは，生涯にわたり音楽を愛好する心情を育てるという音楽科の目標に沿ったものである。　(2)　(1)と同資料より，表現に関する目標である。基礎的な表現の技能は，発声の仕方や楽器の奏法，音楽をつくる，などである。自分のイメージや表現意図を表すために技能を身に付け，試行錯誤しながら創意工夫し表現する音楽活動によって創造性を育てるね

95

らいもある。　(3)　(1)と同資料より，鑑賞に関する目標である。鑑賞した音楽について言葉で説明するなどの主体的・能動的な鑑賞活動を通して，多様な音楽の特徴をとらえ音楽文化に対する理解を深め，音楽を尊重する態度を育てることを目標にしている。　2　ア　旋律をつくるための手掛かりとして言葉や音階などをあげている。　イ　創作活動において生徒が自己の内面に生じたイメージをもちながら学習することが重要とされる。音を音楽へと構成するための原理を体験的に学習することで，創作する楽しさや喜びを実感できるように指導することが求められている。

【2】1　ア　江間章子　　イ　中田喜直　　2　4/4またはC
3　ア　読み方…テヌート　　意味…その音符の長さを十分保つ
イ　読み方…フェルマータ　　意味…その音符をほどよく伸ばす
4　言葉のリズムと旋律や強弱とのかかわりなどを感じ取り，曲の形式や楽譜に記された様々な記号などをとらえて，情景を想像しながら表現を工夫することなどを指導する。
〈解説〉1　江間章子作詞，中田喜直作曲で1949年NHKのラジオ番組で放送されると，多くの日本人の心をとらえた。　2　楽譜より判断することができる。　3　ア　伊語が語源で，「保持する」「逃げないように」「落ちないように手で押さえる」という意味。　イ　伊語で「動きを止める」の意味。　4　本資料には，共通教材が具体的にあげられており，指導の一例が示されているので，その内容に沿って記述する。楽曲の特徴から音楽を形づくっている要素を明確にし，それらの働きが生み出す特質や雰囲気を感受できるような指導を考えることが必要である。

【3】1　奈良時代　　2　平調子　　3　ア　斗　　イ　為　　ウ　巾
4　作曲者…八橋検校　　変化…序破急　　5　高くなる　　6　親指・人差し指・中指　　7　後押し
〈解説〉1　箏は奈良時代に中国の唐から伝えられ，帝や貴族の間で雅楽

を演奏する楽器の1つとして親しまれた。　2　一と五の弦が同じ音，二は一の弦より完全5度低い，三は一の弦より完全4度低い，四は三の弦より半音高い，六は五より半音高い，七から巾の弦は二から八の弦の1オクターブ高い音になっている調弦。　3　箏の13本の弦は，昔「仁智礼儀信文武斐蘭商斗為巾」と呼ばれていたが，現在は最後の3つの名称だけが残り，他は数字に変わっている。　4　江戸時代前期の音楽家，八橋検校によって作曲された。段物の速度は非常に遅い速度から始まり，次第に速く演奏していくのが特徴である。　5　右に柱を移動させると振動する弦の長さが短くなり音が高くなる。　6　右手の親指，人差し指，中指に付け，親指の爪角は左角，人差し指と中指の爪角は右角を弦にあてる。　7　弾いた後で余韻を上げるのは「後押し」である。「押し手」は弦を押しておいてから弾く奏法である。

【4】1　ア　ヴェルディ　イ　イタリア　2　エジプト　3　楽器…トランペット　場面…戦いに勝利したエジプト軍が群衆の前に凱旋し，勝利を祝う場面。　4　美術・舞踊・文学・演劇から2つ　5　⑤

〈解説〉1　ヴェルディはイタリアのロマン派音楽の作曲家で多くのオペラを作曲した。　2　ファラオ時代のエジプトを舞台とし，エジプトとエチオピアの争いを背景に戦いや愛国心，復讐心，恋愛などを織り交ぜたイタリアオペラである。　3　楽譜より「凱旋行進曲」と判断できる。この凱旋の場で輝かしく鳴らされるトランペットは，ヴェルディが特注した長さ1.2mのものである。現在でも「アイーダ・トランペット」として独自のトランペットがこの場面で演奏される。
4　絵画や建築(大道具)，舞踏(バレエ)，文学(台本)，演劇，衣装など複数の分野の芸術の混交によって生み出される芸術である。
5　①はプッチーニ，②はビゼー，③はロッシーニ，④はワーグナー作曲のオペラである。

【5】1　江戸時代　　2　花道　　3　笛(能管)，小鼓，大鼓　　4　弁慶
　　5　産字　　6　音楽が人々の暮らしとともにはぐくまれてきた大切な
　　文化であること。

〈解説〉1　能の「安宅」を元に作られた歌舞伎の演目で，5代目市川海老
　　蔵が取り入れ1840年に初演された。　　2　歌舞伎の舞台は元々，能舞
　　台を模していたので本舞台の下手側には「橋掛り」と呼ばれる部分が
　　あったが，舞台の変遷の過程で，「橋掛り」は本舞台に吸収され，代
　　わりに「花道」が考案されたと考えられている。　　3　「四拍子」と総
　　称される楽器で，太鼓・小鼓・大鼓・笛(能管または篠笛)である。　　4
　　安宅の関で疑いをかけられた義経を必死にかばう弁慶の名場面であ
　　る。　　5　長唄の歌唱方法の特徴である。歌詞の音節を長く伸ばして
　　歌う場合に，長く伸ばされる母音部分のことである。　　6　本資料よ
　　り，「音楽の多様性を理解」するとは，人々の暮らしとともに音楽文
　　化があり，そのことによって様々な特徴をもつ音楽が存在しているこ
　　とを理解すること。とある。よって，我が国や郷土の伝統音楽及び諸
　　外国の様々な音楽の共通点や相違点，あるいはその音楽だけに見られ
　　る固有性などから音楽の多様性を理解できるように指導することが大
　　切である。

【6】解答略
〈解説〉「伴奏にふさわしい旋律を創作する」ことと楽譜上の条件に従っ
　　て作曲することが一番に求められる。楽譜から，和音進行と調性，拍
　　子は特別なものではなく，通常のものなので容易にイメージを膨らま
　　せながら旋律を創作することができるだろう。

二次試験 (県のみ)

【中学校】

【1】解答略

〈解説〉課題の論述を作成する上での参考点を，評価の観点から記述して
いく。評価①の観点では，誤字脱字がないか，主語と述語のねじれが
生じてないか，語句の意味を正しく理解して使っているかなどの基本
的な記述の能力が問われている。また自分の考えを明確に伝えるため
に，序論・本論・結論という論述の型を用いて論じることが役に立つ
だろう。内容の構成や展開に一貫性が生じ，論に筋が通る。例えば，
この課題では序論で道徳教育につながる音楽科の特質を述べ，その具
体的な方策の観点を評価③④⑤の観点に即した形で述べる。本論では
評価③④⑤の観点に基づいた具体的な指導展開とポイントを論述す
る。事前に学習指導要領の趣旨や内容を学習していたかどうか，また
評価②の観点がここに関わってくる。最後の結論は，音楽教師として
の熱意や向上心をしっかり述べて論述をまとめる。中学校学習指導要
領解説　音楽編(平成20年9月)　第4章　1　(4)より，「音楽を愛好する
心情や音楽に対する感性は，美しいものや崇高なものを尊重すること
につながるものである。また音楽による豊かな情操は，道徳性の基盤
を養うものである。なお，音楽の共通教材は，我が国の自然や四季の
美しさを感じ取れるもの，我が国の文化や日本語のもつ美しさを味わ
えるものなどを含んでおり，道徳的心情の育成に資するものである。」
とある。また，前述と同資料　第4章　2には，共通教材の指導例が示
されている。これらの内容をしっかりと反映した記述であることがの
ぞましい。

2017年度　実施問題

一次試験 (県・市共通)

【中学校】

【1】次の曲は連作交響詩「我が祖国」から「ブルタバ(モルダウ)」である。下の問いについて答えなさい。

1　この曲の　ア　作曲者名，イ　作曲者の国名　を答えよ。

2　この曲が作曲された時代は西洋音楽史のどの区分か答えなさい。

3　楽譜①，③を演奏する楽器名をそれぞれ答えなさい。

4 交響詩について説明しなさい。
5 楽譜①～⑧を演奏順に並べ替えなさい。

(☆☆☆◎◎◎)

【2】共通教材「花」について答えなさい。
1 「花」の歌唱部分の最後の4小節を，同声二部合唱の高音部，低音部ともに楽譜に書き表しなさい。また，楽譜上に記されている記号等も全て書きなさい。

2 この曲の速度として適当なものを次から選び，①～④の番号で答えなさい。
① ♩=96 ② ♩=60 ③ ♩=120 ④ ♩=48
3 三番の歌詞にある「げに一刻も千金の」の意味を書きなさい。

(☆☆☆◎◎◎◎)

【3】三味線の指導について，次の各問いに答えなさい。
1 本調子の調弦について，五線譜に全音符で書きなさい。ただし，一の糸をロ音にとった場合とする。

2 次の調弦法の名前を答えなさい。

3　次のア～ウの名称を答えなさい。

4　「勘所」について説明しなさい。

5　三味線における「唱歌」の役割について説明しなさい。

(☆☆☆◎◎◎◎)

【4】次の楽譜は，共通教材「花の街」の一部分である。下の各問いに答えなさい。

1　この曲の　ア　作詞者名　と　イ　作曲者名　を漢字で答えなさい。

2　この曲の作詞者の代表作が中学校の歌唱共通教材の中にもう一曲含まれている。その　ウ　曲名　と　エ　作曲者名　をそれぞれ答えなさい。

3　この楽譜の　オ　にあてはまる強弱記号を書きなさい。

4　この曲は，希望に満ちた思いを叙情豊かに歌いあげた楽曲である。どのような授業の在り方が望ましいか，〔共通事項〕に示されている「音楽を形づくっている要素」を用いて答えなさい。

(☆☆☆◎◎◎◎)

【5】現行の「中学校学習指導要領　第2章　第5節　音楽」について，次の各問いに答えなさい。

1　「第3　指導計画の作成と内容の取扱い」2(2)では，器楽の指導について配慮事項が示されている。特に和楽器の指導についてどのよう

な配慮事項が示されているか答えなさい。

2 「第3 指導計画の作成と内容の取扱い」2(3)に示されている次の文中の①〜③に当てはまる最も適当な語句を答えなさい。

我が国の伝統的な歌唱や和楽器の指導については，[①]と音楽との関係，[②]や[③]についても配慮すること。

3 「第3 指導計画の作成と内容の取扱い」2(7)ウには，知的財産権について示されている。指導に当たっては，どのようなことに配慮すればよいか答えなさい。

(☆☆☆◎◎◎)

【6】能について，次の各問いに答えなさい。

1 能を大成させた ア 父と子の名前 と イ その時代 を漢字で答えなさい。

2 能について，次の①〜⑧に当てはまる最も適当な語句を答えなさい。

能では，主役のことを[①]，相手役のことを[②]と呼ぶ。

能の音楽は，[③]と呼ばれる声楽の部分と，[④]という器楽の部分からできている。

[④]は，[⑤]，[⑥]，[⑦]，太鼓で編成され，[⑧]を担っている。

3 能における「コトバ」と「フシ」について，それぞれ説明しなさい。

4 能と狂言は総称して「能楽」と呼ばれる。「狂言」とはどのようなものか説明しなさい。

(☆☆☆◎◎◎◎)

【高等学校】

【1】次のア〜エの文は，現行の「高等学校学習指導要領 芸術」の「音楽Ⅰ 2内容 A表現(3)創作」の指導事項である。あとの1〜3の各問いに答えなさい。

> ア　音階を選んで旋律をつくり，その旋律に副次的な旋律や和音などを付けて，イメージをもって音楽をつくること。
> イ　音素材の特徴を生かし，反復，変化，対照などの構成を工夫して，イメージをもって音楽をつくること。
> ウ　音楽を形づくっている要素の働きを変化させ，イメージをもって変奏や編曲をすること。
> エ　音楽を形づくっている要素を知覚し，それらの働きを感受して音楽をつくること。

1　上記内容の取扱いについて，生徒の特性等を考慮し，どのように扱うことができるか答えなさい。
2　上記内容の取扱いで，「指導に当たっては，作品を記録する方法を工夫させる」とあるが，具体的にどのような方法が考えられるか，通常の五線譜以外の方法で2つ答えなさい。
3　アの内容を指導する際に，どのようなことが大切か，答えなさい。

(☆☆☆◎◎◎)

【2】和楽器や日本の伝統音楽について，次の1〜5の各問いに答えなさい。
1　箏の奏法のひとつで，親指と中指で2本の弦を挟むようにして同時に弾く奏法を何というか答えなさい。
2　十三弦の箏を平調子に調弦した場合(但し，一の弦を1点ニ音とする)，1点変ロ音になる弦の名前を答えなさい。
3　三味線を二上がりに調弦した場合(但し，一の糸をロ音とする)，二の糸は何の音になるか，日本音名で答えなさい。
4　尺八や篠笛の奏法のひとつで，顎を引いて音を下げる奏法を何というか答えなさい。
5　長唄とは何か，編成も含めて簡潔に答えなさい。

(☆☆☆◎◎◎)

【3】 世界の諸民族の音楽や西洋音楽について，次の1～3の各問いに答えなさい。

1　次の(1)，(2)の説明に当てはまる歌唱法を答えなさい。

  (1)　モンゴルの歌唱法で「長い歌」を意味する。決まった拍節がなく，装飾音が多用される。また，音域が広く，歌い手には高い技術が要求される。日本の追分節とよく似た雰囲気をもっている。

  (2)　アルプス地方の歌唱法で，裏声と地声を交替させて歌う。伝統的なものは，牧畜作業に伴って歌われていた。

2　次の(1)，(2)の説明に当てはまる楽器や器楽合奏を何というか答えなさい。

  (1)　インドネシアのジャワ島やバリ島で行われている器楽合奏で，青銅製の鍵盤楽器や銅鑼を中心としている。

  (2)　北インドの太鼓で，シタールの伴奏として用いられる。高音を受け持つ小型の太鼓と低音を受け持つ金属胴の太鼓の一対からなる。

3　次の(1)～(3)の西洋音楽に関する用語の意味について，簡潔に答えなさい。

  (1)　通奏低音

  (2)　標題音楽

  (3)　ヴィルトゥオーソ(virtuoso)

(☆☆☆◎◎◎)

【4】 次の1～5の各問いに答えなさい。

1　次の(1)，(2)の音階をト音譜表上に全音符で答えなさい。但し，開始音は1点ハ音とし，調号は用いないこと。

  (1)　旋律的短音階上行形

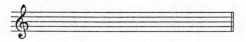

(2)　ドリア旋法

2　次のコードネームの和音を，ト音譜表上に全音符で答えなさい。

(1)　C9

(2)　B♭m7

(3)　Cm7/F

3　次の2音間の音程を答えなさい。

(1) 　　(2) 　　(3)

4　イ短調上にできる三和音の中で，減三和音の構成音を，ドイツ音
　名で全て答えなさい。

5　次の(1)～(5)の用語の意味を答えなさい。

(1)　agitato

(2)　maestoso

(3)　meno mosso

(4)　con brio

(5)　tranquillo

(☆☆☆◎◎◎)

【5】 次のA，Bの楽譜は，それぞれある曲の一部分である。下の1～5の各問いに答えなさい。

A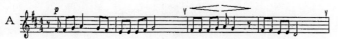

B

1　Aの作曲者名と，作詞者名を答えなさい。

2　Bの作曲者名と，曲名を答えなさい。

3　Aの作曲者の作曲でないものを，次のア～エから1つ選び，記号で答えなさい。

　　ア　めだかの学校　　　イ　ちいさい秋みつけた
　　ウ　雪の降るまちを　　エ　花の街

4　次の文は，Bの曲の解説である。空欄(1)，(2)に当てはまる最も適当な語句を答えなさい。

> 冒頭，管楽器によりイ短調の主和音が奏され，続いてヴィオラ，チェロ，コントラバスにより，印象的な和声が荘重なリズムにのって刻まれる。それがヴァイオリンに移ると，ヴィオラとチェロは対旋律を奏し，リズム奏と対旋律が絡み合いながら次第に高揚していく。このイ短調の部分の次に，[　(1)　]の部分が現れ，二つの部分は[　(2)　]しながら交互に繰り返す。

5　Aの楽譜を，調号を用いて長2度高い調に移調しなさい。また，この部分の1番の歌詞をひらがなで答えなさい。

歌詞：(　　　　　　　　　　　　　　　　　　　　　　　　　　　)

(☆☆☆◎◎◎◎)

二次試験 (県のみ)

【中学校】

【１】現行の「中学校学習指導要領　第5節　音楽」の「第2　各学年の目標及び内容〔第2学年及び第3学年〕2　内容　A表現　(2)器楽　イ」において「楽器の特徴を理解し，基礎的な奏法を生かして演奏すること」とある。この内容の指導のポイントと展開例を述べなさい。

(☆☆☆◎◎◎◎)

【高等学校】

【１】「音楽Ⅰ」において，外国語の曲を取り上げて歌唱の授業を行うこととする。現行の高等学校学習指導要領における音楽Ⅰの「A表現(1)歌唱」の趣旨を踏まえたうえで，生徒に表現しようとする意欲を育てるためには，どのような指導(授業)の展開が考えられるか，「題材名」「教材名」「題材の目標」を具体的に設定して述べなさい。

(☆☆☆◎◎◎◎)

解答・解説

一次試験 (県・市共通)

【中学校】

【１】1　ア　スメタナ　イ　チェコ　2　ロマン派(「国民楽派」も可)　3　①　フルート　③　ホルン　4　自然や文学的な内容などを，オーケストラを用いて自由な形で描く音楽のこと。
5　①→⑧→③→⑦→⑥→⑤→④→②

〈解説〉「ブルタバ(モルダウ)」は連作交響詩「我が祖国」6曲のシリーズの第2曲に当たり，最も有名でよく演奏され，「プラーハの春音楽祭」は「我が祖国」の演奏で幕が開く。中学校の音楽教科書にも載る分かり易く親しまれている楽曲である。　1　スメタナ(チェコ・1824〜1884)はロマン派時代の作曲家であるが，チェコスロバキアの国民主義音楽(国民楽派)を確立した人である。　3　示された楽譜の①はこの曲の冒頭，ブルタバ川の水源をフルートで，③はホルンで，狩りの角笛を表わしている。　4　交響詩はリストが創始した標題音楽でロマン派時代に多くの名曲を残す。R.シュトラウス，スメタナ，シベリウスなど。　5　楽譜の演奏順の内容は次のものである。　①　ブルタバ川の水源。　⑧　川幅を増してブルタバ川は光り輝く。　③　川は水量を増し角笛が鳴り響く。　⑦　結婚を祝う村人達の踊り。　⑥　夜に月光に輝く水面の妖精たち。　⑤　聖ヨハネの急流で水しぶきを上げる。　④　ブルタバ川のテーマ，強い大河となって流れる。②　ビシェフラトの丘を仰ぎ見ながら流れ去る。

【2】1

※拍子記号は無くても可

2　②　3　本当にひとときさえもとても価値のある

〈解説〉1　共通教材「花」の歌唱部分の最後4小節を，五線に高・低声部を書き，mf, f, $<$, $\frown$などの記号も記入する。　2　「花」の拍子を$\frac{4}{4}$拍子に間違えてしまう人が多い。$\frac{2}{4}$拍子で速度は♩=60である。3　三番歌詞の意味「げに」は，「本当に」という意味。中学校音楽の教科書に掲載されているので歌詞と内容，楽譜を詳細に確認しておこう。

【3】1

2　三下り　　3　ア　糸巻　　イ　棹　　ウ　駒　　4　左手で糸を
押さえるときの音の高さの正しい位置　　5　旋律や奏法を覚えたり，
伝えたりするために用いる。

〈解説〉1　三味線は絶対音高の楽器ではない。本調子は最も基本的な調
　　弦法であり，一の糸(第1弦)から完全4度→完全5度の順に調弦する。
　　2　本調子の三の糸を長2度下げた調弦法が「三下がり」である。
　　3　ウの駒(こま)は胴と弦との間に挟んで弦を支える。　4　「勘所(か
　　んどころ)」は，三味線で一定の音を出すために弦をおさえる位置。お
　　さえどころ。　5　和楽器の教習に口で唱えて練習するときの歌唱法。
　　三味線では「チントンシャン」など。

【4】1　ア　江間章子　　イ　團伊玖磨　　2　ウ　夏の思い出
　　エ　中田喜直　　3　*mf*　　4　例えば，強弱の変化と旋律の緊張や弛
　緩との関係，歌詞に描かれた情景などを感じ取り，フレーズのまとま
　りを意識して表現を工夫することなどを指導することが考えられる。

〈解説〉共通教材については，すべての歌唱曲の作詞・作曲者，譜面，指
　　導のことなどを把握しておこう。　2　「花の街」及び「夏の思い出」
　　の作詞者は江間章子である。　4　〔共通事項〕に示されている「音を
　　形づくっている要素」は8項目である。この曲で取り上げたい項目は，
　　旋律，強弱，構成などの表現をどのように工夫させるかを授業の指導
　　として述べたい。

【5】1　和楽器の指導については，3学年間を通じて1種類以上の楽器の
　表現活動を通して，生徒が我が国や郷土の伝統音楽のよさを味わうこ
　とができるよう工夫すること。　　2　①　言葉　　②　姿勢
　③　身体の使い方　　3　指導に当たっては，授業の中で表現したり
　鑑賞したりする多くの楽曲について，それを創作した著作者がいるこ

とや，著作物であることを生徒が意識できるようにし，必要に応じて
音楽に関する知的財産権に触れることが大切である。
〈解説〉「指導計画の作成と内容の取扱い」では，教師として配慮すべき
事項が列挙されている。　　1　和楽器については，3年間を通じて1種
類上の楽器の〈表現活動を通して〉とあり，鑑賞活動で可とは示され
ていない。　　2　我が国の伝統的な歌唱や和楽器の指導については，
①言葉と音楽との関係，②姿勢や③身体の使い方についても配慮する
こと，とある。伝統的な歌唱や和楽器では，特に①〜③に西欧的音楽
とは異なる特徴があり，それに配慮して指導の工夫をすることを示し
ている。　　3　音楽に関する知的財産権については，「必要に応じて触
れるようにする」と示されている。学校内外の公共的音楽会の際にも，
著作権や著作人格権などに注意，配慮が必要である。

【6】1　ア　観阿弥・世阿弥　イ　室町時代　2　①　シテ
②　ワキ　　③　謡　　④　囃子　　⑤　笛(能管)　　⑥　小鼓
⑦　大鼓　　⑧　謡の伴奏や舞の音楽
3　コトバ…一定の抑揚をつけて表現するもの(台詞のように旋律がつ
いていないもの)　　フシ…旋律をつけて表現するもの　　4　「狂言」
は，能の舞台で演じられるせりふ劇で，庶民を主人公にすることが多
く，大名などを風刺したり，日常の滑稽な場面を描いたりする。
〈解説〉能に関する出題が全国的に増えている。能の舞台に登場する人々
は全員が「能楽師」と呼ばれ，職種も四つに分かれている。主役を受
け持つ「シテ方」，脇役の「ワキ方」，楽器や地謡の演奏を担当する
「囃子方」，狂言を受け持つ「狂言方」である。　　1　観阿弥(1333〜
1384)，世阿弥(1363？〜1443？)の父子は室町時代初期に，能を優雅な
ものに洗練した。その功績は多大である。　　2　能の音楽に関する③
の謡(謡曲)や④の囃子，⑤〜⑧の出題はよく学習しておきたい。能は
笛や鼓の伴奏及び地謡の斉唱の伴奏による歌舞劇である。

【高等学校】

【１】１　ア，イ又はウのうち一つ以上を選択して扱うことができる。

２　文字，録音機器　　３　音階の特徴に興味を持ち，音のつながり方やフレーズのまとまり，音の重なり方によって生み出される表情の多様さなどに生徒自らが気付きながら，意欲を持って取り組むことができるようにする。

〈解説〉１　「創作」の指導事項のア〜ウについて，「一つ以上を選択して扱うことができる」とある。選択できないのはエの「音楽を形づくっている要素を知覚し，それらの働きを感受して音楽をつくること。」である。学習指導要領などでしばしば使われている「知覚」，「感受」の意味について同解説でおさえておこう。　２　「内容の取扱い」の(5)「創作」に，「作品を記録する方法を工夫させる」とある。文字，絵，図や録音機器などを活用した記録方法などである。　３　学習指導要領解説で，アの指導について，生徒が，音階の特徴に興味をもち，音のつながり方，フレーズのまとまり，重なり方により生み出される表情の多様さなどに気付き，意欲をもって取り組めるようにすることが示されている。

【２】１　合(わ)せ爪　　２　九　　３　1点嬰ヘ音　　４　メリ　　５　江戸時代に歌舞伎とともに発展した三味線音楽の一種目で，三味線と囃子を伴った歌曲である。唄方，三味線方，囃子方からなるが，囃子方を除く三味線方2名と唄方1名がもっとも小さい編成である。

〈解説〉１　「割り爪」や「掻(か)き爪」と混同しないこと。　２　平調子の調弦を〈ミラシドミファラシドミファラシ〉と覚えている場合は，一の弦を「1点ニ音とする」ため〈レソラ変ロレ変ホソラ変ロ〉と1つずつ下げると変ロ音は「九」弦と分かる。　３　三味線の基本的な「本調子」では，一の糸をロ音とすると二の糸は完全4度上の「1点ホ音」である。「二上がり」の調弦は，二の糸をロ音から完全5度上にすることであり「1点嬰ヘ音」になる。　４　尺八，篠笛の奏法で，あごを引いて低い音を出すことを「メリ」といい，逆にあごをつき出すように

して高い音を出すのは「カリ」という。　5　長唄は江戸時代の三味線音楽で，歌舞伎舞踊の伴奏音楽として発展した。舞台の段上で演奏の際には囃子(笛，小鼓，大鼓，締太鼓)が入るなど，文化・文政期(1804～1830)が全盛期といわれる。

【3】1　(1)　オルティンドー　　(2)　ヨーデル　　2　(1)　ガムラン
(2)　タブラー(とバーヤ)　　3　(1)　数字付き低音で書かれており，奏者が即興で和声を補足して演奏する伴奏声部。　　(2)　音楽が物語や絵画などと関係し，言葉などの何らかの標題が存在する音楽作品。
(3)　パガニーニやリストのように卓越した技術を持つ演奏家。
〈解説〉1　(1)　オルティンドーはモンゴル民謡のリズム様式で「長い歌」と呼ばれ，モリンホール(馬頭琴)で伴奏される。　　(2)　スイスやオーストリアのアルプス地方で歌われるヨーデル。胸声とファルセットとを交互に織りまぜて歌う。　　2　(1)　「ガムラン」とは叩かれるものの意。儀式や演劇・踊りの伴奏にも用いる。　　(2)　奏者は右手にタブラー，左手にバーヤを一対にして用いる片面の太鼓。　　3　(1)　バロック音楽の作曲上・演奏上の習慣。チェンバロや低音の奏者などが即興的に和声を補いながら演奏した。　　(2)　文学的内容・絵画的描写などと結びついた音楽。19世紀ロマン派で隆盛。リスト，スメタナ，R.シュトラウスなどの交響詩。　　(3)　技巧的に卓越した演奏家，名人演奏家の意味。

【4】1　(1)

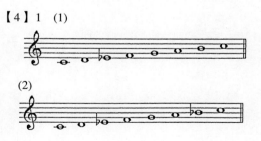

(2)

2 (1)

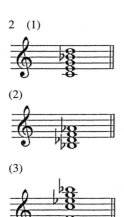

(2)

(3)

3 (1)　減5度　　(2)　増4度　　(3)　増1度　　4　H，D，F，Gis

5 (1)　激しく　　(2)　荘厳に　　(3)　今までより遅く　　(4)　生き

生きと　　(5)　静かに

〈解説〉1　(1)　旋律的短音階上行形は，自然短音階の第6音と第7音を半

音ずつ上げた音階。開始音を1点ハ音とするため，第3音に♭を付ける

だけでよい。　(2)　教会旋法(中世～16世紀)は教会で使用されていた。

そのうちの一つである「ドリア旋法」はニ音を終止音とする〈ニホヘ

トイロハニ〉の音階である。開始音を1点ハ音とするため，移動して

書く。　2　(1)　コードネームC9は，C7の上に長3度の音を重ねた和

音で四声体の場合は第5音が省略されることが多い。　(2)　B♭m7は

Bm7と間違えやすいので注意する。　(3)　Cm7/Fの/Fは低声部を指す。

3　(1)　半音が2ヶ所にあり完全5度よりも音程が半音狭い。　(2)　調

号の変ロ音及び変ヘ音の両方の♭を消して考えたい。ロ音とヘ音の音

程と同じ。半音がない増4度。　(3)　嬰ハ音と♮のハ音の音程は増1度。

4　和声的短音階ではH，D，F，Gisとなる。短3度を2つ積み重ねた三

和音で，短調のⅡ，Ⅶがこれにあたる。　5　(3)は速さの変化を示す

用語(今までより遅く)，他は，発想を示す用語。音楽用語は常に意識

的に覚えたい。

【5】1　作曲者名…中田　喜直　　作詞者名…江間章子　　2　作曲者名
…ルートヴィッヒ・ヴァン・ベートーヴェン　　曲名…交響曲第7番
イ長調より　第2楽章　　3　エ　　4　(1)　イ長調　　(2)　変奏
5

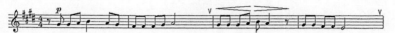

歌詞：（　　きりの　な　　かに　　うか び く る　　　　やさしい　かげ　　　ののこみち　　　　　）

〈解説〉1「共通教材」の「夏の思い出」である。　2　ベートーヴェン
作曲「交響曲第7番イ長調の第2楽章」である。第7交響曲は最も陽気
で明るい曲で，第1楽章は躍動的なリズミカルな楽章である。楽譜が
示された第2楽章は引きずるような重いリズムの哀愁をおびた魅力を
もつ曲である。　4　第2楽章は低音の弦楽器によって静かにイ短調で
始められ，しだいに盛り上がって，次にイ長調の部分が現れ，明暗の
コントラストをはかりつつ変奏しながら交互に繰り返す。　5　Aの楽
譜はニ長調。長2度高い調とはホ長調である。

二次試験 (県のみ)

【中学校】

【1】器楽による音楽表現は，その楽器にふさわしい音色や奏法を工夫し
て演奏する必要がある。楽器にも多くの種類があり，それぞれ技能の
獲得や魅力ある演奏のためには生徒達にそれを理解させ，学習意欲の
向上を図らなければならない。私は小学生の頃から親しんできたソプ
ラノ及びアルトリコーダーを中心とする「リコーダーのアンサンブル
活動」を活性化させたい。リコーダーは身近な楽器で比較的簡単に音
が出せる。しかし，楽器としての歴史やその奥深さはあまり知られて
いない。私はグループ活動を中心としてリコーダーアンサンブルの魅
力を引き出し，互いに工夫しながら生徒同士が協力し，自分たちが主
体的に取り組む活動を大切にする。リコーダーの授業では毎回グルー

プごとの発表演奏を行い，どのグループがどんな工夫をこらしている
のか，進歩の要因は何かなどを話し合わせる。リコーダーのテクニッ
クには「呼吸法」，「タンギング(舌の使い方)」，「運指法(指づかい)」の
三つが基本的に大切な要素であること，奏法の「アーティキュレーシ
ョン」や「サミング」などの技法についてはグループの選んだ教材曲
の程度に応じ教え込む指導も実践する。「チューニング」の基礎やソ
プラノリコーダーのバロック式とジャーマン式の違いにも配慮し，教
え込む指導と生徒の自主的活動伸長の両立に細心の注意を払う。

　リコーダーアンサンブルの成果は，学校行事の文化祭に出演したり
学年全体会の発表演奏会において披露させたい。教材曲によってはク
ラス全体の出演も考えられる。今日，多くの学校で「校内合唱コンク
ール」が開かれ，かなりの成果をおさめている。全教職員のご協力で，
音楽科教師として合唱コンクールを重要な学校行事に位置付けると共
に，器楽による発表会として「リコーダーアンサンブル」の演奏会を
実施したいと願っている。

　〔共通事項〕には音色，リズム，速度，旋律など8項目にのぼる要素
や要素同士の関連を知覚し，それらが生み出す特質や雰囲気を感受す
ることとある。リコーダーの教材曲の中には「テクスチュア」に関連
するバロック時代の多声的な，和音と旋律の組み合わせ方の好材料と
思える楽曲があり，音と音とのかかわり合いのテクスチュアの指導に
効果があると期待している。

〈解説〉中学校音楽の授業内で，器楽学習の時間がどれくらい確保できる
かの不安はあるが，器楽において何をどのようなねらいで生徒に興味
をもたせ，自主的意欲や向上心を育むかを，教師の立場で考えなけれ
ばならない。器楽は種類も多く，一般に出る音が大きく，ともすると
自由に楽器に触れさせると雑音・騒音の元となる。器楽の学習活動・
学習形態では，グループ学習などが効果的であり，教材曲や楽器編成
などの工夫も生徒の自発的な創意が得られ易い。さらに，グループや
小集団の成果としての演奏を互いに披露し，聴き合って評価する場を
つくることが教師として重要である。

【高等学校】

【1】歌唱の特徴は，自らの声によって言葉を伴いながら音楽を表現すること，歌うことである。それを生かして音楽体験を豊かにし，表現しようとする意欲を育て，創造的な表現の能力を育むことをねらいとしている。

音楽Ⅰでは，私は『原語による歌唱表現』を題材名として，よく知られた歌曲を中心に，イタリア語，ドイツ語，英語の歌唱表現を設定する。「題材の目標」は，邦訳の外国語の曲として親しまれ一般に定着している歌曲も多いが，旋律などがよく知られている歌や民謡などを中心に，原語で味わい，表現し，一層歌うことへの愛好を深め，意欲を向上させることにある。

「教材名」①「イタリアの歌曲」―中学生時代に既に歌っている曲も含める。「サンタルチア」ナポリ民謡，「帰れソレントへ」クルティス作曲，「'O sole mio」カープア作曲，「Caro mio ben」ジョルダーニ作曲，「海に来たれ」ナポリ民謡など。

②「ドイツ語の歌曲」―「野ばら」シューベルト及びウェルナー作曲の合唱曲，「五月の歌(春への憧れ)」モーツァルト作曲，「歓喜の歌」ベートーヴェン作曲(第九より)，「楽に寄す」シューベルト作曲，「セレナード」シューベルト作曲など。

③「英語の歌曲」―「エーデルワイス」R.ロジャース作曲(ミュージカル「サウンド・オブ・ミュージック」より)，「夢路より」フォスター作曲，ビートルズの「Hey Jude」・「Yesterday」，「Tonight」バーンスタイン作曲(ミュージカル「ウエストサイド物語」より)，「踊りあかそう」フレデリック・ロウ作曲(ミュージカル「マイ・フェアレディ」より)，「Memory」アンドリュー・ロイド・ウェーバー作曲(ミュージカル「キャッツ」より)，オラトリオ「ハレルヤ」ヘンデル作曲，他にも「My Way」「スカボローフェア」など。

外国語の発音・発声については自らその習得に努力し，的確な指導やアドバイスができるよう図る。学習指導要領の「生涯にわたり音楽を愛好する心情を育てる」の実現に向けて努力を重ねる。私は校内合

唱コンクールで体験した感動を忘れることができない。外国語の曲にも日本語の曲にも良い曲は数多くある。全校の生徒全員が一定時間内に舞台に上り，感動する校内合唱コンクールの充実・発展に寄与したいと考えている。

〈解説〉学習指導要領の音楽Ⅰ「(1)歌唱」のイ及びウに「曲種に応じた発声の特徴を生かし」，「様々な表現形態による歌唱の特徴を生かし」とあり，「表現を工夫して歌うこと」に続く。問題文は「外国語の曲を取り上げて」とあるが，「言語による歌唱表現」を題材名とし，伊，独，英語歌詞による歌唱でよく知られているものを教材とするのがよい。ただし，伊・独・英の三ヶ国の発音・発声の細かな諸注意は，言語学的意味から少しでも入れられないものかと感じる。最も時間的に苦慮するのは「どんな曲を歌うか」であろう。平常から高校生の音楽の教科書に目を通し，掲載教材を把握し，それを歌ってみる体験も大切である。音楽Ⅰの段階で外国語の歌を適切に取り上げ，効果的な鑑賞曲の模索や工夫と共に，歌唱への意欲を向上させる努力が重要である。

2016年度　実施問題

熊本県

【一次試験・中学校】

【1】次の楽譜について，下の1〜4の各問いに答えなさい。

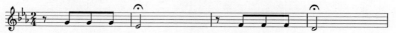

1　この曲の①曲名と②作曲者，③作曲者の国名を答えなさい。

2　この作曲者と同年代の作曲者を，次のア〜エから1つ選び，記号で答えなさい。

　　ア　スカルラッティ　　イ　ブラームス　　ウ　シューベルト
　　エ　スメタナ

3　この曲の第1楽章の①作曲形式と，②構成内容について答えなさい。

4　この楽譜は第1主題である。この後に現れる，①第2主題の<u>導入部分4小節</u>を五線譜に記入しなさい。また，第2主題導入部を演奏する②楽器名を答えなさい。

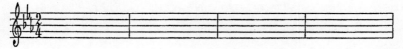

(☆☆☆◎◎◎)

【2】次の1～4の楽譜は，それぞれある楽曲の一部である。それぞれの①楽曲名と②作曲者名を書きなさい。

(☆☆☆◎◎◎◎)

【3】箏の指導について，次の1～3の各問いに答えなさい。

1　平調子の調弦について，弦の名前に対応させて全音符で書き入れなさい。ただし，第1弦をE音にとった場合とする。

2　弦の名前について，1の空欄のア～ウに当てはまる最も適当な語句を，漢字で答えなさい。

3　箏を右手で弾いた後に左手で糸を柱のほうに引き寄せ，音高を半音下げる奏法名を答えなさい。

(☆☆◎◎◎)

【4】次の楽譜は，共通教材「早春賦」の一部分である。下の1～3の各問いに答えなさい。

1　この曲の①作詞者と②作曲者を漢字で答えなさい。

2　この楽譜の①にあてはまる強弱記号を書きなさい。

3　この教材を取り扱うに当たって，どのような観点で授業を展開す

ればよいか。現行の「中学校学習指導要領解説　音楽編　第4章
指導計画の作成と内容の取扱い　2　内容の取扱いと指導上の配慮
事項」に示されている内容を踏まえて答えなさい。

(☆☆☆◎◎◎)

【5】現行の「中学校学習指導要領解説　音楽編」について，次の1〜3の
各問いに答えなさい。

1　〔共通事項〕の指導内容として，次の文中の①〜③に当てはまる最
も適当な語句を答えなさい。

　　〔共通事項〕では，音楽を形づくっている要素として，[　①　]な
どが示され，要素や要素同士の関連を[　②　]し，それらの働きが
生み出す特質や雰囲気を[　③　]することを，すべての音楽活動を
支えるものとして位置付けられている。

2　各学年の〔共通事項〕に示す用語や記号などについては，中学校3
年間で取り扱うものが示されている。これらを指導するに当たり，
配慮すべきことについて述べなさい。

3　「第4章　指導計画の作成と内容の取扱い　2　内容の取扱いと指導
上の配慮事項(5)」では，「創作の指導については，即興的に音を出
しながら音のつながり方を試すなど，音を音楽へと構成していく体
験を重視すること。その際，理論に偏らないようにするとともに，
必要に応じて作品を記録する方法を工夫させること。」と示されて
いる。このことについて，考えられる具体的な授業の展開例を述べ
なさい。

(☆☆☆◎◎◎◎)

【6】日本伝統音楽について，次の1〜3の各問いに答えなさい。

1　文楽(人形浄瑠璃)は「三業」と呼ばれる3つの役割によって演じら
れる。その名称と役割についてそれぞれ答えなさい。

2　雅楽について，次の①〜⑦に当てはまる最も適当な語句を答えな
さい。

　　雅楽の演奏形態には[　①　]，[　②　]，謡物の三つがある。[　①　]は，篳篥，[　③　]，[　④　]からなる吹きものと，[　⑤　]，[　⑥　]からなる弾きもの，[　⑦　]，証鼓，太鼓からなる打ちもので演奏される。

3　雅楽の用語である「序破急」について説明しなさい。

(☆☆☆☆◎◎◎◎)

【一次試験・高等学校】

【1】現行の「高等学校学習指導要領　芸術」の「音楽Ⅰ　2　内容」について，次の1〜5の各問いに答えなさい。

1　「Ａ　表現　(1)　歌唱」に，「ア　曲想を歌詞の内容や楽曲の背景とかかわらせて感じ取り，イメージをもって歌うこと。」とある。「イメージをもって」と示しているのは，どのように歌うことを重視したからであるか，答えなさい。

2　「Ａ　表現　(2)　器楽」に，「エ　音楽を形づくっている要素を知覚し，それらの働きを感受して演奏すること。」とある。「知覚」，「感受」とはここではどのような意味か，それぞれ答えなさい。

3　「Ａ　表現　(3)　創作」に，「ウ　音楽を形づくっている要素の働きを変化させ，イメージをもって変奏や編曲をすること。」とある。「変奏」とはどのようなことをいうか，答えなさい。また「変奏」の具体的な手法を2つ答えなさい。

4　「Ｂ　鑑賞」に，「イ　音楽を形づくっている要素を知覚し，それらの働きを感受して鑑賞すること。」とある。音楽を形づくっている要素の中で，音楽の組立て方を表す要素を2つ答えなさい。

5　「Ｂ　鑑賞」に，「ウ　楽曲の文化的・歴史的背景や，作曲者及び演奏者による表現の特徴を理解して鑑賞すること。」とある。このことについて指導する際にどのようなことが大切か，答えなさい。

(☆☆☆☆◎◎◎)

【2】 箏の指導について，次の1〜3の各問いに答えなさい。

1　動かすことで箏の音の高さが調節される駒のようなものは何か，漢字で答えなさい。また，その読み方をひらがなで答えなさい。

2　十三弦の箏を平調子で調弦する場合(但し，一の弦を1点ホ音とする)，次の(1)，(2)について答えなさい。

(1)　2点ヘ音が鳴る弦の名前を漢字で答えなさい。

(2)　巾の弦の音を日本音名で答えなさい。

3　次の楽譜は，ある箏曲の一部分を五線譜に表したものである。下の(1)〜(3)の各問いに答えなさい。

(1)　この箏曲の曲名を答えなさい。また，作曲者名を漢字で答えなさい。

(2)　下の①，②の箏の縦書き譜で示されている奏法名(①はヒ，②はオ)と，その演奏方法を答えなさい。

(3)　歌を伴わない箏の純器楽曲を何というか，答えなさい。

(☆☆☆◎◎◎)

【3】 次の楽譜は，あるイタリアの歌曲の一部分である。下の1〜4の各問いに答えなさい。

1　次の文の空欄(1)〜(4)に当てはまる最も適当な語句を答えなさい。

この曲名は[(1)]で，エドゥアルド・ディ・[(2)]がアルフレード・マッズッキの協力を得て仕上げた。この曲はイタリアの[(3)]地方の方言で書かれている。また，曲の冒頭には"Andantino"と表記されており，[(4)]という意味である。

2　上記の楽譜を短3度高い調に移調しなさい。その際に調号や拍子記号も適切な位置に答えなさい。

Andantino

3　楽譜の部分の歌詞は "Che bella cosa è na jurnata'e sole, n'aria serena doppo na tempesta!" である。読み方をカタカナで答えなさい。

Che bella cosa è na jurnata 'e sole,　n'aria serena doppo na tempesta!

4　この曲の原語歌詞の意味を要約して答えなさい。

(☆☆◎◎)

【4】次のA〜Dの楽譜は，それぞれある曲の一部分である。下の1〜4の各問いに答えなさい。

A

B

C

D

1　Aの作曲者名と，作詞者名を答えなさい。

2　Bの作曲者名と，この曲が含まれるバレエ音楽は何か，答えなさい。

3　Cの作曲者名と，この曲名を答えなさい。

4　Dは[　　]民謡である。[　　]に当てはまる都道府県名と，どのようなことを願って歌い踊り継がれた民謡か，答えなさい。

(☆☆☆☆◎◎◎)

【5】次の1～4の各問いに答えなさい。

1 次の和音をコードネームで答えなさい。

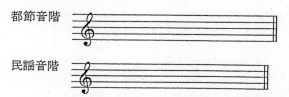

（1）　　　　　　　　（2）　　　　　　　　　　　　（3）

2 次の2音間の音程を答えなさい。

（1）　　　　　　　　（2）　　　　　　　　　　　　（3）

3 都節音階と民謡音階を五線譜上に全音符で答えなさい。ただし，開始音は1点ハ音とする。

都節音階

民謡音階

4 次の速度記号を，遅い方から順に①～⑤の番号で答えなさい。

①　Allegretto　　②　Vivace　　③　Lento　　④　Moderato

⑤　Larghetto

(☆☆◎◎◎)

【二次試験・中学校】

【1】現行の「中学校学習指導要領　第5節　音楽」の「第2　各学年の目標及び内容〔第2学年及び第3学年〕　2　内容　A表現　(2)器楽　ウ」において「声部の役割と全体の響きとのかかわりを理解して，表現を工夫しながら合わせて演奏すること。」とある。この内容の指導のポイントと展開例を述べなさい。

(☆☆☆☆◎◎◎◎)

【二次試験・高等学校】

【１】現行の「高等学校学習指導要領解説芸術編」の「第1部芸術編　第2章各科目　第2節音楽Ⅱ」において，「A表現　(3)創作　イ音素材の特徴を生かし，反復，変化，対照などの構成を工夫して，イメージをもって創造的に音楽をつくること。」と示されている。このことについて，音楽Ⅰの内容を踏まえたうえで，音楽Ⅱにおいてはどのような指導展開(授業)が考えられるか，具体的に述べなさい。

(☆☆☆☆◎◎◎◎)

熊本市

【中学校】

【１】次の楽譜はある楽曲の一部である。この曲に関する各問に答えよ。

（原曲は１オクターヴ下）

〔問1〕楽譜Aを演奏する楽器は，次の1～5のうちのどれか。

　1　フルート　　　2　ピッコロ　　　3　オーボエ

　4　ファゴット　　5　クラリネット

〔問2〕楽譜A～Eで表現されている情景のうち，楽譜B及び楽譜Dに関する記述として適切なものは，次の1～5のうちのどれか。

1　森からは狩りの角笛が聞こえる

2　結婚を祝う村人の踊りも見られる

3　聖ヨハネの急流で水しぶきを上げる

4　この川は二つの水源から流れ出す

5　光に輝きながら川幅を増す

〔問3〕次に示した作曲者名ア～ウとその肖像画カ～クとの組み合わせの中で，この楽曲の作曲者として適切なものは，下の1～5のうちのどれか。

〈作曲者名〉

ア　ドボルザーク　　イ　スメタナ　　ウ　バッハ

〈肖像画〉

カ 　　キ 　　ク

1　アーカ　　2　アーキ　　3　イーキ　　4　イーク

5　ウーク

〔問4〕この楽曲は，ある国の自然や物語を表現している。この国として適切なものは，次の1～5のうちのどれか。

1　オーストリア　　2　チェコ　　3　ドイツ　　4　ポーランド

5　ブルガリア

(☆☆☆◎◎◎)

127

【２】次の(1)～(5)の記述にあてはまる器楽曲として適切なものは，それ
　　ぞれ下の1～5のうちのどれか。

　　(1)　「序曲」と同じ意味で，19世紀には自由な形式のピアノ小品にも
　　　　この名が用いられた。

　　(2)　19世紀以降に多く書かれた器楽曲の一種で叙事的，英雄的，民族
　　　　的な色彩をもつ。

　　(3)　ロマン派の時代に多く書かれた性格的小品の一種，表情豊かな旋
　　　　律をもつものが多い。

　　(4)　ロマン派の時代に多く書かれた性格的小品の一種，幻想的，夢想
　　　　的な雰囲気をもつものが多い。

　　(5)　急速なテンポによる3拍子の器楽曲，叙情的な中間部をもつもの
　　　　が多い。

　　　　1　ラプソディ　　　2　スケルツォ　　　3　ファンタジア
　　　　4　プレリュード　　5　ノクターン

(☆☆☆◎◎◎)

【３】次の(1)～(3)の楽譜の矢印の音にあてはまるアルトリコーダーの運
　　指は，それぞれあとの1～5のうちのどれか。※全てバロック式(イギリ
　　ス式)

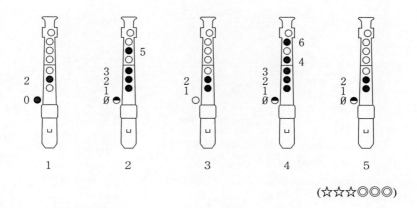

(☆☆☆○○○)

【4】我が国の音楽に関して，次の楽曲に関する各問に答えよ。

〔問1〕この楽曲の題名として適切なものは，次の1～5のうちのどれか。
　1　越後獅子　　2　春の海　　3　木曽節　　4　越天楽
　5　鹿の遠音
〔問2〕この楽曲の種類として適切なものは，次の1～5のうちのどれか。
　1　雅楽　　2　長唄　　3　琴と尺八の二重奏　　4　古謡
　5　民謡
〔問3〕この楽曲の音階として適切なものは，次の1～5のうちのどれか。

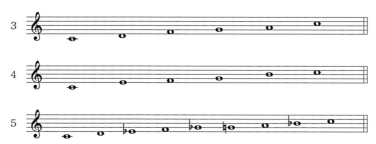

〔問4〕この楽曲の演奏に用いる楽器についての記述として適切でない
　ものは，次の1～5のうちのどれか。
　　1　篳篥　……………………あしという植物で作られたリードを使い音
　　　　　　　　　　　　　　　をだす。
　　2　釣太鼓(楽太鼓)……2本のばちで太鼓の両面を打つ。
　　3　鞨鼓　………………2本のばちで革の両面を打つ。
　　4　楽琵琶　……………4本の弦をばちを使って弾く。
　　5　笙　………………和音を奏することができる。
〔問5〕次の楽器は，〔問4〕の1～5のうちのどれか。

　　　　　　　　　　　　　　　　　　　　　　　(☆☆☆◎◎◎)

【5】次の(1)～(4)の記述は，世界の諸民族の音楽についての説明である。
　それぞれに当てはまるものは，あとの1～5のうちのどれか。
　(1)　金属製の鍵盤打楽器を中心とした，インドネシアとその周辺に伝
　　わる合奏の形。
　(2)　拍節感のない自由なリズムで歌われ，日本の追分節によく似てい
　　る。

(3) キリスト教の賛美歌の影響を受けた合唱のスタイル。張りのある独特の声で，独唱と合唱が呼びかわすように歌われる。

(4) 地声と裏声を素早く交替させながら歌うのが特徴である。

　1　ヒメネ　　　　　2　ヨーデル　　3　グリオ
　4　オルティンドー　　5　ガムラン

(☆☆☆◎◎◎)

【6】次の楽曲に関する各問に答えよ。

〔問1〕この楽曲の作曲者は，次の1〜5のうちのどれか。
　1　滝　廉太郎　　2　山田耕筰　　3　團　伊玖磨
　4　中山晋平　　　5　中田喜直

〔問2〕この楽曲の作詞者は，次の1〜5のうちのどれか。
　1　北原白秋　　2　江間章子　　3　島崎藤村
　4　武島羽衣　　5　林　古溪

〔問3〕この楽曲のテンポとして適切なものは，次の1〜5のうちのどれか。
　1　♩=60〜66　　　2　♩=72〜84　　　3　♩=104〜112
　4　♩=126〜138　　5　♩=152〜160

〔問4〕楽譜中の空欄Aの小節の3番の歌詞として適切なものは，次の1～
5のうちのどれか。

　1　まちの　　　2　ない　　　3　はなの　　　4　うつく

　5　かぜの

〔問5〕楽譜中の空欄Bにあてはまる小節として適切なものは，次の1～
5のうちのどれか。

(☆☆☆◎◎◎)

【7】次の(1)～(5)の記述にあてはまる楽曲の形式として適切なものは，
それぞれ下の1～5のうちのどれか。

(1)　二部形式や三部形式の部分が三つ，A－B－Aの形で組み合わされ
た，大型の三部形式。

(2)　主題(A)が他の部分をはさんで反復される形式で，A－B－A－C－
A－B－Aのように構成されるもの。

(3)　最も完成された器楽形式で，主題提示部(A)－展開部(B)－再現部
(A)から構成されるもの。

(4)　主題の旋律やリズム，和声，調などを様々に変化させたり，発展
していく形式。

(5)　第1主題に対して応答の第2主題が追いかけるように加わり，から
み合いながら展開していく。

　1　ロンド形式　　　2　複合三部形式　　　3　変奏形式

　4　フーガ形式　　　5　ソナタ形式

(☆☆☆◎◎◎)

【8】次の(1)〜(3)の舞曲のリズムパターンは，下の1〜5のどれか。

(1)

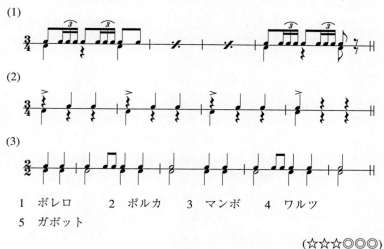

(2)

(3)

1　ボレロ　　　2　ポルカ　　　3　マンボ　　　4　ワルツ

5　ガボット

(☆☆☆◎◎◎)

【9】学習指導要領に関する次の各問に答えよ。

〔問1〕次の文は，中学校学習指導要領解説音楽編(平成20年9月)の第2
学年及び第3学年の鑑賞についての記述である。文中の[　A　]〜
[　C　]にあてはまる語句として適切なものは，それぞれ1〜5のう
ちのどれか。

　　第2学年及び第3学年の鑑賞の活動では，[　A　]との関連を図り
ながら，音楽を形づくっている要素や構造と曲想とのかかわりを理
解して聴き根拠をもって批評するなどして音楽のよさや美しさを味
わう能力，音楽の特徴を文化・歴史や[　B　]と関連付けて理解し
て鑑賞する能力，我が国や郷土の伝統音楽及び諸外国の様々な音楽
の特徴から音楽の[　C　]を理解して鑑賞する能力を高めていくこ
とが指導のねらいとなる。

(1)　[　A　]

　　1　小学校の学習内容　　　2　高等学校の学習内容

　　3　第1学年の鑑賞の活動　　4　〔共通事項〕

133

　　　5　「音楽づくり」

(2)　[　B　]

　　　1　他の芸術　　2　各教科等　　3　言語活動　　4　地理的知識

　　　5　背景

(3)　[　C　]

　　　1　重要性　　2　多様性　　3　主体性　　4　必要性

　　　5　方向性

〔問2〕次の文は，中学校学習指導要領解説音楽編(平成20年9月)の第1
学年の創作の活動を通して指導する事項についての記述である。文
中の[　A　]と[　B　]にあてはまる語句として適切なものは，それ
ぞれ1〜5のうちのどれか。

　　「表現を工夫して簡単な旋律をつくる」ためには，自己のイメー
ジと音楽を形づくっている要素とをかかわらせながら，音のつなが
り方を試行錯誤して旋律をつくっていくことが重要である。例えば，
感じ取った言葉の[　A　]やアクセントなどを手掛かりに旋律の
[　B　]を工夫したり，感じ取った言葉のもつリズムを手掛かりに
旋律のリズムを工夫したりして，簡単な旋律をつくることが考えら
れる。その際，用いる音を限定するなど，生徒が容易に音のつなが
り方を試すことができるようにすることも大切である。

(1)　[　A　]

　　　1　魅力　　2　発音　　3　抑揚　　4　声域　　5　調子

(2)　[　B　]

　　　1　音高　　2　音程　　3　調子　　4　音階　　5　音調

　　　　　　　　　　　　　　　　　　　　　（☆☆☆◎◎◎）

解答・解説

熊本県

【一次試験・中学校】

【1】1 ① 交響曲第5番ハ短調作品67 ② ベートーヴェン
③ ドイツ 2 ウ 3 ① ソナタ形式 ② 提示部, 展開部,
再現部, (終結部)で構成される。
4 ①

② ホルン

〈解説〉1 1807〜08年に作曲されたこの交響曲第5番ハ短調(運命)冒頭の
第1主題は, 「かく運命が戸をたたく」と説明され, ベートーヴェン
(独・1770〜1827)による9曲の交響曲の中で最も知られているものであ
る。 2 シューベルト(オーストリア・1797〜1828)は, ベートーヴェ
ンを敬愛した作曲家であるが, ベートーヴェンの没後1年後に死去し
ている。 3 ① ソナタ形式であり, その構成は提示部−展開部−
再現部−終結部である。 4 ① 第2主題は②のホルンによって奏さ
れる。これも有名な4小節であるため, 正しく五線譜に記入したいも
の。

【2】1 ① 展覧会の絵 ② ムソルグスキー 2 ① 魔王
② シューベルト 3 ① ブルタバ(モルダウ) ② スメタナ
4 ① フィンランディア ② シベリウス

〈解説〉1 ピアノ組曲「展覧会の絵」の冒頭のテーマ。ロシア五人組の
一人, ムソルグスキーの作曲である。この曲は後にラヴェルにより管
弦楽曲に編曲され, 著名になった。 2 歌曲「魔王」はシューベル

ト18歳の時の作曲であり，作詞はゲーテである。語り手・父・子・魔王の旋律のうち，父が「坊や，なぜ顔かくすか」と問いかける場面である。　3　スメタナ作曲の交響詩「わが祖国」の第2曲「ブルタバ(モルダウ)」の主題である。　4　シベリウス作曲の交響詩「フィンランディア」の後半に奏される賛歌風の旋律である。

【3】1

弦の名前　一　二　三　四　五　六　七　八　九　十　斗　為　巾

2　ア　斗　イ　為　ウ　巾　3　引き色

〈解説〉1　箏の13本の平調子の調弦を五線に全音符で記入する設問である。「平調子」はミファラシド(レ)ミの陰音階(都節音階ともいう)に似た半音程を含む調子で，八橋検校が採用したといわれる箏の基本的な調弦法である。　2　ア～ウの弦の名は，斗，為，巾である。

3　「引き色」であり，高音を下げる奏法である。

【4】1　①　吉丸一昌　　②　中田章　　2　*mf*　　3　早春賦は滑らかによどみなく流れる旋律にはじまり，春を待ちわびる気持ちを表している楽曲である。例えば拍子が生み出す雰囲気，旋律と強弱とのかかわりなどを感じ取り，フレーズや曲の形式を意識して，情景を想像しながら工夫するなどを指導することが考えられる。

〈解説〉1　共通教材になっている「早春賦」の冒頭部分の楽譜であり，実技と共によく学んでいる曲であろう。①は吉丸一昌，②は中田章である。　2　①は*mf*であり，「時にあらずと」の9小節目からは*f*になっている。最後の「声も立てず」は*pp*で終わっている。　3　この解答例は，学習指導要領解説の「内容の取扱いと指導上の配慮事項」に示されている。

【5】1　①　音色・リズム・速度・旋律・テクスチュア・強弱・形式・構成　②　知覚　③　感受　2　指導に当たっては，単にそれぞれの名称などを知るだけではなく，音楽活動を通してそれらの働きを実感し，表現や鑑賞に生かすことができるように配慮することが大切である。　3　リコーダーでいくつかの音を吹きながら，音と音とを連ねて断片的な旋律をつくり，それを基にして，反復したりリズムを変えたり対照的な旋律を続けたりして，試行錯誤しながら音楽をつくっていく活動が考えられる。

〈解説〉1　新設された〔共通事項〕に関する設問である。　①　音楽を形づくっている要素の音色・リズム・速度・旋律など8項目は，すべて書けるようにしておきたい。　②③　音楽を形づくっている要素8項目の関連を「知覚」し，それらの働きが生み出す特質や雰囲気を「感受」することを，すべての音楽活動を支えるものとして位置付けている。　2〔共通事項〕(1)のイに示された「用語や記号」についての指導上の配慮事項の設問であり，解答例は中学校学習指導要領解説に示されている。　3　「内容の取扱いと指導上の配慮事項」2の(5)創作の指導について，具体的な授業展開例の設問である。解答例は，同解説のリコーダーからの例の記述である。

【6】1　名称…太夫　役割…情景描写に始まり，様々な登場人物の喜怒哀楽を表現し，基本的には一人で物語を語る。　名称…三味線　役割…太夫の隣で三味線を演奏する。文楽における三味線は，単なる太夫の伴奏ではなく，繊細な音から豪快な音まで幅広い音色を出し，物語を描き出す。　名称…人形遣い　役割…基本的に三人で一体の人形を操る。首と右手を操る「主遣い(おもづかい)」，左手を操る「左遣い」，足を操る「足遣い」がいる。　2　①　管絃　②　舞楽　③　竜笛　④　笙　⑤　箏(楽箏)　⑥　琵琶(楽琵琶)　⑦　鞨鼓　3　日本の伝統音楽に用いられる言葉であり，次第に音楽だけでなく伝統芸能でも用いられるようになった。序破急の特徴は速度がゆっくりから始まり次第に速くなり緩やかになって終わる。

〈解説〉1　文楽(人形浄瑠璃)は，三業と呼ばれる3つの役割によって上演される。　(1)　太夫とは，浄瑠璃の語り手である。物語の文章を，感情を込めて「語る」役割を担う。　(2)　三味線は，単なる伴奏ではなく，譜面は見ずに太夫の呼吸や間合いをはかりながら，その場に応じてバチを入れる。使用されるのは太棹三味線である。　(3)　人形遣いは，主遣い，左遣い，足遣いの三人で人形をあやつる。三人の意思疎通が大切で，人形の動きの主導権はリーダー格の主遣いが握る。
2　雅楽の演奏形態は，①管絃(器楽形式の演奏)，②舞楽(管絃に対する語で舞が付く)，謡い物(催馬楽，朗詠のように管絃の番組の中で行われる声楽曲のこと)の3つがある。①で用いられる楽器は，ひちりき・竜笛・笙の管楽器(吹きもの)，楽箏・楽琵琶の弦楽器(弾きもの)，鞨鼓や鉦鼓・太鼓などの打楽器(打ちもの)がある。　3「序破急」は日本の伝統音楽や芸能などの楽式上の3区分で，序は導入部，破は展開部，急は終結部などを表している。楽曲の速度では，ゆっくり，速く(変化)，緩やか，などを表す。広く華道，茶道，文芸などでも使用されている。

【一次試験・高等学校】

【1】1　楽譜に記されていることを，そのまま再現するように歌うだけではなく，表現したい音楽のイメージを膨らませながら，思いや意図をもって歌うことを重視したから。　2　知覚…聴覚を中心とした感覚器官を通して音や音楽を判別し，意識すること。　感受…音や音楽の特質や雰囲気などを感じ，受け入れること。　3　変奏…ある楽曲の主題などを基にして，それに変化をもたせながら創作していくこと。具体的手法…・拍子を変える。　・旋律に装飾的な音を加える。
4　形式，構成　5　文化的・歴史的背景や，作曲者及び演奏者による表現の特徴について，それらを知識として理解することにとどまるのではなく，楽曲のよさや美しさなどを味わって鑑賞することにつながっていくようにすることが大切である。
〈解説〉1　解答例は，高等学校学習指導要領解説に示されている。指導

に当たっては，歌詞の意味や楽曲の背景を知識として理解することにとどまるのではなく，適切な教材を準備して，音楽が醸し出す雰囲気と歌詞の内容や楽曲の背景とのかかわりを感じ取ることができるようにすることが大切である，とある。　4　音楽を形づくっている要素とは，中学校学習指導要領の〔共通事項〕(高校には〔共通事項〕はない)の中で「音色，リズム，速度，旋律，テクスチュア，強弱，形式，構成」と示されている。このうち音楽の組み立て方を表す要素は「形式，構成」となる。

【2】1　漢字…柱(琴柱・箏柱)　読み方…じ(ことじ)
2　(1)　斗　(2)　2点ロ音　3　(1)　曲名…六段の調(べ)
作曲者名…八橋検校　(2)　①　奏法名…引き色　演奏方法…柱の左側部分の弦を左手で緩めて，弦を弾いたあと右のほうに引いて音をわずかに低くする。　②　奏法名…強押し　演奏方法…柱の左側部分の弦を左手の人さし指と中指で押し下げ，全音を上げる。
(3)　段物(または調べ物)
〈解説〉1　箏の13本の弦を調節するもので，平調子などの調律に必要な付属品である。　2　平調子で一の弦を1点ホ音として調弦する場合，(1)の2点ヘ音が鳴る弦の名は斗の弦である。平調子の音階「ミラシドミファラシドミファラシ」の13弦のうち，2点ヘ音とは11番目のファであり，11〜13弦の名は「斗・為・巾」の漢字で表す。　(2)　巾の弦は13番目の最高音，2点ロ音である。　3　示された楽譜は「六段の調」の途中からの一部である。　(1)　作曲者の八橋検校は江戸時代初期に活躍。箏や奏法の改良を積極的に行い，箏曲の発展に尽くした人物として知られている。　(2)　①の奏法は「引き色」で，左手奏法である。弾いた後に左手で絃を引っ張り，音高を下げる。ヒとは引き色の略である。②も左手奏法の「押し手(強押し)」である。オは押し手を，九とは全音上げることを指している。　(3)「段物」はいくつかの段によって構成されている箏曲であり，六段の調はその代表曲ともいえる。

【3】1　(1)　'O sole mio　　(2)　カープア　　(3)　ナポリ

(4)　アンダンテよりもやや速く

2

3

Che bella cosa è na jurnata 'e sole, n'aria serena doppo na tempesta!
ケ ベッラ コーザ エ ナ イ ウ ル ナ タ エ ソーレ ナーリア セレーナ ドッポ ナ テンペスタ

4　嵐が過ぎ去った後に訪れる太陽よりも，君の方がより輝いている。

〈解説〉1　楽譜はカープア作曲の「'O sole mio(我が太陽)」。イタリアの
ナポリ民謡として親しまれている名曲である。高等学校の音楽教科書
にはよく掲載されている歌曲なので，よく学習しておこう。(4)のアン
ダンティーノは，「歩くような速さ」を意味するアンダンテよりも少
し速いテンポを表している。　2　この楽譜は変ホ長調で，それを短3
度高い調に移調すると「変ト長調」となる。♭6つの調号で正しく移
調したい。　3　イタリア語の歌詞で多く歌われているが，カタカナ
で正しく答えられるようにしておきたいもの。　4　歌詞の意味は
「何と美しい太陽輝く一日よ，嵐の後の空気のすがすがしさよ」で，
後の詞は「でも，もう一つもっと美しい太陽がある，私の太陽はあな
ただ」と続く。

【4】1　作曲者名…ヴェルナー　　作詞者名…ゲーテ

2　作曲者名…ストラヴィンスキー　　バレエ音楽…火の鳥

3　作曲者名…武満徹　　曲名…弦楽のためのレクイエム

4　都道府県名…富山(県)　　願っている内容…五穀豊穣

〈解説〉1　Aの楽譜は「野ばら」である。この詞にはシューベルトをは
じめ，多くの作曲者が曲をつけている。楽譜の部分は5〜8小節目であ
る。　2　Bは，作品の第1場の後半で演奏される「カスチェイら一党
の凶悪な踊り」である。シンコペーションで無気味な迫力のある主題
である。　3　Cは，武満徹の1957年の出世作となった本作品の冒頭動

機に続く「主題」の楽譜。これは難問である。　4　Dは富山県の五箇山地方に残る「こきりこ節」で，竹製の小切子を打ち鳴らしながら豊作を祈って踊る民謡である。

【5】1　(1)　D7　　(2)　Gaug　　(3)　G7sus4　　2　(1)　増4度
(2)　長7度　　(3)　完全4度
3　都節音階

民謡音階

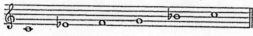

4　③　⑤　④　①　②

〈解説〉1　(1)　D7は，Dの主和音に根音から短7度上の音を積み重ねた和音。　(2)　Gaug(G＋5とも書く)の「aug」は増三和音を指す。
(3)　G7sus4は，sus4は第3を含まない掛留和音である。　2　(1)　1点ヘ音と1点ロ音の間には半音程がない。　(2)　2音間は1点ハ音と1点ロ音の音程と同じである。　(3)　1点ロ音とハ音譜表の嬰1点ヘ音の音程。ちなみに，ハ音譜表のテノール記号では第4線が1点ハ音である。
3　都節音階とは，半音程を含む陰旋法(ミファラシドミ)とほぼ同じもの。民謡音階はわらべうたや簡単な民謡に多い。　4　遅い順に読み方と意味を記しておく。③はレントで「ゆるやかに」，⑤はラルゲットで「ラルゴよりやや速く」，④はモデラートで「中位の速さ」，①はアレグレットで「やや速く」，②はヴィヴァーチェで「活発に速く」である。

【二次試験・中学校】

【１】解答省略

〈解説〉第2学年及び第3学年の器楽の指導事項のねらいは，学習指導要領解説において「この事項は，音楽の構造におけるそれぞれの声部の役割と全体の響きとのかかわりを理解して，表現を工夫しながら合わせて演奏する能力を高めること」と示されている。このねらいをしっかり把握してこの課題に対応することが重要となる。記述に先立って，ここで示された指導事項を十分に生かすことができる教材と楽器の選択，そして生徒の履修状況を考えた展開例の構想を練ることが大切になる。一般的ではあるが，「リコーダーのアンサンブル」が適切な学習活動であると判断する。また，使用するリコーダーはソプラノ及びアルトリコーダーとする。そのアンサンブル活動の中で，声部の役割や全体の響きを考えながら合わせて演奏する学習を展開する。学習を構成する際に配慮するポイントとして，次の3点は押さえておきたい。①「共通事項」の要素に着目させ，生徒に楽曲の構造や表現の工夫を考えさせる。　②生徒同士で音楽表現を練り上げていく過程での試行錯誤を重視する。　③お互いの演奏を聴き合う場を設定する。互いの意見交換をふまえ，更なる工夫につなげていく過程を大事にする。また，展開例の骨子の一例として次のような視点を大事にして記述することを勧める。リコーダーの授業では基本的なことを押さえる「修得の場」，そして，より豊かな音色を作り上げる「探究の場」，そして，アンサンブル活動の中で「共通事項」に着目させ，表現の工夫を図る「活用の場」の一連の流れを大事にした学習を意識する。また，適切な場面で主体的な学習や発表する場を導入することも，展開例では必要になってくる。

【二次試験・高等学校】

【１】解答省略

〈解説〉公開されている評価の観点は以下の通りである。

　①語句の表現や記述が適切であり，論理的でわかりやすい構成になっ

ているか。　②自分の考えを具体的に述べ，教師としての資質(熱意，誠実さ，向上心，柔軟性，協調性，発想力など)がうかがえるか。③音素材を使った創作について正しく理解し，述べているか。④反復，変化，対称などの構成について正しく理解し，述べているか。⑤音楽Ⅰ・ⅡのA表現(3)創作イの内容について正しく理解し，述べているか。　⑥自分なりの具体例の記述

　次に，課題の論述を作成する上での参考点を，評価の視点をふまえて記述していこう。論述する課題を通して，まず，試験官は記述された文字からその受験生が教師としての資質があるかを判断する。誤字脱字がないか，主語と述語の関係が明確か，語句を正しく理解して使っているか等の基本的な力量がみられている。また，論述では相手に自分の考えを明確に伝えることが必要になる。そのためには，一定の型をもって論じることで内容の構成や展開に一貫性が生まれ，論述の筋道が通ってくる。この視点が「評価①の観点」である。その対策としては「序論」「本論」「結論」という型で論述する力を身に付けることが必要である。例えば，この課題の場合は「序論」では音楽教育における創作の授業の重要性を述べるとともに，その具体的な方策の観点を評価⑤，評価③，評価④に即した形で上げる。次に，「本論」では⑤，③，④の内容を自分の体験や経験をふまえて論述していく。この場合，学習指導要領の趣旨をしっかり把握していないと空論になってしまうので，事前の学習がとても重要になってくる。ここでの読み取りが評価②や⑥に直結してくる。最後に，「結論」になるが，ここでは音楽の教師としての熱意や向上心などをしっかりと述べて論述をまとめる。高等学校学習指導要領解説の「音楽Ⅰ」「(3)創作」の「イ」の指導事項では，指導に当たって留意することとして，「曲を完成させることのみを目指すのではなく，音楽としての全体的な統一感を大切にしながらも，音素材や構成原理の働きが音楽の表現にもたらす効果などについて，生徒自らが気付いていくようにすることが大切である」と示されている。また，「音楽Ⅱ」「(3)創作」の「イ」では，音楽Ⅰとのかかわりを「『音楽Ⅰ』は『音楽をつくること』としているが，

『音楽Ⅱ』は『創造的に音楽をつくること』とし，音の組合せ方など
を自らが見付けようとするなど，生徒の創意工夫を一層重視した学習
を求めている」としている。これらの内容をしっかりと反映させられ
るとよいだろう。

熊本市

【中学校】

【1】1　5　　2　B　3　　D　1　　3　4　　4　2

〈解説〉1　　A～Eの楽譜はスメタナ(チェコ・1824～84)作曲の連作交響詩
「我が祖国」の第2曲「ブルタバ(モルダウ)」の一部である。Aの楽譜は，
2つの水源の流れのうちの1つをクラリネットの演奏で表している部分
で，もう1つの水源の流れはフルートによる演奏になっている。
2　楽譜Bは，この曲の終わりに近いブルタバ河の「聖ヨハネの急流」
を表している。楽譜Dは，曲の前半部分で「森からは狩りの角笛が聞
こえる」情景である。　3・4　スメタナの肖像画はクである。カはド
ボルザーク(チェコ・1841～1904)，キはJ.S.バッハ(独・1685～1750)で
ある。

【2】(1)　4　　(2)　1　　(3)　5　　(4)　3　　(5)　2

〈解説〉(1)　プレリュード(前奏曲)は，宗教曲や組曲などの導入として演
奏される曲を指していたが，ショパン，ドビュッシーなどによってピ
アノの独立した曲にも用いられている。　(2)　ラプソディは狂詩曲と
訳され，ロマン派以降につくられた，形式や内容の自由な器楽曲であ
る。リストの「ハンガリー狂詩曲」やガーシュウィンの「ラプソデ
ィ・イン・ブルー」などがよく知られている。　(3)　ノクターン(夜
想曲)は，ロマンチックで夢想的なピアノ曲が多く，ショパンの作品が
特に有名である。　(4)　ファンタジアは幻想曲と呼ばれ，形式にとら
われない幻想的，夢想的な性格の小品である。　(5)　スケルツォは

144

諧謔曲と訳される，明快な3拍子の曲。ベートーヴェンが交響曲の第3
楽章によく用いた複合3部形式による楽曲である。

【3】(1)　5　　(2)　3　　(3)　4

〈解説〉アルトリコーダーの運指は，すべての指孔をふさぐとF音(実音)
　　である。こうした出題には日常的に実演し，演奏に慣れていることが
　　大切である。　(1)は2点二音(実音のオクターヴ上)，(2)は嬰1点ヘ音(実
　　音のオクターヴ上)，(3)は変1点ロ音(実音のオクターヴ上)である。

【4】1　4　　2　1　　3　3　　4　2　　5　5

〈解説〉1・2　楽譜の曲は雅楽「越天楽」。舞を伴わない器楽の合奏専用
　　曲・管絃の楽曲である。　3　3の音階は律音階(ドレファソラド)であ
　　る。1は民謡音階で，わらべうたや簡単な民謡に多く用いられる。2は
　　都節音階で，陰音階とほぼ一致する。三味線や箏曲に用いられている
　　「ラシドミファラ」とほぼ一致する。三味線や箏曲に用いられている
　　「ラシドミファラ」の音階と基本的に同じである。4は沖縄音階，5は
　　アメリカのブルース音楽の基となる音階，ブルース・スケールである。
　　4　雅楽「越天楽」の合奏で用いる楽器は1～5のすべてが正しいが，2
　　の釣太鼓(楽太鼓)の奏法の説明に誤りがある。「太鼓の両面を打つ」の
　　ではなく，片面だけを2本のばちで打つのが正しい。直径約60cmの皮
　　面を座奏するため，客席からは奏者の姿はほとんど見えないのが釣太
　　鼓である。　5　図の楽器は「笙」であり，合竹という5～6音の和音
　　が出せる竹管17本の雅楽器である。

【5】(1)　5　　(2)　4　　(3)　1　　(4)　2

〈解説〉(1)　ガムランは，インドネシアのジャワ島とバリ島を含む地域
　　に発達した合奏形態である。サロン，スレンテム，ゴング，クンダン
　　などの打楽器や，ラバーブなどの弦楽器が用いられる。純音楽の演奏
　　だけでなく，舞踊，影絵，芝居，演劇などの伴奏としても演奏される。
　　(2)　オルティンドーは，長い歌という意味を持つモンゴルの民謡。モ

リンホール(馬頭琴)の伴奏でゆるやかに歌われる。　(3)　ヒメネは太平洋の南東部にあるフランス領・タヒチの賛歌とキリスト教の賛歌が融合して生まれた合唱である。プロテスタント宣教師がヒメネの音楽に大きく貢献したとされる。　(4)　ヨーデルは，スイスやオーストリアのアルプス地方で歌われる民謡とその唱法のこと。また，グリオとは，西アフリカのマンディング族の歌謡伝承者とその歌謡を指す。

【6】1　3　　2　2　　3　2　　4　1　　5　5
〈解説〉1・2　作曲は團伊玖磨(1924～2001)である。　3　この曲のテンポは♪＝72～84である。　4　3番の歌詞は「まちのかどで」である。歌詞は3番まですべて歌えるようにしておきたい。また，作詞者が「花の街」にどのような想いを込めたかなど，教科書に掲載されている情報も確認しておくことが大切である。　5　共通教材の7曲については，実演を含めてすべての面から確実に学習し，こうした出題に備えておこう。

【7】(1)　2　　(2)　1　　(3)　5　　(4)　3　　(5)　4
〈解説〉(1)　複合三部形式はメヌエット，スケルツォ，行進曲をはじめ，その他にも多く使われる形式である。全体が大きな3つの部分「A－B－A」からなり，Bの部分はトリオと呼ばれることが多い。
(2)　ロンド形式は古典派において重要な器楽形式で，主題が他の楽想をはさんで反復されるのが特徴である。ソナタ，交響曲，協奏曲などの終楽章に用いられた。　(3)　ソナタ形式は，古典派から現代にいたるソナタ，交響曲，室内楽などの器楽で多く用いられる。ハイドンによって確立され，ベートーヴェンによって完成された。　(4)　変奏(ヴァリエイション)形式とは，主題をもとにしてリズム，和声，調などの変化を加えていく技法。この形式でつくられた楽曲を変奏曲という。　(5)　フーガは逃亡，逃走の意味があることから遁走曲とも呼ばれており，高度な対位法技法による楽曲である。主題とその応答の提示部と嬉遊部との交替，その発展等で構成される。J.S.バッハによっ

て芸術的に高められた。

【8】(1)　1　　(2)　4　　(3)　5
〈解説〉(1)　この3拍子のリズムはスペインの舞曲である。ラヴェル(仏・1875〜1937)の有名なオーケストラ作品「ボレロ」は，このリズムをもとに作曲されている。　(2)　ワルツ(円舞曲)は3拍子の旋回舞曲。ドイツ・オーストリアの民間舞曲が起源とされ，19世紀にウィンナ・ワルツとして洗練された。J.シュトラウス父子の曲が有名。ショパンのピアノ曲のように演奏会用の作品も多くつくられている。
(3)　ガボットは17世紀頃に広まった，フランス発祥の活発で優美な舞曲。通例として$\frac{4}{4}$拍子で，4分音符2つ分のアウフタクトで始まる。

【9】1　(1)　4　　(2)　1　　(3)　2　　2　(1)　3　　(2)　1
〈解説〉1　(1)　正答は，今回「内容の改善」に新設された〔共通事項〕である。表現及び鑑賞に関する能力を育成する上で，共通に必要となるものであり，両方の各活動において十分な指導が行われるよう工夫することとしている。　(2)　音楽の特徴を理解して鑑賞する能力を高めていくためには，文化・歴史や「他の芸術」を関連付けて理解することが必要である。　(3)　当てはまるのは2の「多様性」である。わが国や郷土の伝統音楽及び諸外国の様々な音楽の特徴から，音楽の「多様性」を理解して鑑賞する能力を高めていくことが，指導のねらいである。　2　「第1学年創作」のア「言葉や音階などの特徴を感じ取り，表現を工夫して簡単な旋律をつくること」の記述からの出題である。　(1)　抑揚とは，言葉の調子を上げたり下げたり，強めたり弱めたりするイントネーションのことである。　(2)　旋律には，音の高いところと低いところがあり，それがアクセントの高低に結びついている。

2015年度　実施問題

一次試験

【中学校】

【1】放送で流される曲を聴いて，次の1～4の各問いに答えなさい。

1　この曲の①曲名と②作曲者，③演奏される楽器名を答えなさい。

2　この作曲者と同世代の作曲者を次のア～オから1つ選び，記号で答えなさい。

ア　シューベルト　　　イ　パレストリーナ　　　ウ　モーツァルト
エ　ヴィヴァルディ　　　オ　ムソルグスキー

3　この曲の作曲者と曲の構成について紹介する文を書きなさい。

4　次の楽譜はこの曲の第1声部に現れる主題の一部である。第2声部に現れる主題(応答)を下の五線譜に記入しなさい。

(☆☆☆◎◎◎◎)

【2】次の1～6の楽譜は，ある楽曲の一部である。それぞれの①楽曲名と②作曲者名を答えなさい。

1

(☆☆☆◎◎◎◎)

【3】アルトリコーダーの指導について，次の1，2の各問いに答えなさい。

1　下の楽譜の①〜③を吹くときの運指について，ふさぐ穴を下のア〜クからすべて選び，それぞれ記号で答えなさい。

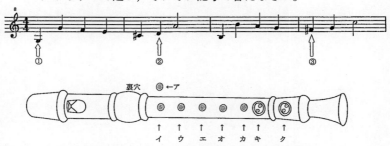

2　この曲を演奏する際，思いや意図をもって表現を工夫し演奏する

には，どのような学習活動を取り入れた授業を展開すればよいか答えなさい。

(☆☆☆◎◎◎◎)

【４】次に示す楽譜は，共通教材「赤とんぼ」の前半部分である。下の１
〜５の各問いに答えなさい。

1　この曲の①作詞者と②作曲者を答えなさい。
2　この曲は何調か答えなさい。
3　この曲のア，イに当てはまる強弱記号をそれぞれ答えなさい。
4　この曲の1番の歌詞「ゆうやけこやけの　あかとんぼ　おわれてみ
　たのは　いつのひか」について，次の①，②の各問いに答えなさい。
　①　この歌詞の「おわれて」を漢字で書きなさい。
　②　詩に込められた思いやそこに描かれている情景を音楽表現にい
　　かすためにどのような活動を取り入れた授業を展開すればよいか
　　答えなさい。
5　この曲の後半部分を以下の五線譜に記入しなさい。

(☆☆☆◎◎◎◎)

【5】現行の「中学校学習指導要領　音楽」について，次の1，2の各問い
に答えなさい。

1　次の文章は，〔共通事項〕の指導内容である。①～③に当てはまる
語句をそれぞれ答えなさい。

　　〔共通事項〕では，音楽を形づくっている要素として音色，リズ
ム，（　①　），旋律，（　②　），強弱，形式，（　③　）などを示し，
要素や要素同士の関連を知覚し，それらの働きが生み出す特質や雰
囲気を感受することを，すべての音楽活動を支えるものとして位置
付けている。

2　「第3　指導計画の作成と内容の取扱い」「2　(7)」には，各学年の
「A表現」および「B鑑賞」の指導に当たって，「生徒が自己のイメ
ージや思いを伝え合ったり，他者の意図に共感したりできるように
するなどコミュニケーションを図る指導を工夫すること。」と示さ
れている。このことについて，具体的な活動として鑑賞活動を例に
述べなさい。

(☆☆☆◎◎◎◎)

【6】平成23年7月　国立教育政策研究所教育課程研究センターによる
「評価規準の作成，評価方法等の工夫改善のための参考資料(中学校音
楽)」では，評価の観点及びその趣旨が示されている。評価の観点を4
つすべて書きなさい。

(☆☆☆◎◎◎◎)

【7】日本の民謡，アジア地域の諸民族音楽について，次の1～3の各問い
に答えなさい。

1　次の①～③の県に伝わる民謡を，下の語群ア～コからそれぞれ1つ
選び，記号で答えなさい。

①　島根県　　②　福島県　　③　山形県

　ア　江差追分　　イ　黒田節　　　ウ　五木の子守歌

　エ　花笠音頭　　オ　草津節　　　カ　佐渡おけさ

　　　キ　安来節　　　ク　会津磐梯山　　ケ　よさこい節
　　　コ　刈干切唄
2　次の①～③は，アジア地域で使われる楽器の説明である。当てはまる楽器名を下の語群ア～オからそれぞれ1つ選び記号で答えなさい。
　　①　中国を代表する楽器で，構造や奏法など，日本の琵琶との共通点が多く見られる。
　　②　朝鮮半島を代表する弦楽器の1つ。12本の弦が張られ，爪を用いずに指ではじいて弾く。
　　③　インドを代表する弦楽器で，7本の演奏弦と多数の共鳴弦を持つ。
　　　ア　シタール　　　イ　ピーパー　　　ウ　リュート
　　　エ　カヤグム　　　オ　タブラー
3　日本の民謡やアジア地域の諸民族の音楽など多様な音楽に触れることの教育的効果について述べなさい。

（☆☆☆○○○○）

【8】沖縄音階を用い，題名と拍子を決めて，8小節の曲をつくりなさい。

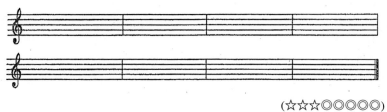

（☆☆☆○○○○○）

152

【高等学校】

【1】 次の文は現行の「高等学校学習指導要領 芸術」の「音楽Ⅲ」の目標である。下の1～3の各問いに答えなさい。

音楽の諸活動を通して，[a]と<u>音楽文化を尊重する態度を育てる</u>とともに，感性を磨き，<u>個性豊かな音楽の能力を高める</u>。

1 [a]に当てはまる語句を答えなさい。

2 「<u>音楽文化を尊重する態度を育てる</u>」とあるが，特に何に対する理解を深めていくことが，我が国や諸外国の様々な音楽文化を尊重することができる態度をもつことにつながっていくか，答えなさい。

3 「<u>個性豊かな音楽の能力を高める</u>」とあるが，そのためにはどうすることが大切であるか，答えなさい。

(☆☆☆◎◎◎◎)

【2】 鑑賞の指導に当たっては，楽曲について根拠をもって批評することが大切となる。このことを踏まえながら，下のA～Cから1つ選び，その楽曲のよさが分かるような批評文を書きなさい。その際，選んだ楽曲の記号も記入すること。

A 魔王(シューベルト)　　B ボレロ(ラヴェル)
C 交響曲第9番ニ短調から第4楽章(ベートーヴェン)

(☆☆☆☆◎◎◎◎)

【3】 次のA～Dの楽譜について，あとの1～4の各問いに答えなさい。

D

1 Aの作曲者名と，この曲が含まれる歌劇の作品名を答えなさい。

2 Bの作曲者名と，この曲が含まれる歌曲集名を答えなさい。

3 Cは[a]作曲，交響曲第[b]番ホ短調第2楽章の一部分である。[a]，[b]に当てはまる語句を答えなさい。

4 Dは[c]民謡である。[c]に当てはまる都道府県名を答えなさい。また，どのような時に歌われるか，簡潔に答えなさい。

(☆☆☆◎◎◎◎)

【4】和楽器について，次の1〜7の各問いに答えなさい。

1 箏の調弦のひとつである平調子を，五線上に全音符で答えなさい。ただし，開始音を1点ホ音とする。

2 箏の流派のひとつである生田流において，使用する爪の名称と箏に対してどのように座るかを答えなさい。

3 箏の奏法のひとつである掻き手(掻き爪)はどのような奏法か，簡潔に答えなさい。

4 三味線のもとになった中国の伝統楽器の名前を答えなさい。

5 三味線の音の高さを決めるために左手の指で押さえる場所を何と言うか，漢字で答えなさい。

6 三味線の調弦のひとつである本調子を，五線上に全音符で答えなさい。ただし，一の糸をロ音とする。

7 唱歌(しょうが)について，説明しなさい。

(☆☆☆◎◎◎◎)

【5】 次の楽譜は，ある日本歌曲の一部分である。下の1〜4の各問いに答えなさい。

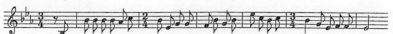

1　この曲の曲名，作詞者の出身の都道府県名，作曲者の音楽面での功績を答えなさい。

2　この曲の冒頭に "Andante tranquillamente" と書いてある。"tranquillamente" の意味を答えなさい。

3　上記の楽譜を短3度高い調に移調しなさい。その際に調号や拍子記号も適切な位置に答えなさい。また，あてはまる歌詞を正しい位置に，ひらがなで書き入れなさい。

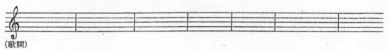

（歌詞）

4　この曲の作曲者がこの曲に対して行った，創作上の特徴を，簡潔に答えなさい。

(☆☆☆◎◎◎◎)

【6】 次の1〜5の各問いに答えなさい。

1　ハ長調の導音を第5音とする短調の下属調を日本語で答えなさい。

2　単音程の中の不完全協和音程を4つ答えなさい。

3　4分の4拍子で4小節を♩＝120で演奏した後に，8分の6拍子で8小節を♪＝144で演奏した場合の，合計の演奏時間は何秒か，答えなさい。

4　律音階と沖縄音階を五線上に全音符で答えなさい。ただし，開始音は1点ハ音とする。

律 音 階　　　　　　　　　　　　沖縄音階

5　次のコードネームの和音を，ト音譜表上で全音符で答えなさい。ただし，最低音は根音とする。

(1)　D₇　　(2)　C_sus4　　(3)　B_m7

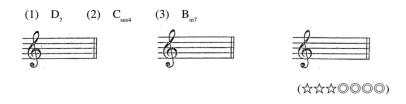

(☆☆☆◎◎◎◎)

二次試験

【中学校】

【1】現行の「中学校学習指導要領　第2章　第5節　音楽」の「第2　各学年の目標及び内容〔第1学年〕　2　内容　B鑑賞　(1)ア」に「音楽を形づくっている要素や構造と曲想とのかかわりを感じ取って聴き，言葉で説明するなどして，音楽のよさや美しさを味わうこと。」とあり，言葉で説明する活動を重視している。この内容の指導のポイントと展開例を述べなさい。

(☆☆☆☆◎◎◎◎)

【高等学校】

【1】現行の高等学校指導要領における音楽ⅠのA表現(1)歌唱「イ　曲種に応じた発声の特徴を生かし，表現を工夫して歌うこと。」と(2)器楽「イ　楽器の音色や奏法の特徴を生かし，表現を工夫して演奏すること。」という事項がある。2つの事項(歌唱と器楽)の特徴をそれぞれ述べなさい。また，地域や学校の実態等を考慮し，我が国や郷土の伝統音楽の学習をさせるためには，どのような指導(授業)が考えられるか具体的に述べなさい。

(☆☆☆☆◎◎◎◎)

解答・解説

一次試験

【中学校】

【1】1　①　(小)フーガト短調　②　(J.S.)バッハ　③　パイプオル
ガン　2　エ　3　バッハは，バロック時代に活躍した作曲家で，
フーガという形式の楽曲を数多く残した。曲は三つの部分で構成され，
主題が形を変えながら次々と追いかけるように重なっていくところが
この曲のおもしろさである。

4

〈解説〉1　今回出題された曲は「(小)フーガト短調」である。中学校教
科書ではよく扱われている楽曲である。　2　この曲の作曲者である
J.S.バッハ(1685～1750年)は音楽史のバロック時代に活躍した人物であ
る。選択肢にある作曲家が活躍した時代はシューベルト…ロマン派，
パレストリーナ…ルネサンス，モーツァルト…古典派，ヴィヴァルデ
ィ…バロック，ムソルグスキー…国民楽派，である。　3　作曲者の
キーワードとしては「バロック時代にドイツで活躍，多数の宗教音
楽・オルガン曲」等があげられる。また，曲の構成の場合は，「主題
(第1・3声部)，応答(第2・4声部)，追いかけ，他声部との重なり，三つ
の部分で構成」などが考えられる。　4　主題の旋律はその曲の主調
(ト短調)で奏でられる。そして，応答の旋律は主題を属調(ニ短調)で模
したものになる。

【2】1　①　ブルタバ(モルダウ)　②　スメタナ　2　①　春
②　ヴィヴァルディ　3　①　交響曲第5番ハ短調　②　ベートー
ヴェン　4　①　アイーダ　②　ヴェルディ　5　①　組曲「惑

星」より木星　　②　ホルスト　　6　①　アランフェス協奏曲
②　ロドリーゴ

〈解説〉ここで提示された楽曲は教科書，および器楽の教科書で扱われて
　　　いるものである。普段から教科書に目を通してさまざまな楽曲の旋律
　　　に触れておくことが，このような問題への対策になる。

【3】1　①　アイウエオカキ　　②　アイウ　　③　イウ　　2　音色，
　　旋律，リズムなどの要素の関連や構造から曲想を感じ取り，ふさわし
　　い音色やフレーズの表現を求めながら，タンギングや息づかいを工夫
　　していく活動が考えられる。

〈解説〉1　運指の問題では，普段からリコーダーを吹いていることが大
　　　事になる。器楽の教科書なども参照しておきたい。　2　おさえるポ
　　　イントは「思いや意図をもって表現を工夫し演奏する」という部分で
　　　あろう。解答にあたっては，学習指導要領解説にある「思いや意図を
　　　表現するには，要素の働かせ方を試行錯誤し，曲にふさわしい表現方
　　　法を見いだして演奏することが大切」を踏まえるとよい。

【4】1　①　三木露風　　②　山田耕筰　　2　変ホ長調　　3　ア　p
　　イ　mf　　4　①　負われて　　②　作詞者の幼い頃を懐かしむ心を
　　音楽を形づくっている要素(拍子や速度，強弱など)とかかわらせ，表
　　現を工夫させる活動を行う。そのために，自分が一番大切にしたい歌
　　詞を選び，その歌詞と音楽を形づくっている要素をどのように関連さ
　　せるかについて個人で考えたり，グループで話し合ったりしながら，
　　表現に結び付けていく活動を行う。

5

〈解説〉歌唱共通教材は実技試験でも出題されるため，少なくとも楽譜を
　　　見て，弾き歌いができること。また，作詞・作曲者の他の代表作をは

じめとするプロフィールについても学習しておくこと。　1　②　山田耕筰は，主に昭和時代に活躍した音楽家で，「野薔薇」などの歌曲，「待ちぼうけ」等の童謡など，多くの曲を手がけた。　4　①　ここでの「負われて」は「背負われて(おんぶされて)」という意味である。

【5】1　①　速度　②　テクスチュア　③　構成　(①〜③順不同)　2　「弦楽器による旋律がゆっくりした速度で演奏され，春の日ざしの中で歌っているような穏やかな気持ちになった」などと，感じたことを言葉で説明し合うことを通して様々な感じ取り方があることに気付くなど，生徒一人一人の音楽に対する価値意識を広げる活動。

〈解説〉1　〔共通事項〕は，今回の改訂で新たに盛り込まれたもので，音楽科の授業改善の柱の1つである。特に，8つの要素と知覚・感受についてはその意味するところも含めて，学習指導要領解説で確認しておきたい。　2　音楽とコミュニケーションについて，学習指導要領解説では「音楽活動は，本来，音によるコミュニケーションを基盤としたものであり，言葉によるコミュニケーションとは異なる独自の特質をもっている。したがって，生徒が音楽に関する言葉を用いて，音楽に対するイメージ，思い，意図などを相互に伝え合う活動を取り入れることによって，結果として，音によるコミュニケーションを一層充実することに結び付いていくように配慮することが大切」としている。

【6】音楽への関心・意欲・態度，音楽表現の創意工夫，音楽表現の技能，鑑賞の能力

〈解説〉それぞれの評価の観点とその趣旨を理解することは，授業の改善につながるので，理解しておくことが重要である。具体的な内容としては，次の通りである。音楽への関心・意欲・態度…音楽に親しみ，音や音楽に対する関心をもち，主体的に音楽表現や鑑賞する学習に取り組もうとする。音楽表現の創意工夫…音楽を形づくっている要素を知覚し，それらのはたらきが生み出す特質や雰囲気を感受しながら，音楽表現を工夫し，どのように表すかについて思いや意図をもってい

る。音楽表現の技能…創意工夫を生かした音楽表現をするための技能を身に付け，歌唱，器楽，創作で表している。鑑賞の能力…音楽を形づくっている要素を知覚し，それらのはたらきが生み出す特質や雰囲気を感受しながら，解釈したり価値を考えたりして，よさや美しさを味わって聴いている。

【7】1　①　キ　　②　ク　　③　エ　　2　①　イ　　②　エ
③　ア　　3　人間の生活と音楽とのかかわりに関心をもって，生涯にわたり音楽文化に親しむ態度を育てることになる。また，音楽に関する価値観や視野の拡大を図り，自分にとって真に価値ある音楽を見いだす契機となる。

〈解説〉1　問題で提示された民謡は非常に有名なものである。日本の各県を代表する民謡はしっかりおさえておきたい。アの江差追分は北海道，イの黒田節は福岡県，ウの五木の子守歌は熊本県，エの花笠音頭は山形県，オの佐渡おけさは新潟県，キの安来節は島根県，クの会津磐梯山は福島県，ケのよさこい節は高知県，コの刈干切唄は宮崎県である。　2　アのシタールは北インドを代表する弦楽器で，フレットは可動式，7本の演奏弦の他に11〜13本の共鳴弦をもっている。イのピーパーは中国の琵琶である。現在の楽器は金属弦が4本あり，フレットも多い。ウのリュートは主に中世からバロック期にかけてヨーロッパで用いられた弦楽器である。エのカヤグムは朝鮮半島の楽器で日本の箏とほぼ同じ形であるが，弦は12弦で，楽器の片側を膝の上に乗せて，指先で演奏する。オのタブラーはインドの片面太鼓で，高音，低音の楽器で1対をなす。シタールの演奏では伴奏用の楽器として使われる。　3　参考として3つの視点を提示する。①音楽の多様性の理解から世界の人々の暮らしや文化・歴史まで関心をもたせることができる。②生徒の音楽に対する価値意識を広げることができる。③国際交流や国際理解の気運を音楽の授業を通して高めることができる。

【8】曲名：春風やさしく

〈解説〉旋律の基盤となる沖縄音階の構成音を理解していないとこの課題に対応することはできない。沖縄音階の構成音は「ド，ミ，ファ，ソ，シ，ド」の5音階である。ここで，創作の手順の例を示す。①曲のイメージを考える。「エイサー」のような踊りを意識したリズミカルな曲にするか，「涙そうそう」のようにゆったりとした情感あふれる曲にするか，それによってリズムの選択が異なってくる。当然，題名も一緒に考えることになる。②曲の構成を考える。8小節でもまとまりのある曲を創作しなくてはならないので，1段目，2段目にリズムや旋律の反復・変化・対照を意識して，まとまりのある曲を創作するように心掛けたい。

【高等学校】

【1】1　生涯にわたり音楽を愛好する心情　　2　我が国や郷土の伝統音楽(に対する理解を深めていくこと)　　3　これまでに生徒が身に付けた表現や鑑賞の能力を基盤として，それを更に高めながら，音楽に対してより深くかかわっていこうとする意欲をもって取り組み，それぞれの個性に応じた豊かな音楽観を形成できるようにすること(が大切である)

〈解説〉学習指導要領に関する問題で，目標は頻出である。そのため，文言をおぼえるとともに，語句の意味についても学習指導要領解説できちんと理解しておきたい。なお，「生涯にわたり音楽を愛好する心情」の文言は，音楽Ⅰ・Ⅱ・Ⅲとも共通であること。また，Ⅰを付した科目は「中学校の学習を基礎にして，表現活動と鑑賞活動についての幅広い学習を通して，創造的な芸術の諸能力を伸ばすこと」，Ⅱを付した科目は「個性豊かな芸術の諸能力を伸ばすこと」，Ⅲを付した科目

は「生徒の個性に応じて個別的な深化を図るなど，個性豊かな芸術の
諸能力を高めること」がねらいであることもおさえておこう。

【２】選んだ楽曲…Ｂ　　批評文…小太鼓で同じリズムが曲の終わりまで
延々と続きます。そのリズムに乗りながらＡとＢの旋律が様々な楽器に
よって交互に演奏されていきます。最初は*pp*の強弱の中でフルートが
Ａの旋律を吹き始めます。その後管楽器，金管楽器の独奏やいろいろ
な楽器を組み合わせた重奏，そして弦楽器などが加わって音量が増し
て最後のクライマックスはオーケストラ全体でフル演奏します。私は
この曲で特に気にいったところは，オーケーストラではあまり聴くこ
とのないサクソフォーンの音色が入っていたところです。また，たっ
た一つのリズムと２つの旋律で，私の心にどんどん迫ってくる音の迫
力に圧倒されました。

〈解説〉「根拠をもって批評する」は，今回の学習指導要領改訂の大きな
柱である言語活動の充実の１つとして取り上げられている。「根拠をも
って批評」することについて，学習指導要領解説では「創造的な行為
であり，それは，漠然と感想を述べたり単なる感想文を書いたりする
こととは異なる活動である。批評する活動を取り入れることは，結果
として，音楽のよさや美しさなどの味わいを深め，鑑賞の学習が充実
することになる」としている。さらに，鑑賞の学習について学習指導
要領解説では「音楽によって喚起されたイメージや感情などを，自分
なりに言葉で言い表したり書き表したりする主体的・能動的な活動に
よって成立する」とある。以上のことを踏まえて，批評文を考えると
よいだろう。

【３】１　作曲者名…ヴェルディ　　歌劇名…椿姫　　２　作曲者名…シュ
ーマン　　歌曲集名…詩人の恋　　３　ａ　ドヴォルジャーク　　ｂ　９
４　都道府県名…北海道　　どのような時…ニシン漁の時に歌う。

〈解説〉Ａは歌劇「椿姫」の第３幕でアルフレードとヴィオレッタの２人で
歌われる「パリを離れて」というアリアである。「乾杯の歌」もよく

出題される曲である。Bは歌曲集「詩人の恋」(全16曲)の中の第1番目に歌われる「美しい五月に」である。Cは交響曲第9番　ホ短調Op.95〈新世界から〉の第2楽章の主題である。Dはソーラン節の「ヤーアレンー　ソーラン　ソ(オ)ランー」という囃子詞の部分である。

【4】1

2　爪の名称…角爪　　座り方…箏に対してやや斜め左向きに座る。
3　隣り合った2本の弦を，右手の中指で，向こうから手前に向けてほぼ同時に弾く。　4　三弦(三絃，サンシエン)　　5　勘所
6

7　旋律や奏法を記憶したり，伝承するために唱えたりすること。
〈解説〉1　平調子の調弦では，音とともに弦の名称「一，二，三〜九，十，斗，為，巾」も理解することが大切である。　2　角爪は生田流で，丸爪は山田流である。山田流の場合は，丸爪のとがった先で演奏するため，楽器に正対して座る。　3　箏の基本的な奏法名とその奏法をおさえておく。奏法としては掻き手(掻き爪)以外に，割り爪(隣り合った2本の弦を同時に向こう側から手前に向け，人差し指・中指の順で弾く)，合せ爪(親指と中指で2本の弦を挟むようにして同時に弾く)，スクイ爪(親指の爪の裏側で戻すようにすくい上げて弾く)，引き色(弦を弾いた後，弦を柱の方に引き戻して音を低くする技法)，押し手(弦を弾いた後，左手で弦を押して音高を上げる技法)などがある。
4　三弦(中国：サンシエン)が14世紀ごろ琉球に伝わって三線(サンシン)となり，16世紀の半ばごろ大阪の堺に伝えられ，改良されて三味線になった。　6　三味線の調弦には「一の糸」を基準として「二の糸」を完全4度高く，「三の糸」をオクターブに合わせたのが，「本調子」である。本調子を基準として「二の糸」を長2度高く調弦したのを

「二上がり」，「三の糸」を長2度低くしたのを「三下がり」という。この3つの調弦が三味線の代表的なものである。　7　口唱歌は楽器によって異なる。三味線は「テンテンチーン…」，箏は「ツンツンテーン…」，和太鼓は「テレツクテンテン」などがあげられる。

【5】1　曲名…からたちの花　　都道府県名…福岡県　　功績…日本人で初めて交響曲を作曲した。日本初の交響楽団の創設に尽力した。

2　静かに

3

(歌詞)　　か　　らたちははた　　のかきね　よいつも　いつもと　　おるみちだ　よ

4　日本語の抑揚や間を旋律に生かすために，言葉のリズムや文節の長さにあうように拍子を変化させている。

〈解説〉1　「からたちの花」の作詞者は北原白秋で，少年時代は福岡県・柳川市で過ごしている。作曲者の山田耕筰は東京生まれで，日本人が作曲した最初の交響曲とは「かちどきと平和」である。山田耕筰は大正・昭和期における日本の楽壇を作曲者・指揮者として主導的な立場で牽引した。　3　変ホ長調(Es dur)の短3度上は変ト長調(Ges dur)になる。　4　創作上の特徴は，歌詞(日本語のことば)の抑揚と旋律，また，話し言葉のような流れを生かすために拍子の変化をつくっているところにある。

【6】1　イ短調　　2　長3度，短3度，長6度，短6度　　3　28秒
4　律音階…

沖縄音階…

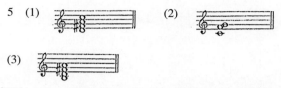

〈解説〉1　ハ長調の導音はロ音である。この音を第5音とする短調はホ短調になる。ホ短調の下属調は完全5度下を主音(イ)とする調になる。　2　音程はまず協和音程と不協和音程に分けられ，協和音程がさらに完全協和音程(完全1・4・5・8度)と不完全協和音程(長3・6度，短3・6度)に分けられる。2・7度音程の長短が不協和音程になる。　3　演奏時間は(拍の総数)÷速度数字で算出し，秒数で出す場合は60を乗じる。本問の場合は，①$(4×4)÷120×60=7.9≒8$，②$(6×8)÷144×60=19.9≒20$，$8+20=28$秒となる。　4　律音階と沖縄音階は日本を代表する5音音階である。そのほか，民謡音階，都節音階がある。

5　コードネームについて基本的な知識があれば解けるだろう。D_7は「$DF^{\#}A$に7音目のCを付ける」，C_{sus4}は3rdがつり上がって4番目の音(4th)になるという意味である。構成音は「CFG」となる。B_{m7}はマイナー(短調)コードである。構成音は「$BDF^{\#}A$」となる。

二次試験

【中学校】

【1】鑑賞の学習活動では，次の3点が指導のポイントとして重視されなくてはならないと考える。「共通事項」との関連を図りながら，音楽を形づくっている要素や構造と曲想とのかかわりを感じ取らせること。音楽活動を通して学んだ音楽に関する用語や記号を説明の中に適切に用いて，自分にとってどのような価値があるのかを明らかにさせること。自分が感じたことや考えたことをふまえて，グループ内で他者と話し合うことから自分の価値意識を再確認させること。

　以上の3点をふまえた授業の展開例を具体的に述べる。特に，授業

構成は導入・展開・まとめの3つの部分を意識して展開していく。特に，導入の部分は学習に対する生徒の興味や関心を高める上でとても大切な部分である。そのために，生徒の日常生活や関心をもっている話題から入る。例えば，「春」を例にすると，好きな季節やその季節の特徴などを聴き取りながら，楽曲と結び付けて行く。次に本時の学習のねらいを提示して展開の部分に入る。展開の部分で注意することは，楽曲解説の授業にならないようにすることである。生徒に音楽が形づくっている要素や要素同士の関連を知覚させ，そこから生まれる曲の感じや雰囲気を感受させる授業を展開する。そこで大事にしたいのが他者との意見交流である。そのために，私はグループ活動を重視し，自分の感じ取ったことや考えたことを他者と話す場面を設定し授業を展開する。まとめの部分では，紹介文という形で，授業の中で学んだ楽曲の気に入ったところ，他者に紹介したいところ，また，自分にとってどのような価値があるのかといった評価なども記述させる。

　鑑賞の授業をより充実したものにするため，一回の授業を単発に終わらせるのではなく，表現領域や他の楽曲の鑑賞の学習と常に関連をもたせながら授業を展開していく。

〈解説〉学習指導要領に関する出題では，出題されていることが学習指導要領，および学習指導要領解説でどのような意味・位置づけであるかを考えておく必要がある。その上で自身の知識や経験を活かして論文を構成するとよい。なお，学習指導要領解説では本問に関して「鑑賞の活動では，要素や構造がどのようになっているのかを聴いてとらえることが大切である。また，要素や構造の働きによって生み出される曲想を感じ取ることも大切である。したがって，要素や構造と，それらの働きによって生み出される曲想とのかかわりを感じ取って聴く活動が重要となり，このような学習を深めていくことが，音楽をより主体的に聴き味わうことにつながっていく」とある。また，音楽を形づくっている要素とは「音色，リズム，速度，旋律，テクスチュア，強弱，形式，構成」などがあり，これらを意識した学習活動も必要であろう。

【高等学校】

【1】歌唱と器楽の指導事項イの趣旨と授業について，以下具体的に述べる。

　　歌唱のイの指導事項の趣旨は，民謡や長唄など我が国の伝統的な歌唱を含む我が国や諸外国の様々な音楽について，それぞれの曲種がもつ発声の特徴を感じ取らせていくことをねらいとしている。また，感受したことを表現に結び付けていく学習を展開することで，多様な音楽に対する理解を深めることもねらいである。例えば，「世界の声を知ろう」という題材設定で，日本の民謡，イタリアのカンツォーネ，スイスのヨーデル，ブルガリアの女声合唱などを取り上げ，それぞれの歌い方や発声の共通点や相違点などを学習することが考えられる。中学校では歌舞伎の学習を通して，長唄を歌う経験をしているので，高等学校でも継続していくことが必要であると考える。

　　器楽のイの指導事項の趣旨は，管弦楽で使われている楽器以外に，我が国の和楽器や世界の民族音楽の楽器などにも興味をもたせるところにある。また，我が国の風土や文化・歴史などから生まれた和楽器(箏・三味線や篠笛など)を取り上げ，その楽器の音色や表現の工夫を試みさせながら，演奏の面白さを感じ取らせることもねらいである。例えば，「フルートと篠笛の共通点と相違点を学ぼう」という題材設定で，実際のフルートと篠笛を用意して，その楽器に触れさせながらそれぞれの音色や奏法を肌で感じ取らせる学習を展開する。もし，楽器が用意できない場合は，CDやDVDなどの視聴覚教材を準備して授業を行う。

　　また，地域や学校の実態を考慮しながら，地域人材の活用という視点から祭囃子などを演奏する方々の協力を得て，実際の祭囃子を生徒に体験させる授業を行うことで，我が国や地域の伝統音楽の素晴らしさを伝えていきたい。

〈解説〉音楽Ⅰでは「中学校の学習を基礎にして，表現活動と鑑賞活動についての幅広い学習を通して，創造的な芸術の諸能力を伸ばすこと」としているので，具体的な学習内容については中学校学習指導要領，

および中学校学習指導要領解説も踏まえて述べるとよいだろう。問題文中にある「我が国や郷土の伝統音楽」を学習させるための手段としては，これまで学習してきた西洋音楽と比較し，相違点などを取り上げるといった方法がより理解しやすいと思われる。郷土の伝統音楽については，具体的な題材を取り上げ，どのような授業展開にするか述べるのも一つの方法であろう。

2014年度 実施問題

一次試験

【中学校】

【1】放送で流される曲を聴いて，次の1～4の各問いに答えなさい。

1　この曲の①曲名と②作詞者，③作曲者をそれぞれ答えなさい。

2　この曲の特徴の一つにピアノ伴奏のリズムなどの変化がある。さて，下のピアノ伴奏譜はどのような場面で，どのような情景を表しているか，述べなさい。

3　この曲の登場人物は4人であるが，下の楽譜の登場人物は誰か，それぞれ答えなさい。

①
②
③
④

4　現行の「中学校学習指導要領　音楽」の内容において，第1学年の「2内容　B鑑賞」の指導事項に，「音楽を形づくっている要素や構造と曲想とのかかわりを感じ取って聴き，言葉で説明するなどして，音楽のよさや美しさを味わうこと。」と示されているが，①「音楽

のよさや美しさ」を味わわせるためには，どのような授業展開が考えられるか。述べなさい。また，②この曲のよさや美しさを述べなさい。

(☆☆◎◎◎)

【2】現行の「中学校学習指導要領　音楽」の内容について，次の1〜4の各問いに答えなさい。

1　平成10年告示の「学習指導要領　音楽」では，「A表現」「B鑑賞」で構成されていたが，現行の「学習指導要領　音楽」には，「A表現」「B鑑賞」に加えて設けられた内容がある。それは何か，答えなさい。

2　1で答えた内容の中には，音楽を形づくっている要素が示されている。①この要素の中の「テクスチュア」について，具体的に説明しなさい。また，②他の7項目をすべて答えなさい。

3　第1学年の内容について，次の(1)(2)の各問いに答えなさい。

(1)　歌唱の活動を通して，指導する内容が三つ示されている。[　①　]〜[　③　]にあてはまる内容を答えなさい。

ア　歌詞の内容や曲想を感じ取り，[　①　]歌うこと。

イ　曲種に応じた発声により，[　②　]歌うこと。

ウ　[　③　]を感じ取り，表現を工夫しながら合わせて歌うこと。

(2)　下線部分「曲種に応じた発声」とは，具体的にはどのような発声なのか答えなさい。

4　第2学年及び第3学年の内容について，次の(1)(2)の各問いに答えなさい。

(1)　鑑賞の活動を通して指導する内容が三つ示されている。[　①　]〜[　③　]にあてはまる内容をそれぞれ答えなさい。

ア　音楽を形づくっている要素や構造とのかかわりを[　①　]聴き，根拠をもって批評するなどして，音楽のよさや美しさを味わうこと。

イ　音楽の特徴をその背景となる[　②　]と関連付けて理解して，鑑賞すること。

ウ　我が国や郷土の伝統音楽及び諸外国の様々な音楽の特徴から
　　[　③　]を理解して，鑑賞すること。

(2)　下線部分「根拠をもって批評する」とは，具体的にはどのよう
　　なことなのか答えなさい。

(☆☆☆◎◎◎)

【3】箏の指導について，次の1～5の各問いに答えなさい。

　1　箏の各部の名称①～③についてそれぞれ答えなさい。

　2　音の高さはアからイに向かうに従ってどうなるか。

　3　平調子に調弦するため，一をホ音(ミ)にした場合，二～六の音を解
　　答用紙の楽譜に全音符で示しなさい。

　4　爪の付け方として正しいものを次のア，イから1つ選び答えなさい。

ア　　　　　　　イ

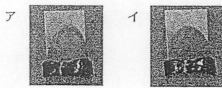

5　次の楽譜は「六段の調」の冒頭部分です。①と②の部分の奏法を答えなさい。また，③このような箏の音色や奏法の特徴を感じ取らせるには，どのような学習活動が必要か答えなさい。

(☆☆☆◎◎◎)

【4】次に示す楽譜は，共通教材「夏の思い出」の後半部分(旋律のみ)である。下の1～3の各問いに答えなさい。

1　この曲の①作詞者と②作曲者を答えなさい。

2　上の楽譜のア～エにあてはまる音楽にかかわる用語や記号を答えなさい。

3　次に示す①②の楽譜は，曲の前半部分の伴奏譜である。歌詞の内容や旋律の流れ，伴奏の工夫を感じ取って歌唱させるために，①と②の伴奏をどのように工夫して演奏したらよいか，強弱記号を使って答えなさい。

(☆☆◎◎◎)

【5】現行の「中学校学習指導要領 音楽」において，第2学年及び第3学年の「2内容 A表現(3)創作」の指導事項に，「イ 表現したいイメージをもち，音素材の特徴を生かし，反復，変化，対照などの構成や全体のまとまりを工夫しながら音楽をつくること。」と示されている。このことについて，次の1，2の各問いに答えなさい。

1 イメージをもつことは創作活動の源となるが，イメージを膨らませ，音楽で表現するための具体的な手立てを述べなさい。

2 箏を用い，日本の四季を題材に曲を作りなさい。(曲名を付け，平調子で解答用紙の五線譜に記譜すること。)

(☆☆☆◎◎◎)

【6】平成21年3月に告示された「高等学校学習指導要領 芸術」の「音楽Ⅰ」について，次の1，2の各問いに答えなさい。

1 「2 内容」の「A 表現」に「(1) 歌唱 ア 曲想を歌詞の内容や楽曲の背景とをかかわらせて感じ取り，イメージをもって歌うこと。」とある。これを指導するに当たりどういうことが大切か，答えなさい。

2 「2 内容」の「B 鑑賞」に「エ 我が国や郷土の伝統音楽の種類とそれぞれの特徴を理解して鑑賞をすること。」とある。これを指導するに当たりどういうことが大切か，答えなさい。

(☆☆☆◎◎◎)

【高等学校】

【1】平成21年3月に告示された「高等学校学習指導要領 芸術」の「音楽Ⅱ」について，次の1～3の各問いに答えなさい。

「音楽Ⅱ」の目標

音楽の諸活動を通して，生涯にわたり音楽を愛好する心情を育てるとともに，感性を高め，個性豊かな表現の能力と主体的な鑑賞の能力を伸ばし，音楽文化についての理解を深める。

1 目標の文中に「個性豊かな表現の能力」とあるが，指導に当たっ

てはどういうことが重要か，答えなさい。

2　目標の文中に「主体的な鑑賞の能力」とあるが，指導に当たっては
どういうことが重要か，答えなさい。

3　「音楽　Ⅰ」の「Ａ　表現」と，「音楽　Ⅱ」の「Ａ　表現」との
内容の取り扱いにおける違いを答えなさい。

(☆☆☆◎◎◎)

【2】日本や世界の伝統音楽・伝統芸能について，次の1〜5の各問いに答
えなさい。

1　箏曲『乱(みだれ)』の作曲者と言われ，近世箏曲の礎を確立した人
物名を漢字で答えなさい。

2　北海道地方の追分様式の民謡名を漢字で答えなさい。

3　7本の演奏弦と11〜13本の共鳴弦と胴から出来ている北インドの代
表的な弦楽器名を答えなさい。

4　篠笛の奏法の「指打ち」を説明しなさい。

5　次の文章の[　a　]，[　b　]に当てはまる語句を答えなさい。

　　ブルースは19世紀後半に，北アメリカ[　a　]地方で生まれた音楽
で，12小節単位のコード進行や[　b　]を含むブルース音階が使用さ
れている。

(☆☆☆☆◎◎◎)

【3】西洋音楽について，次の1〜5の各問いに答えなさい。

1　『教皇マルチェルスのミサ曲』を作曲した，16世紀ローマで活躍し
た後期ルネサンスの作曲家を答えなさい。

2　「歌曲の王」とよばれたシューベルトの三大歌曲集から1つ答えなさ
い。

3　「ホモフォニー」を説明しなさい。

4　モリス・ラヴェル作曲の『ボレロ』の，音楽面の特徴を答えなさ
い。

5　次の文章の[　a　]，[　b　]に当てはまる語句を答えなさい。

　　オペラとは，独唱，重唱，合唱，[　a　]の音楽のみならず，演劇
や舞踏等からなる[　b　]芸術である。

(☆☆☆◎◎◎)

【4】次の1〜6の各問いに答えなさい。

　1　「ma non troppo」の意味を答えなさい。

　2　次の拍子を，「単純拍子」と「複合拍子」と「混合拍子」に分類し，
　　番号で答えなさい。

　　　①　4分の2拍子　　②　4分の5拍子　　③　8分の9拍子

　　　④　8分の3拍子　　⑤　8分の7拍子　　⑥　8分の12拍子

　3　増三和音を説明しなさい。

　4　E$_7$の和音の構成音を，ドイツ語ですべて答えなさい。

　5　g mollの主要三和音を，コードネームですべて答えなさい。

　6　以下の条件を満たしながら旋律を創作し，五線に書きなさい。

　　〔条件〕

　　・ト音譜表，D dur，4分の4拍子で創作すること。調号も必ず記入す
　　　ること。

　　・a−a'−b−a'となる16小節の二部形式の曲を創作すること。

　　・すべての小節に適切なコードネームを記入すること。1小節内に
　　　複数のコードを使用することも可。

　　・bの部分でE$_7$のコードを用いること。

(☆☆☆◎◎◎)

【5】次の楽譜はある日本歌曲の一部分である。下の1〜4の各問いに答え
　なさい。

　1　この曲の曲名，作詞者名，作曲者名を答えなさい。なお作詞者名，
　　作曲者名は漢字で答えなさい。

2　この歌曲の前奏の冒頭に書かれている発想用語を，次のア～オから1つ選び，記号で答えなさい。

　　ア　情熱的に　　　イ　緩く・静かに　　ウ　思い懐かしく

　　エ　伸びやかに　　オ　優美に

3　この歌曲の伴奏譜の曲中に，"colla voce" と書かれている。この意味を答えなさい。

4　生徒が日本語の歌詞を明瞭に歌うための指導のポイントを，2つ答えなさい。

(☆☆☆◎◎◎)

二次試験

【中学校】

【1】現行の「中学校学習指導要領　第5節　音楽」の「第2　各学年の目標及び内容〔第1学年〕2内容　A表現　(4)表現教材　イ」において「民謡，長唄などの我が国の伝統的な歌唱のうち，地域や学校，生徒の実態を考慮して，伝統的な声の特徴を感じとれるもの。」とある。地域又は県内で歌い継がれている民謡を教材に用いて，この内容の指導のポイントと展開例を述べなさい。

(☆☆☆☆◎◎)

【高等学校】

【1】平成21年3月に告示された高等学校学習指導要領においては，どの領域においても言語活動の充実を図ることが記されている。音楽Ⅰにも「内容B(鑑賞)の指導に当たっては，楽曲や演奏について根拠をもって批評する活動などを取り入れるようにする。」とあるが，具体的にはどのように授業に取り入れるのかを述べなさい。

(☆☆☆◎◎◎)

解答・解説

一次試験

【中学校】

【1】1 ① 魔王　② ゲーテ　③ シューベルト　2 嵐の中，父と子を乗せた馬が駆けている場面で緊迫した様子を表している。3 ① 子　② 父　③ 魔王　④ 語り手　4 ① それぞれの登場人物ごとに分析的に鑑賞させ，その変化を個人で考えさせたり，グループで話し合わせたりして，この曲の特徴やよさを音楽の諸要素をもとに感じ取らせる授業展開。　② 解答省略

〈解説〉放送されたのが全曲なのか曲の一部分なのかは不明であるが，設問の1～3についてはたとえ放送がなかったとしても，正答できねばならない名曲についての出題である。　1　①「魔王」，②ゲーテ，③シューベルトで，作曲者が18歳のときの作品と伝えられる通作歌曲である。2　この曲の冒頭部分であり，急速なテンポで馬が駆けている，激しく緊迫した場面をピアノの前奏で表している。　3　この曲には同じ旋律はひとつもない。ゲーテの詩に沿って語り手が情況を語り(④)，子が「魔王が近くにいる，こわいよ」と父に救いを求める(①)。父は「魔王なんていないよ」と冷静に元気付ける(②)。魔王は「よい子だね，一緒に遊ぼうよ」と誘惑する(③)。　通作歌曲として表現の変化に富むこの曲の旋律①～④は，どんな場面かを楽譜だけで分からなくてはならぬものである。　4　②は(基準)として，「音楽を形づくっている要素や構造と曲想のかかわりを根拠に感じ取った曲のよさや美しさが，自分にとってどのような価値があるかといった評価を交えながら具体的に書かれている」が，示されている。『中学校学習指導要領解説音楽編』第3章第1節「2　内容」の(2)Bも参考にするとよいだろう。

【２】１〔共通事項〕　２　①　音と音とが同じ時間軸上で垂直的にかかわったり，時間の流れの中で水平的にかかわったりして，織物の縦糸と横糸のような様相で様々な音の織りなす状態。(和声を含む音と音とのかかわり合い，音楽の縦と横の関係，我が国及び諸外国の音楽に見られる様々な音と音とのかかわり合い。)　②　音色　リズム　速度　旋律　強弱　形式　構成　３　(1)　①　表現を工夫して　②　言葉の特性を生かして　③　声部の役割や全体の響き　(2)　民謡，長唄，諸外国の様々な楽曲などの特徴を表現することができるような発声　４　(1)　①　理解して　②　文化・歴史や他の芸術　③　音楽の多様性　(2)　音楽のよさや美しさなどについて，音楽を形づくっている要素や構造などの客観的な理由をあげながら言葉で表すこと。

〈解説〉１　「学習指導要領・音楽」の「内容」の「Ａ　表現」「Ｂ　鑑賞」に新設されたのは〔共通事項〕である。これは表現及び鑑賞に関する能力を育成する上で共通に必要となるものであり，Ａ・Ｂの各活動において十分な指導・工夫をせねばならない。　２〔共通事項〕には音楽を形づくっている要素が8項目示されており，それについては，すべて簡潔な説明ができるようにしておくこと。　３　(1)　内容で使われている用語は正確に書けるように，理解して覚えることが大切である。(2)　曲種とは音楽の種類のことであり，音楽科で扱う歌唱教材は，民謡，長唄などの我が国の伝統的な歌唱を含む我が国や諸外国の様々な音楽である。これを踏まえて書くとよいであろう。　４　(1)　前問3と同じく，用語は正確に書けるように，理解して覚えることが大切である。　(2)　解答例は『中学校学習指導要領解説　音楽編』第3章第2節「2　内容」の(2)Bの記述である。学習指導要領は解説を合わせて理解するようにしたい。

【3】1 ① 竜尾 ② 柱 ③ 竜角 2 高くなる

3

一 二 三 四 五 六

4 ア 5 ① 引き色 ② 後押し ③ ・実際，箏に触れな
がら学ぶ体験的な学習 ・表現と鑑賞を一体化させた授業
〈解説〉1 箏はその形を竜に見立て各部の名前が付けられている。①は
奏者からは最も遠い左側の部分で「竜尾」，②は弦を調弦する「柱(じ)」
である。③は弦を支える駒の部分で「竜角」という。その右のやや広
い部分は竜頭である。 2 アは奏者から遠い一の絃で，二絃からイ
の方向に弾くと音高が高くなる。 3 平調子は「さくらさくら」な
どの最も基本的な調弦。一絃をホ音(ミ)にした場合の「ミラシドミフ
ァラシドミファラシ」の十三絃は，しっかり覚えておきたい。この設
間では一〜六絃までである。 4 爪は右手の親指，人差指，中指の3
本に付ける。角爪が生田流，丸爪は山田流の系統である。爪の付け方
はアが正しい。 5 「六段の調」の奏法を答える設問である。①は
「ヒ」で「引き色」，②は「後オ」で「後押し」である。

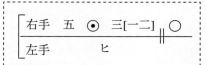

これがこの曲の冒頭の箏用楽譜である。〔⊙のばす ○休み(1拍)〕五
絃でのばした音の最後に左手で引き色を使って瞬間的に音を下げて余
韻をつくるのがこの曲の特徴である。 ③ 解答参照。

【4】1 ① 江間章子 ② 中田喜直 2 ア pp イ dim.
ウ ⌒ エ p 3 ①では，歌い始めの部分の伴奏で，自然な流
れを生かすようにmpでレガートに弾く。 ②では，歌では，pでそっと

歌われる歌詞をより生かすために，ピアノ伴奏もぐっと控えた音量で，しかも柔らかいスタッカートで演奏する。

〈解説〉共通教材曲「夏の思い出」の旋律楽譜(後半部分)とピアノ伴奏楽譜(前半部分)が示されたの設問であるが，この曲については伴奏付歌唱を十分に練習していることであろうし，設問にも正答できるよう理解していることであろう。　1　①作詞は江間章子，②作曲は中田喜直である。①の作詞者は共通教材曲の「花の街」の作詞者でもある。2　ア～エにあてはまる記号などは小学校と中学校での〔共通事項〕の用語や記号であり，十分に練習を重ねて，よく理解ししっかりつかんでおきたい。　3　①の伴奏譜は曲の冒頭でmp，レガートに，②はpで。①と②の伴奏の違いを効果的に生かして歌唱表現に結び付けたい。

【5】1　イメージしたことを具体的に言葉に表してみる。そして，実際に弾いたり鳴らしたりして音を感じ取る。　2　(解答例)　曲名…秋の夕暮れ　平調子

〈解説〉1　『中学校学習指導要領解説　音楽編』第3章第2節「2　内容」の(1)Aの創作についての部分の最後には，「音を音楽へと構成する楽しさや喜びを実感できるようにするとともに，反復，変化，対照などの音楽を構成する原理の働きや，全体的なまとまりが音楽として意味をもたらすことに気付くようにすることが重要となる。また，学習を効果的に進めるために，生徒同士の中間発表や相互評価の場面を設けることも大切である。」と記述されている。　2　箏を用いた平調子の作曲をして五線譜に記し，日本の四季を題材として曲名を付ける出題である。平調子については【3】で出題されているように，「さくらさくら」を弾く調弦である。四季を題材にイメージを膨らませて単旋律を作りたいもの。

【6】 1　歌詞の意味や楽曲の背景を知識として理解することにとどまるのではなく，適切な教材の準備をして，音楽が醸し出す雰囲気と歌詞の内容や楽曲の背景とのかかわりを感じとることができるようにすること。　　2　我が国や郷土の伝統音楽の種類や特徴を網羅的に扱うのではなく，地域や学校の実態等を十分に考慮して教材を準備し，特徴を感じとり，理解するとともに，理解が創造的な鑑賞に結び付くようにすること。

〈解説〉 1　解答例は，文部科学省発行の『高等学校学習指導要領解説　芸術編　音楽編』第2章第1節の3のAの(1)歌唱アの記述の一部そのままになっている。解説を読んで深くその意を理解する努力も重要である。歌唱アの「イメージをもって歌うこと」と示された主体的，積極的な姿勢の指導実践が求められているものである。　　2　この解答例も文部科学省発行の『高等学校学習指導要領解説　芸術編　音楽編』第2章第1節の3Bのエの記述からの要約になっている。この解答例の中で重要なのは「網羅的に扱うのではなく，地域や学校の実態等を十分に考慮して教材を準備し」の記述であり，さらに「理解が創造的な鑑賞に結び付く」のである。

【高等学校】

【1】 1　生徒自らが感性を働かせて思考・判断し，技能を高め，音楽を表現する場を設けることが重要となる。　　2　生徒自らが主体的に音楽とかかわる鑑賞の学習を展開し，根拠をもって自分なりに批評する場を設けることが重要となる。　　3　「音楽Ⅰ」の活動では，歌唱，器楽，創作の各表現活動のいずれも扱うこととなっているが「音楽Ⅱ」では歌唱，器楽，創作の1つ以上を扱うことができるとしている。

〈解説〉 1　解答例は『高等学校学習指導要領解説　芸術編　音楽編』第2章第2節の2の目標の記述の一部である。　　2　解答例は『高等学校学習指導要領解説　芸術編　音楽編』第2章第2節の目標の記述の一部である。「根拠をもって自分なりに批評」については，中学校学習指導要領の〔第2学年及び3学年〕の2内容〈B鑑賞〉(1)アに，「音楽を形づ

くっている要素や構造と曲想とのかかわりを理解して聴き，根拠をもって批評するなどして，音楽のよさや美しさを味わうこと。」がすでに示されていることも知っていたい。　3　「音楽Ⅰ」までは〈A表現〉の「歌唱」「器楽」「創作」の活動を中学校音楽と同じように扱うよう示された。しかし，「音楽Ⅱ」では，生徒の特性，地域や学校の実態を考慮し，「歌唱」「器楽」「創作」の1つ以上を選択して扱うことができる。

【2】1　八橋検校　　2　江差追分　　3　シタール　　4　同じ音を吹く場合に，その音を吹いたまま，押さえている指を指孔から一瞬離してすぐふさいだり，押さえている場所のとなりの音をふさぐ奏法
5　a　南部　　b　ブルーノート
〈解説〉1　箏曲「みだれ」は「乱輪舌(みだれりんぜつ)」とも呼ばれ，八橋検校の作曲と伝えられる段物(歌のない純器楽曲)である。
2　「江差追分」は北海道の民謡というより，日本の代表的民謡になりつつある。歌はフリー・リズムでこぶしが多い。昭和38年から毎年「江差追分全国大会」が開かれている。　3　「シタール」の共鳴体は南瓜(カボチャ)の殻(から)で作られ，20個ほどの可動式フレットを持つ。針金のピックを指にはめて奏す。　4　篠笛の奏法はリコーダーのような「タンギング(舌使い)」をしない。音の出だしはHuーと息だけである。同じ高さの音が続く場合には「指打ち」という押さえている指を指孔から一瞬離してすぐふさぐような技法を用いる。　5　ブルースはアメリカのa「南部」地方で生まれた黒人民謡である。b「ブルーノート」はブルース音階の特徴として，一般的に長音階の3度，5度，7度を半音下げた音である。ジャズの代名詞ともなっている。

【3】1　パレストリーナ　　2　「美しき水車小屋の娘」「冬のたび」「白鳥の歌」から1つ　　3　ある声部が旋律を受け持ち，外の声部が和声的な伴奏を受け持つ音楽　　4　2小節間の小太鼓のリズムが終始繰り返されるなか，2つの旋律が楽器を交代させながら繰り返し最後はす

べての楽器で演奏されること　　5　a　管弦楽　　b　総合

〈解説〉1　パレストリーナ(伊・1525頃〜94)はルネサンス後期を代表する作曲家，ローマ楽派。宗教作品の無伴奏合唱様式，「パレストリーナ様式」を確立。「教皇マルチェルスのミサ曲」やモテット「谷川を慕いて」「バビロン河のほとりに」の作品が知られる。　　2　シューベルトの三大歌曲集の作曲された順番は次のようである。「美しき水車小屋の娘」1823年，「冬の旅」1827年，「白鳥の歌」1828年。なお，「美しき水車屋の娘」も可である。　　4　ラヴェル作曲の「ボレロ」はバレエ音楽で，2小節のリズムに乗って2つの旋律が楽器のソロや楽器編成を変えながら9回繰り返され，弱奏から次第にクレッシェンドするユニークな曲である。　　5　オペラは文字通り歌劇であり，aは管弦楽である。bは総合で，まさに総合芸術というのが適切である。

【4】1　しかし　はなはだしくない　　2　単純拍子…①　④　　複合拍子…③　⑥　　混合拍子…②　⑤　　3　主音と，主音から長三度上と，その音から長三度上の音からなる三和音　　4　E　　Gis　　H　　D　5　Gm　　Cm　　D　　6　解答省略。

〈解説〉1　maは「しかし」の意味。補助的な用語として「はなはだしくなく」と楽語に付加される言葉である。　　2　○単純拍子－2・3・4拍子で正答は①・④　○複合拍子－同種の単純拍子をいくつか併せた拍子で，③・⑥が正答。8分の6拍子や4分の12拍子も入る。　○混合拍子―異なる単純拍子を組み合わせた拍子で，②，⑤が正答。5拍子は2＋3または3＋2拍子。7拍子は3＋4または4＋3拍子。　　3　増三和音は長3度を2つ積み重ねた三和音。不協和音である。　　4　E_7は「E・Gis・H・D」で日本語音名では「ホ・嬰ト・ロ・ニ」である。　　5　g moll はコードネームではGm，その主要三和音はGm(G・B♭・D)，Cm(C・E♭・G)，D(D・F#・A)。D(属和音)では和声短音階のため第7音を半音上げる。　　6　ニ長調，$\frac{4}{4}$，16小節で二部形式(a－a′－b－a′)の作曲課題である。すべての小節にコードネームを記入し，bの部分でE_7のコードを用いることなどの条件である。紙上だけの作曲はやりにくいが，

　　a－a′－b－a′　の形式ではaの旋律ができれば半分以上の曲が仕上がっ
　たことになる。bの4小節の中にE₇のコードを用いることに留意し，曲
　全体ではD，G，A(A₇)のコードが中心になると思われるが時間内に仕
　上げたいもの。

【5】1　曲名…この道　　作曲者名…北原白秋　　作曲者名…山田耕筰
　　2　イ　　3　歌のパートに従って　　4　・言葉の子音をきちんと発
　音すること　　　・濁音と鼻濁音を使い分けて発音すること　　　・言葉
　の抑揚を正確に発音すること
〈解説〉1　「この道」で，作詞者・北原白秋と山田耕筰作曲のコンビの数
　　多い名曲のひとつで，示された楽譜は冒頭から4小節目の終わり部分
　　からである。　2　曲の冒頭には「緩く，静かに」で，M.M. ♩＝54とあ
　　る。　3　「歌のパートに従って」の意。歌詞の「あ」の音符にはテヌ
　　ートが付いており，歌の主旋律に伴奏が従うよう留意したもの。
　　4　3つ示された解答例から2つの指導ポイントを記入したい。

二次試験

【中学校】

【1】解答省略。
〈解説〉指導のポイントと展開例の記述回答であり難問である。〈A表現〉
　　の(4)のイ「歌唱教材には次の観点から取り上げたものを含めること。」
　　があり，その(イ)「民謡，長唄などの我が国の伝統的な歌唱のうち，
　　地域や学校，生徒の実態を考慮して，伝統的な声の特徴を感じ取れる
　　もの」を受けた出題である。
　　　問題文の中に「地域又は県内で歌い継がれている民謡を教材に用い
　　て」とあるそのとらえ方に戸惑うであろう。熊本県民謡として有名な
　　のは「五木の子守唄」，「田原坂」，「おてもやん」などであり，それら
　　から選んでどう指導するかのポイントや展開例を書くのもよい。ほか
　　には祭り囃子の篠笛や締太鼓の「おはやし」を教材とするのは可であ

ろうか。

　この問題では，「評価の観点」が「①語句の表現や記述が適切であり，論理的で分かりやすい構成になっているか。　②自分の考えを具体的に述べ，教師としての資質(熱意，誠実さ，向上心，柔軟性，協調性，発想力など)が窺えるか。　③学習指導要領の支点を踏まえた記述になっているか。　④歌詞の内容や曲の背景，発声の特徴をふまえた学習内容になっているか。　⑤よさや楽しさを実感することができる学習内容になっているか。　⑥生徒の思考力，判断力，表現力等を育む学習内容で，実現可能で新規制があるか。」と示されている。

　留意すべきはこの「評価の観点」の④「歌詞の内容や曲の背景，発声の特徴をふまえた学習内容になっているか」である。視聴覚機器の録音による鑑賞中心の指導ではなく，表現(歌唱)の指導に絞りたい。「音楽科改訂の要点」としてのその実例を問われる設問である。創意と工夫に満ちた記述を時間内に仕上げたいものである。

【高等学校】

【1】解答省略。

〈解説〉鑑賞はとかく受動的な行為ととらえられることがある。しかし，鑑賞は音楽によって喚起されたイメージや感情を，自分なりに言葉で言い表したり，生徒同士で批評を論じ合うことにより楽曲やその演奏を，より深く，より多面的にとらえて主体的・能動的な活動となる。

○「根拠をもって批評するなど」の文面は，すでに，中学校第2・3学年の〈B鑑賞〉(1)に示されている。さらに，中学校の「内容」指導上の配慮事項(7)アには「生徒が自己のイメージや思いを伝え合ったり，他者の意図に共感したりできるようにするなどコミュニケーションを図る指導を工夫すること。」と示されている。

○高校の指導においては，「音楽を形づくっている要素を知覚し，それらの働きを感受する」ことに関連付ける学習が重要である。さらに，生徒がこれまでに身に付けてきた諸能力や，他教科における学習との関連などをもとに，自分なりの評価などを言語活動によって表すこと

ができるよう指導方法の工夫をしたいもの。

〇以上の観点に立って，授業をどう推進していくかをできるだけ具体例を挙げながら記述を時間内に仕上げたい。

なお，この問題には，「評価の観点」が，「①語句の表現や記述が適切であり，論理的で分かりやすい構成になっているか。　②自分の考えを具体的に述べ，教師としての資質(熱意，誠実さ，向上心，柔軟性，協調性，発想力など)が窺えるか。　③「鑑賞は主体的・能動的な活動である」ということを述べているか。　④「批評とは単なる感想文ではない」ということを述べているか。　⑤「客観的な理由を挙げ，かつ自分の評価をする」ということを述べているか。　⑥具体例を述べているか。」と示されている。参考にするとよいだろう。

2013年度 | 実施問題

一次試験

【中学校】

【1】放送で流される曲を聴いて，次の1～5の各問いに答えなさい。

1　この曲の曲名を答えなさい。

2　古墳時代から奈良時代にかけて，アジア各地から伝わった音楽を起源とする雅楽の種類を2つ答えなさい。

3　この曲に関することで正しいものを，次のア～オから2つ選び，記号で答えなさい。

　ア　この曲は，日本に伝わる音楽で，主にお寺や神社で演奏されている。

　イ　この曲は雅楽の中で最も新しい曲である。

　ウ　楽琵琶という楽器は，主に旋律を奏でる。

　エ　この曲は4分の3拍子である。

　オ　笙という楽器は，いくつもの音を和音のように鳴らすことができる。

4　この曲の演奏には，主に次のア～オの5種類の楽器が用いられる。①，②に当てはまる楽器をア～オからそれぞれ1つずつ選び，記号で答えなさい。

　①　全体のテンポをリードする役目がある楽器

　②　あしという植物で作られたリードを，竹の管に差し込んで音をだす楽器

　　ア　笙　　イ　竜笛　　ウ　鞨鼓　　エ　篳篥　　オ　楽箏

5　次の文章は，現行の「中学校学習指導要領　音楽」における，第2学年及び第3学年の「2内容　B鑑賞」に示された指導事項である。

　　事項ウの指導にあたっての留意点を述べなさい。また，事項ア及

び事項ウをふまえた上で，この曲の批評文を書きなさい。

ア　音楽を形づくっている要素や構造と曲想とのかかわりを理解して聴き，根拠をもって批評するなどして，音楽のよさや美しさを味わうこと。

イ　音楽の特徴をその背景となる文化・歴史や他の芸術と関連付けて理解して，鑑賞すること。

ウ　我が国や郷土の伝統音楽及び諸外国の様々な音楽の特徴から音楽の多様性を理解して，鑑賞すること。

(☆☆☆☆◎◎◎)

【2】現行の「中学校学習指導要領解説　音楽編」について，次の1〜3の各問いに答えなさい。

1　音楽科改訂の要点として，「(1)目標の改善」及び「(2)内容の改善」の2つに分けて示されている。「(2)内容の改善」では，8項目示されているが，その中の6項目について①〜⑥にあてはまる語句や数を答えなさい。

ア　内容の構成の改善

従前と同様に「A表現」及び「B鑑賞」の二つの領域で構成しつつ，表現及び鑑賞に関する能力を育成する上で共通に必要となる〔[　①　]〕を新たに設けた。―　(以下略)　―

イ　歌唱共通教材の提示

我が国のよき音楽文化を世代を超えて受け継がれるようにする観点から，「赤とんぼ」，「荒城の月」，「早春賦」，「夏の思い出」，「花」，「花の街」，「[　②　]」を歌唱共通教材として示し，各学年ごとに1曲以上を含めることとした。

ウ　我が国の伝統的な歌唱の充実

伝統や文化の教育を充実する観点から，「民謡，長唄などの我が国の伝統的な歌唱のうち，地域や学校，生徒の実態を考慮して，伝統的な[　③　]の特徴を感じ取れるもの」を歌唱教材選択の観点として新たに示した。

エ　和楽器を取り扱う趣旨の明確化

　　従前の「和楽器については，3学年間を通じて[　④　]種類以上の楽器を用いること」を踏襲しつつ，(中略)「表現活動を通して，生徒が我が国や郷土の伝統音楽のよさを味わうことができるよう工夫すること」を新たに示し，器楽の指導において和楽器を用いる趣旨を明らかにした。

オ　創作の指導内容の焦点化・明確化

　　創作の指導内容の焦点を絞り，具体的かつ明確にするため，事項アでは，「言葉や音階などの特徴」を手掛かりにして「[　⑤　]をつくる」こと，事項イでは，「音素材の特徴」を生かして「反復，変化，対照などの構成」を工夫してつくることとした。
　　― (以下略) ―

カ　鑑賞領域の改善

　　音楽科の学習の特質に即して言葉の活用を図る観点から，「言葉で説明する」，「根拠をもって批評する」などして音楽の[　⑥　]を味わうこととし，(中略)主体的な活動を重視した。

2　「第4章　指導計画の作成と内容の取扱い　1　指導計画作成上の配慮事項」の中で，

(4)　第1章総則の第1の2及び第3章道徳の第1に示す道徳教育の目標に基づき，道徳の時間などとの関連を考慮しながら，第3章道徳の第2に示す内容について，音楽科の特質に応じて適切な指導をすること。

と示されている。これは，道徳教育との関連を明確に意識しながら適切な指導を行う必要があることを示すものである。

　　音楽の共通教材はどんな内容を含んでいることから，道徳的心情の育成に資するものであるのか，60字以内で答えなさい。

3　「第4章　指導計画の作成と内容の取り扱い　2　内容の取扱いと指導上の配慮事項」に，変声期の生徒に対して配慮することが示されている。具体的にはどのような配慮や指導の工夫が必要か。130字以内で答えなさい。

(☆☆☆◎◎◎)

189

【3】篠笛の指導について，次の1〜3の各問いに答えなさい。

1　次の楽譜はわらべうた「たこたこあがれ」の一部である。音の高さは「八本」の笛を用いた場合で，採譜した楽譜である。次の①，②にあてはまる言葉をそれぞれ答えなさい。

　　篠笛の奏法の特徴としては[　①　]をしないで，滑らかに吹くこと。そして同じ音が続くとき(※)は[　②　]といって，発音する瞬間に指で軽く打って音を区切ることである。

2　次の篠笛の①，②の部分の名称をそれぞれ答えなさい。

3　指孔のふさぎ方として右手の場合正しいのは，次のア〜ウのどれか。記号で答えなさい。

ア	イ	ウ

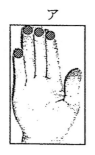 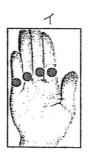 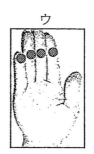

(☆☆☆◎◎)

190

【4】次に示す楽譜は，共通教材「花」の冒頭部分である。下の1〜5の各問いに答えなさい。

1 この曲の作詞者と作曲者を答えなさい。

2 この楽譜の高音部の階名を移動ド唱法で答えなさい。

3 この楽譜の①の部分(低音部)を楽譜に表しなさい。

4 この曲は，春の隅田川の情景を優美に表した楽曲である。この曲を指導する際の配慮事項について答えなさい。

5 次の楽譜は，間奏部分のピアノ譜である。下の①〜③の各問いに答えなさい。

① この楽譜は1番と2番，2番と3番，どちらの間奏か答えなさい。

② ⑦の音符名を答えなさい。

③ この楽譜[イ]に使われている強弱記号を，次の[　　]の中から1つ選び答えなさい。

[　*p*　*mf*　*mp*　*f*　*ff*　]

(☆☆◎◎◎)

【5】現行の「中学校学習指導要領　音楽」において，第2学年及び第3学年の「2　内容　A表現(3)創作」の指導事項イに，「表現したいイメージをもち，音素材の特徴を生かし，反復，変化，対照などの構成や全体のまとまりを工夫しながら音楽をつくること。」と示されている。このことについて次の1〜3の各問いに答えなさい。

1 箏を平調子に調弦して，「さくらさくら」を弾くとき，次の①と②の弦名を答えなさい。

※　一を「ホ音」にした場合の楽譜

2　③のヲの奏法を答えなさい。また，音の高さは，この奏法により
　　どう変化するか答えなさい。

3　この曲に合う前奏を作り，五線譜と弦名で表しなさい。(同じく一
　　を「ホ音」にして楽譜に表すこと。)

(☆☆☆◎◎◎)

【高等学校】

【1】平成21年3月に告示された「高等学校学習指導要領　芸術」の「音
　　楽　Ⅰ」について，次の(1)～(3)の各問いに答えなさい。

(1)　「1　目標」の中に，「音楽の幅広い活動を通して～」という文言
　　がある。「音楽の幅広い活動」を意味していることを答えなさい。

(2)　「2　内容」の中に，「A　表現　エ　音楽を形づくっている要素
　　を知覚し～」という文言がある。音楽を形づくっている要素は，
　　「テクスチュア」の他に7つある。「テクスチュア」の意味と，テク
　　スチュア以外の7つの要素を答えなさい。

(3)　「3　内容の取扱い」の中に，「創作の指導に当たっては，即興的
　　に音を出しながら音のつながり方を試すなど，音を音楽へと構成す
　　ることを重視するとともに，作品を記録する方法を工夫させるもの
　　とする」とある。この内容を指導するに当たり，どのような「配慮」
　　や「工夫」が必要か。「配慮」と「工夫」の語句を用いて答えなさ
　　い。

(☆☆☆☆◎◎◎)

【2】平成22年5月に文部科学省が通知した「小学校，中学校，高等学校
及び特別支援学校等における児童生徒の学習評価及び指導要録の改善
等について」における，新しい高等学校の芸術科音楽の評価の観点に
ついて，次の(1)，(2)の各問いに答えなさい。

(1)　評価の観点を4つ答えなさい。

(2)　今回の評価の観点の改訂で，特徴的なことを答えなさい。

(☆☆☆☆◎◎◎)

【3】次の(1)〜(6)の音楽用語の意味としてふさわしいものを，下のア〜
シからそれぞれ1つずつ選び，記号で答えなさい。

(1)　stringendo　　(2)　sostenuto　　(3)　rallentando　　(4)　risoluto

(5)　con sordino　　(6)　mezza voce

ア　弱音ペダルを使用して　　イ　半分の声で

ウ　だんだんせきこんで　　エ　力強い声で

オ　決然と　　カ　荘厳に

キ　だんだんゆるやかに　　ク　音の長さを十分に保って

ケ　すぐに遅く　　コ　弱くしながら，だんだん遅く

サ　弱音器を使用して　　シ　いままでより速く

(☆☆☆◎◎◎)

【4】日本や世界の伝統音楽・伝統芸能に関する説明である。(1)〜(6)の
説明に当てはまる語句を答えなさい。

(1)　江戸時代に上方を中心に発展した歌曲。

(2)　義太夫節を主に用いて，太夫，三味線，人形遣いで成り立つ伝統
芸能。

(3)　民謡「黒田節」が伝わる都道府県名。

(4)　古代叙事詩「ラーマーヤナ」を基にした合唱舞踊劇。

(5)　アリランのリズム伴奏で用いる，竹のばちで叩く朝鮮半島の代表
的な大型の鼓。

(6)　本来は「福音」という意味を表す，「コール・アンド・レスポン

193

ス」という唱法が特徴的な音楽。

(☆☆☆◎◎◎)

【5】次の(1)〜(5)の語句について，その内容を含めながら説明しなさい。

(1)　ポリフォニー　　(2)　ソナタ形式　　(3)　交響詩

(4)　十二音技法　　　(5)　掻き爪

(☆☆☆◎◎◎)

【6】次の楽譜はある歌曲の一部分である。下の(1)〜(4)の各問いに答えなさい。

(1)　この曲名の日本語訳を答えなさい。また，作曲者名をカタカナで答えなさい。

(2)　この曲には，「ラルゴよりやや速い」の意味の速度記号が書かれている。その速度記号をイタリア語で答えなさい。

(3)　この曲の歌詞の最後に "Cessa, crudel, tanto rigor!" と書いてある。日本語訳を答えなさい。

(4)　上記の楽譜をト音譜表上に，調号を用いて変ホ長調に移調して書き入れなさい。

(☆☆☆☆◎◎◎)

【7】次の(1), (2)の問いに答えなさい。

(1)　次のコードネームの和音を，ヘ音譜表上で，全音符で答えなさい。

①　Gaug　　②　Edim　　③　C7

(2)　以下の条件を満たしながら旋律を創作し，五線に書きなさい。

〔条件〕

・4分の4拍子。ト音譜表で，4小節で創作する。

・「C→G→Am→Em→F→G→C」のコード進行とし，コードネームは創作した旋律の上に適切な場所に記入する。

・最終小節以外の小節では，必ず和声音と非和声音を用いること。
・5度以上の跳躍進行を，1回以上使用すること。

(☆☆☆◎◎◎)

二次試験

【中学校】

【1】現行の「中学校学習指導要領　第5節　音楽」の　第2　各学年の目標及び内容〔第1学年〕2内容　A表現　(3)創作　ア　において「言葉や音階などの特徴を感じ取り，表現を工夫して簡単な旋律をつくること。」とある。この内容を指導する際のポイントと展開例を述べなさい。

(☆☆☆◎◎)

【高等学校】

【1】平成21年3月に告示された高等学校学習指導要領(「音楽Ⅰ」A表現における器楽の内容)の中に，「ウ　様々な表現形態による器楽の特徴を生かし，表現を工夫して演奏すること。」と「エ　音楽を形づくっている要素を知覚し，それらの働きを感受して演奏すること。」という事項がある。我が国や郷土の伝統音楽の学習を充実する観点から，前述の2つの事項と関連付けて，和楽器を用いた器楽指導をする際には，どのような指導(授業)が考えられるのか。2つの事項それぞれについて具体的に述べよ。

(☆☆☆◎◎)

解答・解説

一次試験

【中学校】

【1】1　越天楽　　2　・舞楽　　・管絃　　3　ア，オ　　4　①　ウ
②　エ　　5　・留意点…我が国や郷土の伝統音楽及び諸外国のさまざまな音楽の共通点や相違点あるいはその音楽だけにみられる固有性などから，音楽の多様性を理解できるようにする。　　・批評文…(例)オーケストラで演奏された「越天楽」は，ハーモニーが美しく音色も澄みきっていた。それに対し，雅楽の「越天楽」は，それぞれが芯の強い明るい音色を出している。笙は天から差す光のようで日本の風景を想像できる。そのように，それぞれの楽器に個性があり，日本ならではの味わいを感じる。雅楽は，昔からある日本の自然を感じさせるようだ。これからも日本の伝統音楽に親しんでいきたいと思った。

〈解説〉1　放送された曲は，雅楽の代表的な曲として知られる「越天楽」である。　　2　「舞楽」は舞を伴うものであり，「管絃」は舞を伴わない器楽合奏のことである。解答例のほか「唐楽」「高麗楽(こまがく)」も正答といえるだろう。　　3　「越天楽」は管絃の代表曲で中国の唐より伝わったとされるが，年代，作曲者名などは不明である。よってイは該当しない。また，雅楽では，絃楽器(楽琵琶・楽箏)はリズムを担当し，管楽器(竜笛・篳篥〈ひちりき〉・笙)が旋律を担当するので，ウは誤りである。「越天楽」の拍子は「早四拍子(はやよひょうし)」であるので，エは誤りである。　　4　「鞨鼓(かっこ)」は2本のばちで皮の表面を打つ楽器である。②の「篳篥」はダブル・リードの縦笛(表に7孔，裏に2孔)である。主旋律を受け持つ。　　5　「留意点」の解答例は，学習指導要領解説の「事項 ウ」の説明として記載されている内容をもとにしたものである。「批評文」については，アの文の「根拠をもって批評する」ことに注目したい。学習指導要領によると，「根拠をもっ

て批評する」ことについて，批評の内容として，「① 音楽を形づくっている要素や構造」「② 特質や雰囲気及び曲想」「③ ①と②とのかかわり」「④ 気に入ったところ，他者に紹介したいところなど自分にとってどのような価値があるのかといった評価」の4点をあげている。これらの要素を盛り込みつつ，模範解答では，オーケストラと雅楽の「越天楽」の比較を取り上げている。

【2】1 ① 共通事項 ② 浜辺の歌 ③ 声 ④ 1(種類) ⑤ 旋律 ⑥ よさや美しさ 2 我が国の自然や四季の美しさの感じ取れるもの，我が国の文化や日本語のもつ美しさを味わえるものが含まれているから 3 変声に伴う不安や羞恥心をもつことがないよう配慮するとともに，声にはそれぞれの個性があること，自分の声に自信をもって表現することを大切にするような指導の工夫が望まれる。また，変声中の生徒に対しては，無理のない声域や声量で歌わせるように留意する必要がある。
〈解説〉1 この設問は学習指導要領をしっかり把握していれば正答できるであろう。①〜④は知らねばならぬものである。学習指導要領については頻出であるので，指導事項，配慮事項については，学年ごとの違いに目を向け，よく理解しておくようにしたい。 2 模範解答は，学習指導要領解説の「指導計画の作成と内容の取扱い」の配慮事項についての説明として記載されている内容である。 3 模範解答は，学習指導要領解説解説の変声期の生徒に対しての「配慮事項」の説明の内容である。指導事項，配慮事項については，こうした形式で問われることを想定し，説明をよく読み，理解を深めておきたい。

【3】1 ① タンギング ② 指打ち 2 ① 歌口 ② 管尻 3 ウ
〈解説〉篠笛についての出題である。篠笛を実習したことがない人にとっては難問と思われるが，1〜3の設問は基本的事項である。 1 篠笛には十二律の各調子に応じて12本の長さの種類があるが，設問文中の

「八本」とは，このうちの代表的な「八本調子」を指す。音域は，ほ
ぼハ長調の音域と同じである。簡音(7孔すべてを押さえた最低音)がイ
音で，ハニホの音が右手の小指から指孔順に離す音域である。篠笛は
7つの孔(すべて表側)があり，歌口から遠い順に，右手の小指(1孔)から
人さし指(4孔)，左手の薬指(5孔)…人さし指(7孔)と押さえる。①で留
意したいのは，篠笛はリコーダーと違ってタンギングせず，フーと息
を出すということである。つまり舌を使う技法はなく，②の「指打ち」
という，指で指孔をかるく打って音をきわ立たせる技法である。
2 「歌口」「管尻」は，尺八でも同じ名称となる。 3 ウが正答であ
る。右手の小指と人さし指は第1節の腹で押さえ，他の指は第2節の腹
で押さえる。

【4】1 ・作詞者…武島羽衣 ・作曲者…滝廉太郎 2 ソソドド
レドシラソ ミソドレミソレ
3

4 (例) 拍子や速度が生み出す雰囲気，歌詞の内容と旋律やリズム，
強弱とのかかわりなどを感じ取り，各声部の役割を生かして表現を工
夫すること。 5 ① 1番と2番 ② 32分音符 ③ f
〈解説〉「歌唱共通教材」にもなっている名曲「花」の楽譜が2つ示されて
いる。この曲を含め，歌唱共通教材の7曲については，指導のために
も十分に把握し，「弾き歌い」を含めて練習を重ねておくことが大切
である。 1 滝廉太郎作曲の歌唱共通教材曲には，ほかに「荒城の
月」がある。そのほかの作品についても2～3曲は知っておきたい。ま
た，略歴についても，教科書記載の内容を中心に確認しておこう。
2 この曲では，移動ド唱法による階名の指導も必要である。
3 ①の低声部の指導も重要である。正しく記譜できなければならな
い。 4 解答例は，学習指導要領解説の「内容の取扱いと指導上の
配慮事項」の歌唱の指導の内容の中に記載されているものである。7

曲の特徴や学習例などが簡潔に示されているので確認しておこう。解答例のほか，この曲を4分の4拍子のように誤って歌わせないこと，第1小節めの16分休符をしっかりとらえて歌わせることなど，具体的な配慮事項を入れるのもよいだろう。　5　①　間奏部分のピアノ譜及び後奏部分はしっかり覚えたい。　②　4分の2拍子であり，伴奏部分に32分音符が出てくることも生徒に知らせたい。

【5】1　①　五四五六五五四三　　②　為巾為斗　　2　・ヲの奏法名…押し手　　・音の高さ…音の高さは，巾の音の高さから半音上がる。

3

(弦名)・八　八七　六　五　　・七　七六　五　四　　・六　六五四　三　　・二　五　十

〈解説〉1　箏を平調子で，一の絃を$\dot{ホ}$音として「さくらさくら」を弾くときの①と②の絃名を答える設問である。平調子の調弦を知っていなければならないのは当然のことであり，その調弦の$\dot{ホ}$音を一として二・三・四……十・斗・為・巾となることがわかっていれば正答できる。　2　③の「押し手」は基本的な奏法である。「ヲ」と表記するのは「半音上げる場合」で，「弱押し」という。全音上げる場合は「オ」と表記し，これを「強押し」という。実演を通して覚えておきたい。3　「さくらさくら」の前奏を作って五線譜に書き，弦名も示す設問である。学習指導要領解説の第2学年及び第3学年の「創作」の指導事項アには「旋律をつくる手掛かりとして，平調子の特徴を感じ取って箏のための旋律をつくったり，既存の旋律の特徴を感じ取ってそれを基にして変奏するようにつくったりすることなども考えられる」とある。伝統音楽としての箏の旋律の創作にも慣れておきたい。

【高等学校】

【１】(1)「音楽Ⅰ」の学習を通して，歌唱，器楽，創作の各表現活動と鑑賞活動のいずれも扱うとともに，我が国及び諸外国のさまざまな音楽を教材として用いるなどして，生徒が幅広く音楽とかかわるようにすること。　(2)　・テクスチュアの意味…音と音との織りなす関係。・テクスチュア以外の7つの要素…音色，リズム，速度，旋律，強弱，形式，構成　(3)　指導にあたっては，創作に関する理論や技法の学習を先行させすぎたり，曲を完成させることのみをねらいにしたりすることなく，創作する楽しさや喜びを味わうことができるように配慮することが大切である。その上で，生徒が自由に音を出しながら音のつながりを試す中で，音楽を形づくっている要素の働きに気づき，それらが生み出す雰囲気などを感じ取り，創作する意欲が一層高まっていくように工夫する必要がある。また，五線譜だけでなく，図形楽譜的な記譜の方法や，コンピュータや録音機器等による記録方法の工夫も考えられる。

〈解説〉(1)　解答は，学習指導要領解説の音楽Ⅰの「目標」の中で説明されている内容である。目標に示されているとおり，音楽Ⅰでは「A表現」と「B表現」のどちらも扱うこととなるが，音楽Ⅱでは「A表現」の「歌唱」「器楽」「創作」のうち1つ以上を選択して扱うことができるとなっており，さらに，音楽Ⅲでは，「A表現」の「歌唱」「器楽」「創作」または「B鑑賞」のうち1つ以上を選択して扱うことができるとなっている。音楽Ⅰ・Ⅱ・Ⅲの違いを理解しておきたい。

(2)「音楽を形づくっている要素」は，中学校で新設された〔共通事項〕の内容である。学習指導要領の第1学年の〔共通事項〕の箇所に詳細に示されているので，確認しておこう。高校においても「音楽を形づくっている要素」の記述が「A表現」「B鑑賞」すべての領域にわたって示されているので，十分に把握しておかなければならない。

(3)　音楽Ⅰの「内容の取扱い」について，「配慮」と「工夫」の語句を用いて答えよ，となっており，学習指導要領解説を読んで理解していないと解答に苦慮するであろうと思われる。解答は，学習指導要領

解説の「A 表現」の「創作」に記述されているものである。音楽Ⅰ・Ⅱ・Ⅲについては，それぞれの指導事項，配慮事項の内容をよく理解しておく必要がある。

【2】(1)　・音楽への関心，意欲，態度　　・音楽表現の創意工夫　・音楽表現の技能　　・鑑賞の能力　　(2)　評価の観点が小・中学校と同じになった。

〈解説〉「評価の観点」については，国立教育政策研究所・教育課程研究センターによる指導資料「評価規準の作成，評価方法等の工夫改善のための参考資料　芸術〔音楽〕」で確認しておくとよいだろう。教師となって評価規準を設定し，生徒指導要録を作成するうえでも重要となる，学習活動における「評価の観点及びその趣旨」は十分に把握しておく必要がある。　(1)「評価の観点」は，4項目に整理されている。(2)　学習指導要領の改訂を受けて，「評価の観点」は小学校・中学校・高等学校で同じ観点が使われることとなった。

【3】(1)　ウ　　(2)　ク　　(3)　キ　　(4)　オ　　(5)　サ　　(6)　イ

〈解説〉音楽用語の意味を選ぶ設問であるが，特殊な楽語は入っていない。集中的に学習しておきたい。(1)は「ストリンジェンド」，(2)は「ソステヌート」，(3)は「ラレンタンド」，(4)は「リソルート」，(5)は「コンソルディーノ」，(6)は「メッツァヴォーチェ(メッザヴォーチェ)」と読む。mezza voceは声楽用語だが器楽にも応用される。

【4】(1)　地歌　　(2)　文楽(人形浄瑠璃)　　(3)　福岡(県)
(4)　ケチャ　　(5)　チャンゴ(杖鼓)　　(6)　ゴスペル

〈解説〉(1)「地歌」は目の不自由な人が創作・伝承した三味線音楽のことで，江戸唄に対し，上方(京都や大阪)の「土地の歌」という意味でこう呼ばれた。組歌以外は箏と合奏することが一般的であるため，今日では多くの曲目が三味線音楽であると同時に箏曲にも数えられる。(2)　17世紀に竹本義太夫が創始した「義太夫節」は三味線音楽で，人

形浄瑠璃(文楽)の音楽として知られる。　(3)　「黒田節」は，「越天楽今様」の旋律が民謡化されたものである。黒田藩の武士らによって作詞・愛唱され，酒席歌として普及した。　(4)　「ラーマーヤナ」は古代インドの長編叙事詩である。「ケチャ」はこの叙情詩を題材とする舞踊劇のことをいう。激しい叫び声とポリリズムが特徴的である。

(5)　「チャンゴ(杖鼓)」は朝鮮半島の民謡・劇楽の伴奏に用いる鼓で，細い杖(ばち)や手で打ち鳴らす。　(6)　「ゴスペル」は，本来は，新約聖書の四福音書の総称である。「ゴスペル・ソング」は20世紀後半にアメリカの黒人教会から生まれた福音歌で，黒人霊歌にジャズ，ブルースなどの要素が加わったものである。

【5】(1)　複数の声部(パート)が，それぞれ独自性を保ちながら進行する音楽。　(2)　提示部，展開部，再現部からなる複合三部形式。

(3)　管弦楽で演奏される標題音楽。形式は自由だが，多くは単一楽章で演奏される。　(4)　1オクターブに含まれる12の半音すべてを均等に使い，無調を組織化する技法。　(5)　箏の奏法の1つで，隣接する2本の弦を向こう側から手前にほとんど同時に弾く。

〈解説〉(1)　「ポリフォニー」とは，多声音楽のことで，独立の旋律による複数の声部の組み合わせからなる対位法的音楽のことである。

(2)　「ソナタ形式」は交響曲・ソナタ・協奏曲などの第1楽章に主に用いられ，提示部・展開部・再現部の3部からなる。これに，結尾部(コーダ)が付くこともある。　(3)　「交響詩」は，標題をもち，独立した，多くが単楽章の管弦楽曲を指す。交響詩の形式は，リスト(1811〜86年，ハンガリー)が創始した。　(4)　「十二音技法」とは，1オクターブの12の音を平等に用いることを原則とし，主音や調整を否定し，多くはこの原則で選んだ音の連続である「セリー」を基礎として作曲する音楽のことである。シェーンベルク(1874〜1951年，オーストリア)，ウェーベルン(1883〜1945年，オーストリア)らが本技法の代表者として知られる。　(5)　「掻き爪」は箏の奏法名で，隣接する2本の弦を中指で同時に弾く。

【6】(1) ・題名の日本語訳…愛しい私の恋人よ　　・作曲者名…ジョル
　ダーニ(ジュゼッペ・ジョルダーニ，トンマーゾ・ジョルダーニ)

(2)　Larghetto　　(3)　つれない仕打ちは，止めてくれ

(4)

〈解説〉(1)　「恋しき君」と高校用教科書に紹介されているイタリア古典
　歌曲の名曲である。ジョルダーニ(1743〜98・イタリア)作曲，作詞者
　は不明である。　　(2)　Larghetto(ラルゲット)である。スペルや読みも
　覚えておきたい。　　(3)　Cessa(やめてくれ)，crudel(むごい)，tanto(多
　くの)，rigor(苛酷)の訳で「むごい仕打ちは止めてくれ」の意味となる。
　(4)　ニ長調の楽譜を，半音上げた変ホ長調に移調する。

【7】(1)　①　G, B, D♯　　②　E, G, B♭　　③　C, E, G, B♭　(①
　〜③は根音→第3音→第5音の順に書いてなくても可)　　(2)　解答省
　略

〈解説〉(1)　コードネームについては頻出である。基本的なコードは確
　実におさえておこう。　　(2)　示された条件に沿って，4分の4拍子で4
　小節の旋律を作曲するという出題である。コード進行は基本的なもの
　である。平常からコード進行の創作に慣れておくことを心がけたい。

二次試験

【中学校】

【1】解答省略

〈解説〉学習指導要領の第1学年「A 表現」の「創作 ア」を指導する際の，
　ポイントと展開例を述べるという出題である。学習指導要領解説によ
　ると，アの内容の「言葉や音階などの特徴」の「言葉の特徴」として
　は抑揚，アクセント，リズムなどが，「音階の特徴」には，音階の構

成音によって生み出される独特な雰囲気などがあげられる。こうした特徴を感じ取り，それらをもとにしてどのような旋律をつくるのかを考えさせることが大切となる。また，「表現を工夫して簡単な旋律をつくる」ためには，「自己のイメージと音楽を形づくっている要素とをかかわらせながら，音のつながり方を試行錯誤して旋律をつくっていくことが重要である」とも記載されており，例として，「感じ取った言葉の抑揚やアクセントなどを手掛かりに旋律の音高を工夫したり，感じ取った言葉のもつリズムを手掛かりに旋律のリズムを工夫したりして，簡単な旋律をつくることが考えられる」とある。これらをヒントにポイントと展開例を考えたい。例としては，「伝統音楽の音階の雰囲気を感じ取り，楽器のための簡単な旋律をつくる」ことをポイントとし，例えば平調子の特徴を感じ取って箏のための旋律をつくったり，変奏するようにつくったりすることなどが考えられる。創作では，生徒の実態に応じた学習過程を工夫し，旋律をつくる楽しさや喜びを実感できるようにすることが重要であるので，その点に留意して展開例をつくることを心がけよう。なお，国立教育政策研究所の「評価規準の作成，評価方法等の工夫改善のための参考資料(中学校 音楽)」には，評価に関する事例が複数記載されており，展開例を考える上で参考になる。実践で活用できるよう読み込んでおくとよいだろう。

【高等学校】

【1】解答省略

〈解説〉高校学習指導要領・音楽Ⅰの「A 表現」の「器楽」の指導事項として示されたウ及びエについて，この2つの事項と関連付けて，和楽器を用いた器楽指導をする際の指導(授業)を具体的に述べよという出題である。学習指導要領解説によると，ウの文章の「様々な表現形態による器楽の特徴」とは，「我が国や諸外国の様々な音楽における独奏，二重奏や四重奏などの小アンサンブル，クラス全員での合奏などの形態によるそれぞれのよさや持ち味」を指す。その例として，「篠笛の独奏と，篠笛に太鼓や鉦(かね)などを加えたアンサンブルとを比

較して，趣が異なることを感じ取ること」があげられている。また，エの「音楽を形づくっている要素」とは，中学校学習指導要領の〔共通事項〕で示されているように，「音色，リズム，速度，旋律，テクスチュア，強弱，形式，構成など」を指す。学習指導要領解説によると，「知覚」とは，聴覚を中心とした感覚器官を通して音や音楽を判別し，意識することであり，「感受」とは，音や音楽の特質や雰囲気などを感じ，受け入れることである。その例として，「祭囃子を演奏する場合，笛，鉦，太鼓の音色に着目し，各楽器の奏法を様々に試しながら響きの変化を知覚し，それらの働きによって生み出される独特の雰囲気などを感受することによって，ふさわしい表現を工夫すること」があげられている。なお，指導を考える際には，音楽を形づくっている要素のうち，どの要素を学習の対象にするのかをまず決めておく必要がある。

2012年度　実施問題

一次試験

【中学校】

【1】放送で流される曲の一部を聴いて，次の1〜6の各問いに答えなさい。

1　この曲の曲名と作曲者を答えなさい。

2　この曲が作曲された時代は西洋音楽史のどの区分か。次のア〜オから1つ選び，記号で答えなさい。

　ア　現代　　イ　バロック　　ウ　ロマン派　　エ　古典派
　オ　中世・ルネサンス

3　この曲の通奏低音を奏でる鍵盤楽器は何か，答えなさい。

4　この曲は短い詩に基づいてつくられた曲であるが，その短い詩のことを何というか答えなさい。

5　4で答えた短い詩は，曲の場面を表している。次のA〜Eを演奏される順に並べ替えなさい。

　A　「小鳥は楽しい歌で春を歓迎する」
　B　「黒雲と稲妻が春の来たことを告げる」
　C　「春が来た」
　D　「そよ風と共に泉は音をたてて流れ出す」
　E　「嵐がやむと小鳥たちは再び歌い始める」

6　平成20年3月に告示された「中学校学習指導要領　音楽」において，第1学年の「2内容　B鑑賞」の指導事項に，「音楽を形づくっている要素や構造と曲想とのかかわりを感じ取って聴き，言葉で説明するなどして，音楽のよさや美しさを味わうこと。」と示されているが，「言葉で説明する」上で重要なポイントを述べなさい。また，そのことをふまえて，この曲のよさや美しさを述べなさい。

（☆☆☆○○○）

【2】 平成20年3月に告示された「中学校学習指導要領　音楽」の内容について，次の1〜3の各問いに答えなさい。

1　次の第2学年及び第3学年の目標を完成するために[　①　]〜[　④　]に当てはまる適切な語句をそれぞれ答えなさい。

(1)　音楽活動の楽しさを体験することを通して，音や音楽への興味・関心を高め，音楽によって生活を明るく豊かなものにし，[　①　]音楽に親しんでいく態度を育てる。

(2)　多様な音楽表現の豊かさや美しさを感じ取り，[　②　]，[　③　]して表現する能力を高める。

(3)　多様な音楽に対する[　④　]，幅広く主体的に鑑賞する能力を高める。

2　「中学校学習指導要領　音楽」において，第2学年及び第3学年の「2内容　A　表現」の歌唱の活動を通した指導事項として，次のア〜ウの3点が挙げられている。[　①　]〜[　③　]に適する内容を記入しなさい。

ア　歌詞の内容や曲想を味わい，[　①　]を工夫して歌うこと。

イ　[　②　]や言葉の特性を理解し，それらを生かして歌うこと。

ウ　[　③　]とのかかわりを理解して，表現を工夫しながら合わせて歌うこと。

3　用語や記号について，中学校で新たに取り扱うものを次の中から2つ選び，番号で答えなさい。

①　アクセント　　　②　スタッカート　　　③　フレーズ

④　タイ　　　　　　⑤　スラー　　　　　　⑥　五線と加線

⑦　**pp**　　　　　⑧　**mp**

(☆☆☆◎◎◎◎)

【3】 三味線の指導について，次の1〜6の各問いに答えなさい。

1　本調子で調弦するとき，どのような音で合わせるとよいか。楽譜に，一の糸から順番に全音符で書き入れなさい。ただし，一の糸をD音にとった場合とする。

2　次のア〜ウの音階から，三下がりのものを選び，記号で答えなさい。

3　次の ア 〜 オ に示す部分の名称を答えなさい。

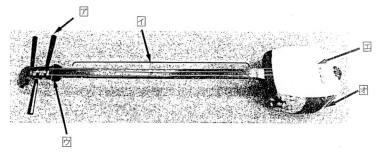

4　三味線は棹の太さを目安にして3種類に分類される。上記の三味線は，長唄で主に用いられる三味線であるが，太棹，中棹，細棹のどれか答えなさい。

5　三本の糸はそれぞれ太さが異なる。一番太い糸の名称を答えなさい。

6　三味線には基本的な弾き方として，糸にばちを打ち下ろして音を出す。他に「すくいばち(スクイ)」「はじき(ハジキ)」という奏法があるが，その二つの奏法をそれぞれ25字以内で説明しなさい。

(☆☆☆◎◎◎)

【4】次に示す共通教材「荒城の月」について，下の1～7の各問いに答えなさい。

1　この曲の作詞者と作曲者をそれぞれ漢字で答えなさい。

2　この曲の作曲者の代表作が中学校の歌唱共通教材としてもう一曲挙げられている。その曲名と作詞者名をそれぞれ漢字で答えなさい。

3　上の楽譜に♯を一つ加えて原曲と同じ旋律にするには，　ア　～　オ　のどの部分につければよいか，記号で選び答えなさい。

4　楽譜の①にあてはまる拍子を答えなさい。

5　楽譜の②の部分の階名を移動ド唱法で答えなさい。

6　平成20年3月に告示された「中学校学習指導要領　音楽」では，歌唱共通教材が何曲挙げられているか答えなさい。また，この歌唱共通教材を学習することの効果を答えなさい。

7　この曲の一番の歌詞とその大意をそれぞれ答えなさい。

(☆☆◎◎◎)

【5】平成20年3月に告示された「中学校学習指導要領　音楽」において，第1学年の「2内容　A表現(3)創作」の指導事項に，「ア　言葉や音階などの特徴を感じ取り，①表現を工夫して簡単な旋律をつくること。」と示されている。このことについて，次の1，2の各問いに答えなさい。

1　日本の音階「沖縄音階」を用いて旋律をつくる。まず，第一音をCで取った場合，残りの4音を楽譜に記入しなさい。そして，自然や季節を素材にした曲を作詞・作曲しなさい。(沖縄音階，4分の4拍子，8小節)

2　上記の①表現を工夫して簡単な旋律をつくるためには，どのようにして旋律をつくっていくことが重要であるか，55字以上70字以内で答えなさい。

(☆☆☆☆◎◎)

【高等学校】

【１】平成21年3月に告示された「高等学校学習指導要領　芸術」における音楽Ⅰの目標は，2点について改善を図っている。その2点とは何か，それぞれ答えなさい。

(☆☆☆◎◎◎)

【２】平成21年3月に告示された「高等学校学習指導要領　芸術」における音楽Ⅰの内容の中に，「B鑑賞　イ　音楽を形づくっている要素を知覚し，それらの働きを感受して鑑賞すること。」とある。下線部の「音楽を形づくっている要素」を明記した上で，「音楽を形づくっている要素を知覚し，それらの働きを感受して鑑賞すること。」とはどういうことか，説明しなさい。

(☆☆☆☆◎◎◎)

【３】次の(1)～(8)の音楽用語の意味を答えなさい。

(1)	leggiero	(2)	animato	(3)	sempre
(4)	grave	(5)	tempo rubato	(6)	appasionato
(7)	ad libitum	(8)	tranquillo		

(☆☆◎◎◎)

【４】次の(1)～(5)の語句(曲名も含む)は，日本の伝統音楽に関係ある用語である。箏に関するものにはA，尺八に関するものにはB，その他に関するものにはCを記入しなさい。

(1)　琴古流　　(2)　平家物語　　(3)　乱輪舌　　(4)　鹿の遠音
(5)　押し手

(☆☆◎◎◎)

【５】次の(1)～(5)の語句(人名や曲名も含む)について，説明しなさい。

(1)　グレゴリオ聖歌
(2)　武満　徹
(3)　長唄

(4) 木管五重奏(※標準的な楽器編成を書きなさい)

(5) 国民楽派

(☆☆◎◎◎)

【6】次の楽曲について，下の(1)～(6)の各問いに答えなさい。

(1) 曲名を答えなさい。

(2) この曲の作詞者を答えなさい。

(3) この曲の作曲者を答えなさい。

(4) この楽曲と同一歌詞(同一曲名)の作曲者を答えなさい。

(5) 曲の最初に示してあるLieblichとはどのような意味か，答えなさい。

(6) この4小節に続く5～10小節目を書き入れなさい。

(☆☆◎◎◎)

【7】次の楽譜は，レスピーギ作曲「シチリアーナ」の一部である。SR のパートはClarinet in B♭に，AR1のパートはAlto Saxophone in E♭に，AR2のパートはBassoonにそれぞれ書き換えなさい。

(☆☆☆◎◎◎◎)

二次試験

【中学校】

【1】平成20年3月に告示された「中学校学習指導要領　第5節　音楽」の第2　各学年の目標及び内容〔第1学年〕　2　内容　A表現　(1)アにおいて，「歌詞の内容や曲想を感じ取り，表現を工夫して歌うこと。」とある。歌唱共通教材を用いてこの内容の指導のポイントと展開例を述べなさい。

(☆☆☆◎◎◎)

【高等学校】

【1】音楽は現在，多方面にその存在意義が認められているが，国際理解やコミュニケーション力との関係について，考えを述べなさい。

(☆☆☆☆◎◎)

解答・解説

一次試験

【中学校】

【1】1　曲名…春　作曲者…ヴィヴァルディ　2　イ　3　チェンバロ　4　ソネット　5　C→A→D→B→E　6「言葉で説明する」上で重要なポイント…音楽を形づくっている要素や構造などを理由としてあげながら，音楽のよさや美しさなどについて述べること。その際，対象となる音楽が，自分にとってどのような価値があるのかを明らかにすることが重要。　よさや美しさ…「春」の情景がソネットと共に分かり易く展開され，ヴァイオリンソロと弦楽合奏及び通奏

低音の響きが心地良く，短い第1楽章ながら豊かな曲想に溢れた曲である。

〈解説〉1　ヴィヴァルディ作曲「和声と創意の試みより"四季"」の「春」であり，誰でもが親しんでいる名曲である。　2　ヴィヴァルディはJ.S.バッハやヘンデルより少し前の人。ヴァイオリンの名手であり，協奏曲を数多く作曲した。　3　和音構成を示すアラビア数字をもとに，即興的に伴奏するのが通奏低音である。　4　ソネットは14行詩といわれる短い詩のことで，13世紀，イタリアで始まった。

5　「春」は第3楽章まである(約10分)が，よく聴かれるのは第1楽章でC→A→D→B→Eのソネットの順に曲が流れる。

【2】1　①　生涯にわたって　　②　表現の技能を伸ばし　　③　創意工夫　　④　理解を深め　2　①　曲にふさわしい表現　　②　曲種に応じた発声　　③　声部の役割と全体の響き　3　③，⑦

〈解説〉1～2は，全て暗記するといった学習が必要である。特に，第1学年と第2～3学年に示されている記述を比較し，相違点とその理由などを理解しておきたい。例えば1の①「生涯にわたって」は第1学年の目標にはない。さらに「生涯にわたって音楽に親しんでいく態度を」が第2～3学年にはあるが，その理由として，音楽科は高等学校では芸術教科として選択科目になることが多く，音楽科の学習が中学校第2～3学年が最後となる生徒も多数いると考えられるため，音楽科目標「音楽を愛好する心情を育て」にも共通するためと考えられる。3の用語や記号については，小学校で取り扱うものを知っていないと戸惑うであろう。当然，中学校は小学校で学習したことと関連付けて行われるので，小学校学習指導要領を一通り学習しておくとよいだろう。

【3】1

2　イ　3　ア　糸巻　イ　棹　ウ　乳袋　エ　駒　オ　胴かけ　4　細棹　5　一の糸　6　スクイ…ばち先で糸を下から

上にすくい上げて音を出す。　ハジキ…左手の指で糸をはじいて音を出す。

〈解説〉1　三味線の調弦は，絶対音高ではない。一の糸と二の糸を完全4度に，二の糸と三の糸を完全5度に合わせるのが本調子である。したがって一の糸からD－G－Dの各音となる。　2　三の糸を本調子より，全音下げたイが三下がりである。　3　ウは「乳袋(ちぶくろ或いはちぶくらという)」，エは「駒(こま)」で，胴の皮の上へ駒を置いて弦を持ち上げることにより音が出る重要なもの。駒をセットすることを「駒をかける」と言う。オは「胴かけ」という。胴の枠の上にはめつけた布製のカバーのことで，胴に直接右手があたって腕からの湿気で皮が伸びたり，外れたりしないようにするためのもの。　4　細棹は，長唄や小唄などに使われる。　5　一の糸は最も太く，三の糸を3本摺り合わせて作られる。

【4】1　作詞者…土井晩翠　　作曲者…滝廉太郎　　2　曲名…花
作詞者…武島羽衣　　3　イ

4

5　ミミラシドシラ　ファレミミラ
6　7曲　　効果…我が国の自然や四季の美しさを感じ取れるもの，我が国の文化や日本語の美しさを味わえるものなどを含んでおり，道徳的心情の育成に資するものである。
7　歌詞
春高楼の　花の宴
めぐる盃　影さして
千代の松ヶ枝
わけ出でし
昔の光　今いずこ
歌詞の大意　(例)…春には，もとここにあった城の中で，にぎやかな花見の宴が行われたであろう。そして人から人へめぐる盃に，城壁の

大きな松の枝をわけくぐって，月の光がさしこんでいたに違いない…。
そんな，昔の面影はどこへいったのだろうか。

〈解説〉1～2 「荒城の月」と「花」の2曲が滝廉太郎作曲として共通教材
曲になっている。作詞者の土井晩翠と武島羽衣も，ぜひ正答しておく
べきであろう。 3 滝廉太郎の原曲では，2小節めの イ の旋律が半
音高かったが，山田耕筰が補作して半音下げた。 6 歌唱共通教材
の7曲については，実技テストで弾き歌いを実施する地域が多いので，
何度も練習しておく必要がある。

【5】 1 沖縄音階…

（沖縄音階）

作曲…解答略 2 （例） 自己のイメージと音楽を形づくっている要
素とをかかわらせながら，音のつながり方を試行錯誤して旋律をつく
っていくことが重要。

〈解説〉1 Cdurでドミファソシドの旋律を作るのは比較的やさしいが，
「作詞」で戸惑うだろう。沖縄の言葉でとは指定されていないので，
旋律に合う作詞をして仕上げたい。 2 解答例は，学習指導要領解
説に掲載されているものである。学習指導要領，および解説に関する
出題は試験対策だけでなく，将来教員になった際の授業等の指針とな
るものなので，十分に学習しておきたい。

【高等学校】

【1】①「音楽を愛好する心情」に「生涯にわたり」を加えた点。従前は
「音楽Ⅲ」の目標のみに示していたが，生涯学習社会の進展に対応し
て，「音楽Ⅰ」の目標にも明記した。 ②「音楽文化についての理解
を深める」ことを新たに加えた点。従前は「音楽Ⅱ」の目標に示して
いたが，今回「音楽Ⅰ」にも明記した。

〈解説〉高等学校学習指導要領は平成25年度入学生から，完全施行となっ

ていることから，ここ数年は改訂に関する出題が頻出になると思われる。学習指導要領の改訂点については新旧対照表などから分析・抽出し，改訂箇所を中心に学習するとよい。

【２】要素…音色，リズム，速度，旋律，テクスチュア，強弱，形式，構成　　説明…(例)　知覚は聴覚などで音や音楽を判別し意識することで，感受は音楽の特質や雰囲気を感じ，受け入れることである。反復，変化，対照などの音楽の構成原理を知覚し，それらが生み出す雰囲気や構成美などを感受しながら鑑賞することが重要である。

〈解説〉音楽を形づくっている要素は，中学校学習指導要領の改訂で新設された共通事項にも示されている。8つの要素については他地域でも出題されているので，注意が必要であろう。説明については〔共通事項〕に，「音楽を形づくっている要素や要素同士の関連を知覚し，それらの働きが生み出す特質や雰囲気を感受すること」とある。「知覚し，感受する」の語は高校・音楽Ⅰの(1)歌唱，(2)器楽，(3)創作及びB鑑賞に示されている重要なものである。解答例については学習指導要領解説を参照してほしい。

【３】(1)　軽く　　(2)　元気に速く　　(3)　常に　　(4)　重々しくゆるやかに　　(5)　テンポを柔軟に伸縮させて　　(6)　熱情的に　　(7)　自由に　　(8)　静かに

〈解説〉楽語は集中的に覚える，或いは小辞典を手元に置く，メモ・カードに書くなど，日頃からの学習がものをいう。(1)〜(8)はいずれも知っていなくてはならない基礎用語といえるだろう。

【４】(1)　B　　(2)　C　　(3)　A　　(4)　B　　(5)　A

〈解説〉(1)　琴古流は江戸中期の始祖を黒沢琴古(1710〜71年)とする尺八の流派である。明治29(1896)年に，中尾都山(1876〜1956年)が始めた都山派と2大流派といわれる。　(2)　鎌倉時代に成立した平家物語を琵琶の伴奏で語るものを，平曲または平家琵琶と言う。　(3)　乱(みだ

れ)とも呼ばれる八橋検校の作曲した箏曲で，正式には「乱輪舌(みだ
れりんぜつ)」という段物(純器楽曲)である。　(4)　「鹿の遠音」は尺八
の琴古流本曲の曲名である。　(5)　押し手は箏の左手の奏法(手法)で，
柱(じ)の左側部分で弦を押し下げて音を高めるもの。押し下げる強さ
により，いくつかの種類がある。

【5】(1)　ローマ・カトリック教会の伝統的な単声典礼聖歌のこと(モノ
フォニー，ア・カペラ)。　(2)　日本を代表する作曲家で，実験工房
を結成した。和楽器とオーケストラを組み合わせた「ノヴェンバー・
ステップス」が有名(「弦楽のためのレクイエム」，武満トーン)。
(3)　江戸時代に歌舞伎とともに発展した三味線音楽のこと(細棹，「京
鹿子娘道成寺」)。　(4)　フルート，オーボエ，クラリネット，ファゴ
ット，ホルン　(5)　民族的な題材や音楽語法を用い，自国の国民主
義的音楽を主張した(スメタナ，ドボルザーク，シベリウス，ムソルグ
ススキーなど)。
〈解説〉(1)　モノフォニーとは，伴奏をともなわない単旋律の音楽を指
し，グレゴリオ聖歌は最も洗練されたモノフォニーである。
(2)　武満徹(1930～96年)はその個性と鋭敏な感覚により注目され，多
くの分野で活発な活動をした作曲家である。「ノヴェンバー・ステッ
プス」は，ニューヨーク・フィルの創立125周年記念コンサートの委
嘱作品。「弦楽のためのレクイエム」，「カトレーン」などの作品のほ
か，映画音楽でも多くの作品を残した。　(3)　長唄は江戸長唄ともい
われ，歌舞伎と共に発達した三味線音楽。能の謡曲をとり入れた長唄
「勧進帳」や道成寺物が有名である。長唄では三味線は細棹(小型)が用
いられる。　(4)　フルート，オーボエ，クラリネット，ファゴットの
4つが木管楽器のセクションであるが，金管のホルンがやわらかな音
色で，表情力に富むので普通この5つで演奏される。　(5)　民族主義
ともいうべき，強く民族性をうたいあげた音楽の流れである。19世紀
後半から20世紀にかけてロシア，チェコ，ハンガリー，北欧のノルウ
ェー，フィンランドやスペインなどから代表的な作曲家が輩出された。

【6】(1)　野ばら　　(2)　ゲーテ　　(3)　シューベルト　　(4)　ヴェル
ナー(ウェルナーでも可)　　(5)　愛らしく

(6)

〈解説〉(1)～(3)　高校の教科書によく掲載されている名曲の「野ばら」
の楽譜で，ゲーテ作詞，シューベルト18歳の作曲である。　(4)　この
詞には多くの作曲家が作品を書いているが，シューベルトの作品とウ
ェルナー(1800～33年，独)の作品が特に有名である。　(5)「愛らしく」
の意で♩＝69である。　(6)　よく知られ愛唱される曲であり，確実に
正答したい。最後の音符には⌒が付く。この曲は10小節目で終りでは
なく，14小節まである。

【7】

〈解説〉「シチリアーナ」のリコーダー3重奏の楽譜を，クラリネットB♭
管，アルトサックスE♭管，バスーン用に書き換えよという移調楽器の
記譜の出題。ただし，バスーンは移調楽器ではないので移調しない。
移調楽器はB♭，E♭，F管が多い。実音と記譜が異なるので，次を理屈

なしに覚えるのがよい。

B♭管…実音の長2度上に記譜。

E♭管…実音の長6度上に記譜。

F管…実音の完全5度上に記譜。

　本問では，ソプラノリコーダーの楽譜をCl.B♭管用にするため，長2度高く，調号を用いて(♯2つ)記譜する。アルトリコーダー1ではAlt Sax E♭管用に長6度高く，♯3つの調に移調する。バスーンはそのままでよいが，ヘ音記号の使用が普通なのでヘ音譜表上に書く。F管(ホルンやイングリッシュホルン)の移調は本問ではないが，よく出題されるので知っておきたい。

二次試験

【中学校】

【1】〔例〕「花」(武島羽衣作詞，滝廉太郎作曲)を用いて，次のような指導を行う。　・同声2部合唱・ト長調・$\frac{2}{4}$拍子であることを意識しながら歌う…春の隅田川の情景を優美に表した曲であることを意識しながら歌う。原曲は同声2部合唱であるが，混声2部で，或いは歌うパートを交替して各声部の役割を生かした表現を工夫させる。　・歌詞の内容を想像させ，旋律・リズムにのせてすっきりと歌う…特にこの曲は$\frac{2}{4}$拍子にもかかわらず，$\frac{4}{4}$拍子になりがちである。速度が遅くならぬよう，また，2小節ずつの似ている旋律・リズムが微妙に違っていることに十分留意させ，16分休符を意識して歌わせる。　・全体を見通した強弱の工夫をどうするかなどを話し合い，少人数やグループで工夫しながら歌う練習をとり入れる…この曲は歌詞の1・3番が2部合唱で，2番が斉唱であることも考慮に入れながら，どのように歌うかを考えさせる。

【高等学校】

【１】(例)　国際化，情報化が進んだ現代社会にあって，我が国及び諸外国の様々な音楽の学習を通して，それぞれの文化を理解し，尊重する態度を育成することは深く国際理解につながる。音楽は，過去から現在までの国，地域，風土，生活や伝統などの影響を深く受けて生み出され，育まれたもので各々が固有の価値をもつ。音楽活動は，音によるコミュニケーションを基盤としたものである。生徒に音楽に対する思い，意図，イメージなどを相互に伝え合う活動を，表現・鑑賞ともに充実させ，音によるコミュニケーションに結び付けていきたい。

〈解説〉大きなテーマであるが，音楽を学ぶことと国際理解について，また，音楽活動とコミュニケーション力の育成について，自身の音楽教育に対する思いや考えを含めて記述したい。

2011年度 実施問題

一次試験

【中学校】

【1】放送で流される曲の一部を聴いて，次の各問いに答えなさい。

1 この曲の曲名と作曲者を答えなさい。

2 平成20年3月に告示された「中学校学習指導要領　音楽」において，「第2学年及び第3学年の目標と内容　B　鑑賞」の指導事項に，「ア 音楽を形づくっている要素や構造と曲想とのかかわりを理解して聴き，<u>根拠をもって批評する</u>などして，音楽のよさや美しさを味わうこと。」とある。この事項の下線部「根拠をもって批評する」ためには，どのような内容を指導することが大切であるか。四点答えなさい。

3 放送で流される曲を聴いて，「2」で答えた四つの内容を盛り込みながら，実際に批評文を書きなさい。

(☆☆☆☆◎◎)

【2】平成20年3月に告示された「中学校学習指導要領　音楽」の内容について，次の各問いに答えなさい。

1 次の文は「教科の目標」である。次の各問いに答えなさい。

表現及び鑑賞の幅広い活動を通して，[　ア　]を育てるとともに，[　イ　]を豊かにし，<u>A音楽活動の基礎的な能力</u>を伸ばし，[　ウ　]を深め，[　エ　]を養う。

(1) 上の[　ア　]～[　エ　]に入る言葉の正しい組み合わせを次の①～⑤から一つ選び，番号で答えなさい。

① ア　音楽に対する感性　　　　イ　音楽的な創造性
　 ウ　音楽文化についての理解　エ　音楽を愛好する心情

221

② ア　音楽を愛好する心情　　　イ　知識や技能
　 ウ　音楽に対する感性　　　　エ　豊かな情操

③ ア　音楽を愛好する心情　　　イ　音楽に対する感性
　 ウ　音楽文化についての理解　エ　豊かな情操

④ ア　音楽に対する感性　　　　イ　生徒の音楽性
　 ウ　音楽文化についての理解　エ　音楽を愛好する心情

⑤ ア　音楽に対する感性　　　　イ　音楽についての知識・技能
　 ウ　音楽に対する創造性　　　エ　豊かな心情

(2)　下線部Aの「音楽活動の基礎的な能力」とは，生涯にわたって楽しく豊かな音楽活動ができるための基になる能力を意味しているが，具体的には，どのようなことを示しているか。「知覚」と「感受」という言葉を使い，45字以内で簡潔に答えなさい。

2　次の文は，「第1学年の目標と内容　Ａ　表現」における歌唱教材の選択の観点の一部である。次の各問いに答えなさい。

　～②我が国の伝統的な歌唱のうち，地域や学校，生徒の実態を考慮して，[　①　]を感じ取れるもの

(1)　[　①　]にあてはまる語句を答えなさい。

(2)　下線部②は，具体的にはどのような歌唱を示しているか。例を三つ答えなさい。

(3)　下線部②について，授業の中でどのような展開を行えばよいか。例を挙げながら答えなさい。

3　今回の学習指導要領の改訂で新設された各学年の〔共通事項〕について，次の各問いに答えなさい。

(1)　〔共通事項〕の中で述べられている，「音楽を形づくっている要素」の8項目をすべて答えなさい。

(2)　次の①～⑧のうち，〔共通事項〕に示されていない音楽の用語や記号を一つ選び，番号で答えなさい。

　① Andante　② Moderato　③ Allegretto　④ rit.
　⑤ a tempo　⑥ acce1.　⑦ legato　⑧ dim.

(3)　〔共通事項〕で示されている音楽の用語や記号を指導する際に，

留意すべき点を簡潔に答えなさい。

(☆☆☆☆◎◎◎)

【3】筝の指導について，次の各問いに答えなさい。

1 平調子で調弦するとき，どのような音で合わせるとよいか。次の楽譜に，第1弦から順番に全音符で書き入れなさい。ただし，第1弦をE音にとった場合とする。

2 弦の名前は，第1弦から順に「一，二，三……」と呼ばれているが，第11弦，第12弦，第13弦の名前を漢字で答えなさい。

3 次に示す図は，筝の一部である。その名称と役割を答えなさい。

4 次の筝曲「六段の調」の楽譜で示されている奏法について，次の各奏法の名称を答え，どのようにして演奏するのか説明しなさい。

5 筝曲「六段の調」の作曲者を漢字で答えなさい。

(☆☆☆◎◎◎◎)

【4】次に示す「早春賦」について，下の各問いに答えなさい。

1　この曲の作曲者を漢字で答えなさい。

2　楽譜の①にあてはまる調号と，②にあてはまる拍子を，それぞれ答えなさい。

3　楽譜の3段目に音符を書き入れ，楽譜を完成させなさい。(調号も書き入れること。)

4　楽譜の　③　　④　にあてはまる適切な記号を答えなさい。

5　この曲の作詞者を漢字で答え，2番の歌詞を縦書きにし，歌詞の内容を中学生に分かるように説明しなさい。

6　平成20年3月に告示された「中学校学習指導要領　音楽」では，階名唱を行う際には適宜「移動ド唱法」を用いることが示されているが，そのねらいを答えなさい。

7　「早春賦」が共通教材として示されている理由を，学習指導要領の内容を踏まえながら答えなさい。

8　この曲を中学生に実際に指導するとき，〔共通事項〕の「音楽を形づくっている要素」のうち，生徒たちにどのような要素を意識させて歌わせたらよいか一つ選び，そのために具体的にどのような指導を行えばよいか答えなさい。

(☆☆☆◎◎◎)

【5】現行及び平成20年3月に告示された「中学校学習指導要領　音楽」においては,「第1学年の目標と内容」において「ア　言葉や音階などの特徴を感じ取り,表現を工夫して簡単な旋律をつくること。」と示されている。このことについて,次の各問いに答えなさい。

1　「言葉や音階などの特徴」のうち,言葉の特徴にはどのようなものがあるか。二つ答えなさい。

2　次の[　]に示す言葉の特徴をとらえ,4分の4拍子でリズム譜に表しなさい。(各音符の下に,対応する文字をひらがなで書き添えること。)

[心のこもった歌声を　学校中に届けよう]

3　アに示されている指導事項を実際に指導するに当たって,留意することを二つ答えなさい。

(☆☆☆◎◎)

【高等学校】

【1】現行学習指導要領の第2章　第7節　芸術　第2款　各科目　第1　音楽Ⅰ　目標　を書きなさい。

(☆☆◎◎◎)

【2】現行学習指導要領において,第2章　第7節　芸術　第2款　各科目　第1　音楽Ⅰ　3内容の取扱い(2)「音楽についての総合的な理解を深め,主体的な学習態度を育てるため,適切な課題を設定して学習することができる機会を設けるよう配慮するものとする。」とあるが具体的にはどのような取組であるか述べなさい。

(☆☆☆◎◎◎)

【3】次の(1)～(8)の音楽用語の意味を答えなさい。

(1)　agitato　　　(2)　comodo　　　(3)　con fuoco

(4)　marcato　　　(5)　ma non troppo　　　(6)　ritenuto

(7)　con brio　　　(8)　brillante

(☆☆☆◎◎◎◎)

【４】次の(1)～(5)の作品について作曲者名を下の(A)～(J)の中から選び，記号で答えなさい。

(1)　バレエ音楽「ペトルーシュカ」

(2)　パガニーニの主題による狂詩曲 op.43

(3)　歌曲「夢のあとに」op.71

(4)　映画「戦場のメリークリスマス」

(5)　幻想交響曲　op.14

(A)　坂本龍一　　　　(B)　シューマン

(C)　ヘンデル　　　　(D)　ヴィヴァルディ

(E)　ラフマニノフ　　(F)　ベルリオーズ

(G)　黛　俊郎　　　　(H)　ストラヴィンスキー

(I)　ヴェルディ　　　(J)　フォーレ

(☆☆◎◎◎)

【５】次の楽曲について下の(1)～(5)の問いに答えなさい。人名は漢字で答えなさい。

(1)　曲名を答えなさい。

(2)　作曲者名を答えなさい。

(3)　作詞者名を答えなさい。

(4)　後半の4小節を入れ曲を完成させなさい。

(5)　1番の歌詞を楽譜の下に記入しなさい。

(☆☆◎◎)

【６】次の歌唱法・演奏法について説明しなさい。

1　ホーミー

2　ヨーデル

3　合せ爪

4　アポヤンド奏法

5　むら息

(☆☆☆○○○)

【7】江戸時代に，三味線音楽は，人形浄瑠璃や歌舞伎等の伴奏で隆盛を極め，今日に至っている。下記の三つの調子(調弦)が主に用いられる。一の糸(最も低い弦)の基準音は人の声や合わせる楽器に応じて相対的に変えることができる。本調子，二上がり，三下がりについて，それぞれの一の糸の音を下の五線譜の(1)にしたとき，二の糸，三の糸の開放弦の音を五線譜に書きなさい。ただし，(2)には二の糸，(3)には三の糸を書きなさい。

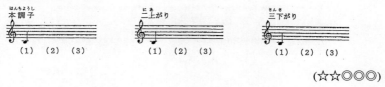

(☆☆○○○)

二次試験

【中学校】

【1】平成20年3月に告示された「中学校学習指導要領　第5節　音楽　第2　各学年の目標及び内容〔第1学年〕2　内容　A表現　(1)創作　ウ」において「声部の役割や全体の響きを感じ取り，表現を工夫しながら合わせて歌うこと。」とある。従前は「合唱する」となっていたが，今回の改訂で「合わせて歌う」となったことも考慮に入れて，この内容の指導のポイントと活動例を述べなさい。

(☆☆☆☆○○○)

【高等学校】

【1】現行の「高等学校学習指導要領　音楽Ⅰ」の内容の取扱いに関する

(3)で内容のA及びBの教材については，地域や学校の実態を考慮し，郷土の伝統音楽を含めて扱うよう配慮するものとする。とあるが，熊本の伝統音楽(熊本に古くから伝わる民謡など)をどのように取り扱うか考えを述べなさい。

(☆☆☆☆◎◎◎)

解答・解説

一次試験

【中学校】

【1】1　曲名……モルダウ(ブルタバ)　　作曲者……スメタナ

2　・音楽を形づくっている要素や構造　・特質や雰囲気および曲想・音楽を形づくっている要素や構造と，特質や雰囲気および曲想とのかかわり　・気に入ったところ，他者に紹介したいところなど自分にとってどのような価値があるのかといった評価　3　解答略

〈解説〉2　解答例は学習指導要領解説に掲載されているものであるが，生徒の主体的な感じ方を自分なりに批評し，客観的な根拠をもつように指導することが大切である。

【2】1　(1)　③　　(2)　音楽を形づくっている要素を知覚し，それらの働きが生み出す特質や雰囲気を感受することである。　2　(1)　伝統的な声の特徴　　(2)　民謡，長唄，謡曲，義太夫節，地唄・箏曲など(3)　声の音色や装飾的な節回しなどの旋律の特徴に焦点をあてて，比較して聴いたり実際に声を出したりして，これらの特徴を生徒一人ひとりが感じ取り，伝統的な歌唱における声の特徴に興味・関心を持つ

ことができるように工夫する。　3　(1)　音色，リズム，速度，旋律，テクスチュア，強弱，形式，構成　(2)　③　(3)　単に名称などを知るだけでなく，用語や記号などの大切さを生徒が実感できるように，音楽活動を通して理解できるように配慮する。

〈解説〉1　(1)　音楽科の目標については，どのような形式で出題されても正答しなくてはならない。本問は語句組み合わせの問題なので，難易度は低いであろう。　(2)　この二つの語句は，〔共通事項〕の指導事項にも大きなポイントとして示されている。諸々の音楽の要素を「知覚」し，それらの働きが生み出す特質や雰囲気を「感受」することが基礎的な能力であることをおさえておきたい。　2　(1)　歌唱教材の選択の観点として「(イ)民謡，長唄などの我が国の伝統的な歌唱のうち，……」と示されている……の部分の語句を答える設問。新学習指導要領をしっかり学習しておく必要がある。　(2)　日本の伝統音楽は歌唱が主体となって発展してきただけに，その種目は数多く挙げられる。　3　(1)　新設の〔共通事項〕については，これからも出題されることが予想されるだけにしっかり学習しておきたい。

(2)　共通事項に示されている速度の用語は，Andante，Moderato，Allegroの三つである。

【3】1

2　第11弦……斗　第12弦……為　第13弦……巾　3　名称……柱　役割……柱の位置を調整して，音程を変える(調弦)。　4(名称・説明の順)　①　引き色・弾いた後その弦を左手でつまんで，柱の方に引き寄せて張力を弱めて，余韻の高さを下げる。　②　押し手(強押し)・左手で弦を押し，音の高さを上げる。　5　八橋検校

〈解説〉箏についての出題で，1及び2の調弦とその名称は知っていなければならない基本である。3の柱(じ)についても同様。4は箏の奏法と名

称の問題。⦿は音を延ばす，ヒは「引き色」，②のオは「押し手」など実習を通して学習しておきたい。5の八橋検校(1614〜85)は，山田流や生田流など近世箏曲の祖といわれている。

【４】1　中田章　　2　調号……　　　　　　拍子……$\frac{6}{8}$

3

4　③　**pp**　　④　*rit.*

5　作詞者……吉丸一昌　　歌詞……

> 氷解け去り葦は角ぐむ
> さては時ぞと
> 思うあやにく
> 今日もきのうも　雪の空
> 今日もきのうも　雪の空

説明……氷が解け去って，葦の新芽が小さな角のように出る。それではもう春が来たのだなと思うけど，あいにく今日も昨日も雪の空が広がっている。　6　相対的な音程感覚などを育てるため　7　この曲が，我が国の自然や四季の美しさを感じ取れる曲であり，かつ我が国の文化や日本語のもつ美しさを味わえる曲であるから。

8　要素……拍子　具体的な指導……強拍の部分を意識するように促し，8分の6拍子の流れるような雰囲気を指導する。例えば，体を波のように揺すらせたり，指揮をさせたりする。

〈解説〉歌唱の共通教材7曲の中の1曲「早春賦」(吉丸一昌作詞・中田章作曲)についての楽譜及び設問である。　2，3　変ホ長調で$\frac{6}{8}$拍子である。旋律を正しく楽譜に書くこと。　4　③は強弱記号であり，***p***あ

るいは**pp**かと迷うであろうが，④は*rit.*であると知っておきたい。
5　2番の歌詞の「あしはつのぐむ」や「あやにく」などは，普段使わない言葉だけに意味をしっかりつかんでおきたい。　6　移動ド唱法とそのねらいを確認しておく。固定ド唱法が器楽に適していることに触れるのもよい。　7　学習指導要領A 表現の(4)表現教材のイの(ア)では，「我が国で長く歌われ親しまれている歌曲のうち，……(略)」と示されている。　8　〔共通事項〕の指導事項に示されている音色，リズム，速度，旋律，テクスチュア，強弱，形式，構成などから選んで答えたい。

【5】1　抑揚，アクセント，リズム，音程などから2つ

2

$\begin{matrix}4\\4\end{matrix}$　♪♪♪♪♪　♪　♪　♪♪♪♪　♪　｜　♪♪♪♪　♪　♪　♪♪♪♪♪　｜

言葉 こころの こもった うたごえを　　がっこうじゅうに とどけよう

3　・生徒の実態に応じた学習過程を工夫し，生徒が旋律をつくる楽しさや喜びを実感できるようにすること。　・ふさわしい声や楽器の音域，音色，奏法などに留意して，声や楽器の旋律づくりを行うこと。
〈解説〉本問では現行学習指導要領と新学習指導要領に共通する内容について問われているが，新学習指導要領への移行時期が原則，平成24年度から全面実施となっていることから，現行学習指導要領と新学習指導要領の内容，および改訂点に関する出題が予想される。したがって，受験生としては改訂点などについても資料等で確認しておきたい。

【高等学校】

【1】音楽の幅広い活動を通して，音楽を愛好する心情を育てるとともに，感性を高め，創造的な表現と鑑賞の能力を伸ばす。
〈解説〉学習指導要領の目標に関しては，どのような形式で出題されても正答したいが，本問では全文記述させる形式になっているので，難易度としてはやや高いだろう。高等学校の新学習指導要領は，平成25年度入学生から年次進行で実施とされているので，目標や内容については，現行と新学習指導要領を比較して学習したい。改訂の目標では

「生涯にわたり音楽を愛好する心情を……」と示され，さらに，「音楽文化についての理解を深める」が新しく追加されている。「２　内容」のＡ表現，Ｂ鑑賞の指導事項の示し方も，新学習指導要領では詳細な記述になっているので注意したい。

【２】・音楽についての総合的な理解……特定の活動にのみ偏ることなく，それぞれの活動を相互に関連させた学習が行われること。　・主体的な学習態度……生徒の興味に偏ることなく，作品の楽譜を見たり，一部を演奏したり，他の作品と聞き比べたり作曲者の生涯や時代背景へと興味を広げること。　・適切な課題を設定して……グループ編成によるアンサンブル，興味関心に基づいた調べ学習や成果発表の学習活動を進める。など

〈解説〉解答例は現行学習指導要領解説書に述べられているものであり，本問に関してはおさえる程度でよいだろう。というのも，次年度以降の試験では新学習指導要領から出題される可能性が高く，また新学習指導要領への改訂で大きく変更された箇所でもあるからである。新学習指導要領は，現行学習指導要領よりも記述がすべて詳細で，その示し方も深められている。したがって，本問については，新学習指導要領を使って学習することをおすすめしたい。

【３】(1)　激しく，せきこんで　　(2)　気楽に，適宜に　　(3)　熱烈に，火のように　　(4)　はっきりと　　(5)　しかし，はなはだしくなく　　(6)　すぐに遅く，少し遅く　　(7)　いきいきと　　(8)　はなやかに，輝かしく

〈解説〉(1)〜(8)について，特に難問の用語はない。音楽用語は基礎的かつ頻出の問題であるため，集中して音楽用語を覚えることが大切である。

【4】(1) H　　(2) E　　(3) J　　(4) A　　(5) F

〈解説〉(1)　ストラヴィンスキーの「ペトルーシュカ」は，「火の鳥」「春の祭典」とともに1910〜13年にかけてパリでセンセーショナルな成功をおさめたバレエ音楽。　(2)　ラフマニノフのピアノと管弦楽のための作品で24の変奏曲形式。　(3)　フォーレの歌曲で1877年作曲，器楽用にも編曲されている。　(4)　最近では，映画のサウンドトラックやミュージカルの作曲者等も出題されている。代表的なものはおさえておきたい。　(5)　ベルリオーズが1830年作曲。恋人を表す旋律を「イデー・フィクス(固定楽想)」として使用した。

【5】(1)　赤とんぼ　　(2)　山田耕筰　　(3)　三木露風

(4)・(5)

〈解説〉よく知られている名曲であり，後半の4小節の楽譜の完成や1番の歌詞の記入など，難易度としては低い。こういった問題ではケアレスミスによる減点が後々に響く可能性があるため，確実に正答すること。

【6】1　モンゴルの自然倍音を活用した独特の歌い方。低音で一定の音をうなるように歌うとき，のどや口の開け方を工夫することにより，歌っている音の中に含まれる自然倍音を強調して響かせる技法。2　スイスやオーストリアのアルプス山脈一帯で行われる，胸に響かせる声と高い音を巧みに使い分ける歌い方。　3　箏の演奏法の一つで親指と中指で2本の弦を同時に弾く奏法。　4　弾いた指が，隣の弦に触れて止まる奏法。　5　篠笛や尺八の奏法で息の音(息のノイズ)を聴かせる奏法。

〈解説〉1及び2は特殊な発声法・歌唱法による民謡で知られる。3は箏の

右手の奏法の一つで，他にもスクイ爪(弦を手前にすくい上げる)，流し爪(高音からのグリッサンド)，引き連(低音からのグリッサンド)などたくさんある。実習を通して学習したい。4はギターの奏法で主にクラシックギターでのもの。隣の弦に指を止めずに空中へ浮かせる奏法はアル・アイレ奏法(アイレとはエアと同義で空中のこと)という。

5　尺八の音のような息，息のような音の奏法。メリ(音高を少し下げる)，カリ(音高を少し上げる)，ユリ(音を揺らす)なども知っていたい。

【7】

本調子　(1)(2)(3)　二上がり　(1)(2)(3)　三下がり　(1)(2)(3)

〈解説〉(1)の本調子は三味線の基本的な調弦法で，第1弦と第2弦との音程が完全4度，第2弦と第3弦が完全5度である。二上がりは第2弦を本調子より長2度上げる。三下がりは本調子の第3弦を長2度下げる調弦法である。

二次試験

【中学校】

【1】解答略

〈解説〉「合わせて歌う」と改訂された理由は，歌唱教材として西洋音楽的な合唱のみならず，我が国や郷土の伝統音楽を含む多様な曲種を取り扱うからであり，また「声部の役割」についても歌声の各声部だけでなく，伴奏，民謡などのかけ声・囃しことばなども大切な声部であることを認識し，「声部の役割や全体の響き」を生徒が感じ取って表現を工夫する活動が求められているからである。本問では「合わせて歌う」の説明と共に，(1)ウの指導のポイント及び具体的な活動例の記

述も重要であろう。歌唱活動についての指導について述べ，活動例では郷土の民謡などを含めた教材曲への意欲を示すこと。

【高等学校】

【1】解答略

〈解説〉現行の学習指導要領・音楽Ⅰの内容の取扱い(3)に「表現及び鑑賞の教材については，地域や学校の実態を考慮し，郷土の伝統音楽を含めて扱うよう配慮するものとする」と示されている。熊本の伝統音楽(民謡など)をどのように取り扱うかを述べる出題である。音楽的には価値の低いものととらえられる面があった郷土に伝承されてきた音楽は，我が国の音楽文化を支える重要な基盤の一つである。地域に伝わる民謡や郷土芸能の音楽を重要な教材として扱っていきたい。熊本には有名な民謡が数多くある。「おてもやん(熊本甚句)」「田原坂」「キンキラキン」など熊本市近辺の民謡，「五木の子守唄」(球磨郡五木村)や「よへほ節」(山鹿市)，「牛深ハイヤ節」(天草・牛深地方)など。それらを教材として生かした和楽器を活用しての表現活動や，伝承者を招いて実演の鑑賞会など，教師になってから取り上げたい活動を意欲的に記述すべきである。和楽器や伝統音楽などの実習体験があればそれにも触れて，この出題に積極的な姿勢で論述したい。

一次試験

【中学校】

【1】放送で流される曲を聴いて，次の(1)～(6)の問いに答えよ。

(1) 何という楽器で演奏されているか答えよ。

(2) この楽器を絵で描け。

(3) この楽器と同じ仕組みで音が出る(　　　)内の楽器の組み合わせはどれか，下の①～⑤から一つ選び，番号で答えよ。

(ア　ケーナ　　イ　フルート　　ウ　笙　　エ　篳篥)

① アとイ　　② アとウ　　③ アとエ　　④ イとウ

⑤ イとエ

(4) この楽器の主な奏法ア～エの名称を下の①～⑥から一つずつ選び，番号で答えよ。

ア　あごを引いて吹く(音が下がる)

イ　息を強く吹き入れてかすれた音を出す

ウ　あごを上下左右に揺らして吹く

エ　あごを出して吹く(音が上がる)

① メリ　　② ハリ　　③ ムラ息　　④ カリ　　⑤ ユリ

⑥ コロコロ

(5) この曲を聴いて，平成20年3月に告示された「中学校学習指導要領　音楽」の〔共通事項〕の音楽を形づくっている要素(音色，リズム，速度，旋律，テクスチュア，強弱，形式，構成など)の中から知覚したことと，それらの働きから感じ取った特質や雰囲気について述べよ。

(6) 我が国や郷土の伝統音楽のよさを味わわせ，我が国の音楽文化に愛着をもたせるために，音楽の授業でどのような工夫をしたいと考

えているか述べよ。

(☆☆☆◎◎)

【2】平成20年3月に告示された「中学校学習指導要領　音楽」に関する
記述のうち，(1)〜(3)の下線部①〜⑤で誤っているものをそれぞれ二つ
ずつ選び，番号で答えよ。

(1)　共通事項について

- ・　①〔共通事項〕は，表現及び鑑賞の各活動の支えとなるものと
して，共通に指導する内容である。したがって，〔共通事項〕の
内容は，②表現や鑑賞の活動と切り離し，それぞれ単独でも指導
する必要がある。

- ・　現行の学習指導要領でも，音楽を形づくっている要素として，
音色，リズム，速度，旋律，テクスチュア，強弱，形式，構成な
どが示されていたが，③新学習指導領では，これらが構成要素と
表現要素に分けて示されることとなった。

- ・　④音楽の「特質」とは，音や音楽がもつ特徴的な性質であり共
通に感受されやすく，⑤「雰囲気」は，その時々の状況などによ
って一人一人の中に自然と生まれる気分やイメージなどを包含し
ていると考えられる。

(2)　歌唱(第2学年及び第3学年　A表現(1)－イ曲種に応じた発声や言葉
の特性を理解して，それらを歌うこと)について

- ・　①第1学年における「曲種に応じた発声」の学習を更に充実す
るとともに，言葉の特性について考え，②曲種に応じた発声の技
能向上や言葉の特性の理解を深めていくことが大切となる。

- ・　例えば，我が国の伝統的な歌唱の一つである③長唄の発声，言
葉と節回しとのかかわりなどの特徴を理解し，それらを大切にし
た表現をしたり，諸外国の歌唱を取り上げたりする。

- ・　④本来の持ち味がより的確に表現できるように創意工夫して歌
うことが重要であり，⑤少なくとも2通り以上の発声の方法を身
に付けることが必要である。

(3)　内容の取り扱いと指導上の配慮事項について
- 　各学年の「A表現」の(4)のイの(ア)の歌唱教材については，以下の共通教材の中から①3年間を通して3曲以上を含めること。(共通教材：②「赤とんぼ」「荒城の月」「早春賦」「夏の思い出」「花」「花の街」「浜辺の歌」)
- 　和楽器については，その指導を更に充実するため，③中学校第1学年から第3学年までの間に2種類以上の和楽器を扱い，我が国や郷土の伝統音楽のよさを味わうことができるよう工夫すること。
- 　読譜の指導については，④♯や♭がもつ臨時記号としての半音を上下させる働きのほか，調号としての役割があることを理解させ，⑤主音の位置を知ることによって，移動ド唱法による読譜も可能となる。

(☆☆☆☆◎◎◎)

【3】平成20年3月に告示された「中学校学習指導要領　音楽」には，旋律をつくるための手掛かりとして「言葉の特徴」が示されている。中学1年生が言葉のリズム・抑揚・アクセントに往目し，創作に興味を持つように，学校行事に関係する詩と旋律の例を創作せよ。ただし下の例の言葉とリズムから1小節以上を取り入れ，4分の4拍子，ハ長調で12〜16小節の曲として完成させること。

(例)

(☆☆☆◎◎)

238

【4】 次の楽譜(ある歌曲の途中の部分)を見て，下の(1)～(3)の問いに答えよ。

(1) 曲名を答えよ。

(2) 原曲の作詞者と作曲者を次の①～⑩からそれぞれ一つずつ選び，番号で答えよ。

    ① 滝廉太郎　　② 北原白秋　　③ ベートーヴェン

    ④ 山田耕筰　　⑤ 土井晩翠　　⑥ シューベルト

    ⑦ 江間章子　　⑧ シラー　　　⑨ 中田喜直

    ⑩ ゲーテ

(3) 平成20年3月に告示された「中学校学習指導要領　音楽」の〔共通事項〕の音楽を形づくっている要素の中から，音色，速度，旋律，強弱について，この曲ではそれぞれどのような点が指導のポイントとなるか答えよ。

(☆☆☆◎◎◎◎)

【5】「荒城の月」について，次の(1)～(4)の問いに答えよ。

(1) 作詞者，作曲者を次の①～⑩からそれぞれ一つずつ選び，番号で答えよ。

    ① 山田耕筰　　② 中田喜直　　③ 武島羽衣　　④ 土井晩翠

    ⑤ 江間章子　　⑥ 滝廉太郎　　⑦ 中田　章　　⑧ 三木露風

    ⑨ 黒沢吉徳　　⑩ 林　古溪

(2) 次の原曲の楽譜(冒頭から4小節)の空きの小節を正しい音符で埋めよ。

(3) 1番の歌詞を縦書きにし，歌詞の内容を中学2年生の生徒がイメージしやすいように説明せよ。

(4) 上で説明したイメージを表現するために，どのような指導をしたいと考えているか。平成20年3月に告示された「中学校学習指導要

239

領　音楽」の〔共通事項〕の音楽を形づくっている要素を用いて述べよ。

（☆☆☆◎◎◎）

【高等学校】

【１】今から流れる3曲の歌舞伎音楽を聴き，それぞれ次の(1)～(5)のどれに分類されるか。正しいものをそれぞれ一つずつ選び，番号で答えよ。

(1)　清元節　　(2)　義太夫節　　(3)　常磐津節　　(4)　新内節

(5)　長唄

（☆☆☆☆◎◎）

【２】現行の「高等学校学習指導要領　芸術」について，次の(1)～(3)の問いに答えよ。

(1)　高等学校学習指導要領の「芸術」の目標を受けて，「音楽Ⅰ」の目標は「音楽の幅広い活動を通して，音楽を愛好する心情を育てるとともに，感性を高め，創造的な表現と鑑賞の能力を伸ばす。」とある。

　「音楽Ⅰ」を履修した後に履修する「音楽Ⅱ」の目標は何であるか答えよ。

(2)　「音楽Ⅰ」の「2　内容　A　表現」に関して，「(1)歌唱　(2)器楽(3)創作」の指導事項をそれぞれ四つあげてある。「(2)器楽」と「(3)創作」について，指導事項をそれぞれ四つ答えよ。

(3)　「音楽Ⅰ」の「2　内容　A　表現」の「(1)歌唱」で「イ　視唱力の伸長」とあるが，視唱力とはどういうものを意味しているか。また，指導にあたっての工夫はどのようにするか答えよ。

（☆☆☆☆◎◎◎）

【３】次の(1)～(8)の音楽用語の意味を答えよ。

(1)　con moto　　(2)　tempo primo　　(3)　amabile　　(4)　comodo

(5)　maestoso　　(6)　pastorale　　(7)　risoluto　　(8)　tranquillo

（☆☆☆◎◎◎）

【4】次の(1)〜(6)の楽曲(民謡・民俗芸能)に関係のある都道府県名を答えよ。

(1) 江差追分　　(2) 刈り干し切り　　(3) 南部牛追歌

(4) 阿波踊り　　(5) こきりこ節　　(6) 八木節

(☆☆☆◎◎◎)

【5】次図の(1)〜(4)の関係調を答えよ。

(☆☆☆◎◎◎)

【6】ある楽曲を説明した次の文章を読んで，下の(1)〜(3)の問いに答えよ。

「この曲は，ロシアの有名な舞踏家リュビンスタイン夫人に依頼され，1928年に作曲されたバレエ音楽である。終始一貫するリズムにのって，旋律主題A・Bが形を変えずに反復する。楽器はしだいに数を増しながら厚みを加え，その多彩な音色とたゆみないクレシェンドによって緊張を高めつつ，最後のクライマックスを迎える。」

(1) この曲の曲名を答えよ。

(2) この曲の作曲者名を答えよ。

(3) この曲のリズム主題を書け。

$$\frac{3}{4}$$

(☆☆☆◎◎◎)

【7】次の曲はシューベルト作曲の「野ばら」の一部である。同じ高さで
　　演奏できるよう下の(1)，(2)に指定された楽器の移調譜を作成せよ。

　　(1)　Alto Saxophone in E♭
　　(2)　Horn in F

(☆☆☆◎◎◎◎)

二次試験

【中学校】

【1】平成20年3月に告示された中学校学習指導要領　第5節　音楽　第2
　　各学年の目標及び内容〔第2学年及び第3学年〕2　内容　A　表現　(3)
　　創作　イ　において「表現したいイメージをもち，音素材の特徴を生
　　かし，反復，変化，対照などの構成や全体のまとまりを工夫しながら
　　音楽をつくること。」とある。この内容を指導する際のポイントと活
　　動例を論述せよ。

(☆☆☆☆◎◎)

【高等学校】

【1】学習指導要領の音楽の目標を具現化するために取り入れたい楽曲
　　(教材)にはどのようなものがあるか，選曲した理由も併せて論述せよ。

(☆☆☆☆◎◎)

解答・解説

一次試験

【中学校】

【１】(1)　尺八

(2)

(3)　①　　(4)　ア　①　　イ　③　　ウ　⑤　　エ　④

(5)【知覚したこと】音色：尺八独特のかすれ，リズム：非拍節的，間，速度：一定でない，旋律：日本独特の旋律，テクスチュア：2本の尺八による吹き合わせ　　【特質や雰囲気】静かな林で，2頭の鹿が互いに呼び合っているような，とても日本的な雰囲気を感じた。

(6)　・楽器の構造の特徴を理解させ，独特の音色のよさを味わわせる。できるだけ本物の楽器に触れさせたり，GTを招いて生の演奏に親しませたりする。　・諸外国の音楽と比較すること等を通して，音楽とその背景となる文化・歴史等との関連が理解できる学習を計画し，興味・関心を高める。

〈解説〉放送で流れた曲は尺八本曲「鹿の遠音」であろう。それにつき(1)～(6)に答えるもの。　(3)　ケーナはラテンアメリカ(アンデス)の葦(あし)製のたて笛，フルートはよこ笛であるが，リードが無く吹口に息を吹いて音を出す仕組みは尺八と同じ。　(4)　尺八の奏法はよく出題されるので知っていたい。　(5)　解答例の中に2本の尺八や2頭の鹿などが出ているので，この曲は尺八本曲で知られる「鹿の遠音」の2

重奏と思われる。静かに耳を集中させるとその魅力が聴き取れる。

【2】(1)　②・③　　(2)　②・⑤　　(3)　①・③

〈解説〉中学校の新学習指導要領について，(1)〜(3)の各①〜⑤の記述から誤りのものを二つずつ選ぶもの。かなり学習を積まないと迷う設問である。　(1)　②の誤りは〈単独でも指導する必要〉であり，これは逆で表現と鑑賞の各活動において切り離さずに指導すべきものである。③の誤りは，構成要素と表現要素が現行学習指導要領で〈構造的側面〉と解説されていたが，新学習指導要領では〔共通事項〕の新設で「音楽の構造の原理」「音楽的な感受」「音楽を共有する方法(コミュニケーション)」の3つの観点から一連のものとして行うことを重視している。　(2)　②の誤りは〈技能向上〉の記述でそこまでは求められていない。この第2〜3学年は，イ「曲想に応じた発声や言葉の特性を理解して，それらを生かして歌うこと。」と示されている。⑤の誤りは〈2通り以上の…〉で，本来の持ち味がより的確に表現できるよう創意工夫して歌うよう求めている。　(3)　①の誤りは3年間と3曲以上であり，「各学年ごとに1曲以上」が正しい。③は「3年間を通じて1種類以上」が正しい。

【3】

〈解説〉詞と旋律の創作の出題。五線上での創作はやりにくいであろうが，詞も旋律も易しいものを考え，あまり時間をかけずに仕上げたい。

【4】(1) 魔王　(2) 原曲の作詞者　⑩　作曲者　⑥　(3) 音色：
1人の歌い手が4人の登場人物の様子をそれぞれの人物にふさわしい音
色に変えて歌う。　速度：一定の速度で家路に急ぐ父子の様子を表し
ている。最後は遅くなり，子どもの死を強調している。　旋律：短調
の旋律の中，3回出てくる魔王の部分の2回目までは長調で，魔王が怪
しく忍び寄る様子を表している。子どもは登場するごとに，出だしの
音が全音ずつ高くなり，恐怖心の高まりが表現されている。　強弱：
子どもの恐怖心の高まりをだんだん強くすることで表現している。

〈解説〉「魔王」(ゲーテ作詞・シューベルト作曲)の楽譜から，次の訳詞
の部分である。〔魔王〕「かわいい坊やおいでよ，面白いあそびをしよ
う」　この曲は通作歌曲の代表例で，中学校の授業で多くとりあげら
れる教材である。　(3) 音色，速度，旋律，強弱の指導のポイントで
は公開の解答例が参考になる。いずれかに，伴奏の効果の聴き取りや
有節歌曲と通作歌曲の違いなどの視点の指導も入れてほしい。

【5】(1) 作詞者　④　作曲者　⑥

(2)

(3)　歌詞縦書き

（傍線部は漢字）

昔の光　今いずこ
千代の松が枝わけ出でし
めぐる盃　影さして
春　高楼の花の宴

内容説明：春，お城の高い櫓では花見の宴が行われている。手から手
へと渡される杯には，月の光が映っている。古い松の木の枝の間から
差し込んでいたあの光は，今はどこへ行ってしまったのだろう。(昔の

栄光はどこへ行ってしまったのだろう。栄枯盛衰を歌い上げている。)

(4)　・速度は，速すぎず，落ち着いた速度を設定。　・強弱では，
＜　　＞を工夫させる。腹筋の支えを使うよう指導する。　　・旋
律は，短調の旋律を感じ取って表現させる。特に原曲の臨時記号によ
って独特の感じがする部分に注目させる。山田耕筰編曲のものと比較
したりする。

〈解説〉(2)　「荒城の月」は滝廉太郎作曲の原曲が，2小節めの4つめの音
に♯が付いていたことに留意したい。　　(3)　有名な詞であり，1番に
限らずすべての詞の説明をできるようにしておきたい。

【高等学校】

【１】1曲目　(1)　　2曲目　(5)　　3曲目　(2)

〈解説〉放送から(1)清元節，(2)長唄，(3)義太夫節の3曲の順番を答えるも
の。いずれも江戸時代の音楽で，中では(1)が聴き慣れない人が多いと
思われる。常盤節や新内節との違いも知らなくてはならず，難問とい
えよう。

【２】(1)　「音楽Ⅱ」の目標：音楽の諸活動を通して，音楽を愛好する心
情を育てるとともに，感性を高め，音楽文化についての理解を深め，
個性豊かな表現の能力と主体的な鑑賞の能力を伸ばす。

(2)〈器楽〉・いろいろな楽器の体験と奏法の工夫　・曲の構成及び曲
想の把握と表現の工夫　・視奏力の伸長　・合奏における表現の工夫
〈創作〉・いろいろな音階による旋律の創作　・音楽の組み立て方の
把握　・旋律に対する和音の工夫　・いろいろな音素材を生かした即
興的表現　　(3)　「視唱力」とは一般に楽譜を見て歌うことができる
力，すなわち楽譜を見て音程やリズム，フレーズ等を把握し歌うこと
のできる能力を意味する。視唱力は音楽を表現するための基礎的な能
力の一つであり高等学校においては，中学校における学習の上に立っ
て，更にその能力を伸ばすことが必要である。指導に当たっては，技
術的な訓練に偏ることなく，歌唱教材等との関連を図るなどの工夫を

する必要がある。その際，一人一人の視唱力の習熟度にも十分配慮する必要がある。

〈解説〉現行の学習指導要領からの出題で，(1)と(2)は示されているそのままの解答でよい。(3)の公開の解答例は，解説書に述べられている記述からの抜粋である。

【3】(1) 動きを付けて　(2) 最初の速さで　(3) 愛らしく
(4) 気楽に　(5) 荘厳に　(6) 牧歌ふうに　(7) 決然と・きっぱりと　(8) 静かに

〈解説〉音楽用語は常に小辞典を携帯するとか，集中して覚えるなどの努力がほしい。　(2)の tempo primo は tempo I とも書く。

【4】(1) 北海道　(2) 宮崎　(3) 岩手　(4) 徳島　(5) 富山
(6) 群馬

〈解説〉日本民謡の府県を答える設問。特に分かりにくい曲が出ているわけではないので正答できるよう努力したい。

【5】(1) イ長調　(2) ホ短調　(3) イ短調　(4) ニ短調

〈解説〉楽典の基本的な設問で，ハ長調が平行調である主調のイ短調が分かれば，他はすべて正答できるであろう。

【6】(1) ボレロ　(2) モーリス・ラヴェル
(3)

〈解説〉楽曲の説明からラヴェルの「ボレロ」と分かる人が多いと思われる。ユニークな名曲で，通俗化したともいわれるほどよく知られたバレエ音楽，リズムの2小節も中・高校の授業でよく扱われるもの。

【7】(1)　Alto Saxophone in E ♭

(2)　Horn in F

〈解説〉移調楽器の実音と記譜については，ふつうアルトサクソフォーン
　　　E♭管は実音の長6度上に記譜する。ホルンF管は実音の完全5度上に記
　　　譜する。公開の解答例では両方ともオクターヴ低い楽譜になっている。
　　　調が正しければユニゾンとみなし，両方とも正答になるものと思われ
　　　る。

二次試験

【中学校】

【1】解説参照

〈解説〉○創作は音楽活動の集大成となるもので，歌唱や器楽，鑑賞での
　　　学習がどのくらい身に付き，理解できているかと関連するものである。
　　　はじめから立派な完成を目指すのではなく，小さな単純なことから少
　　　しずつ広げて「つくる」ことへの意欲を高める指導をしたい。
　　　○イメージを持つためのヒントや参考になるものを提示する。例えば
　　　音の出るもの，声，言葉などを選び，イメージをもってそれを大切に

しイメージにふさわしい表現を工夫させる。音を音楽へと構成する反復や変化，対照などの原理を例示し，創作の始め方，中間，終わり方などを考えさせる。生徒が相互に評価し合う協力もとり入れる。

○音素材は声，楽器，文字，図，記号など――テープ録音も活用する(テープ録音は教師が協力し記譜する)。

○作品は途中の段階でもよいので発表させ，互いに評価し合い，完成をめざす。グループによる活動もとり入れ，「グループ作品」や発展させて「学級歌」「学級作品」，その発表などを実践したい。

【高等学校】

【1】解説参照

〈解説〉○現行の学習指導要領の科目(音楽Ⅰ・Ⅱ・Ⅲ)の目標の概要は次のものである。

①音楽の幅広い活動を通し，②音楽を愛好する心情，③創造的な表現と鑑賞の能力を伸ばす(音楽Ⅱ・Ⅲには④音楽文化の理解，尊重が加わる)。①はA表現(歌唱，器楽，創作)とB鑑賞の活動を全体的に学習できるよう示したものである。

○本出題の「取り入れたい楽曲(教材)」には，A表現の「歌唱」のみについて設問にこたえたい。

(1)　日本の名歌曲……詩(歌詞)と音楽の結び付きが重要な意味を持つ日本の歌曲を，詩の内容，語感を把握し，リズムやアクセント・強弱・速度・構成などの要素を生かしてどのように曲想豊かな歌唱表現にするかを指導したい。教材曲は多岐にわたり，現代作品の研究・開発は教師自ら実践せねばならぬが，山田耕筰作曲の名歌曲は忘れずに取り扱い，高校生にその魅力を教えたい。

(2)　イタリア・ドイツの歌曲……世界的にも有名なイタリア古典歌曲やカンツォーネを朗々と歌唱表現させたい。シューベルトを始めドイツの歌曲の魅力に触れその表現を。伊・独とも原語による歌唱を指導したい。

(3)　ポピュラーソング……日本・世界ともに多岐多様にわたるが，生

徒の意見や話し合いもとり入れ，身近に親しめて歌う喜びを味わえる学習を目指す。ミュージカルのヒットソングも扱い，できれば英語(原語)での歌唱も行いたい。

(4)　その他……日本の民謡，沖縄の民謡，諸民族の民謡などを適宜扱いたい。また，オペラのアリアの名曲を鑑賞と関連させて，その魅力をさぐりつつ歌唱させたい。

(5)　合唱曲……授業の生徒数(男女のバランス)に合った効果的な合唱教材曲さがしを常に進めて研究開発し，合唱の素晴らしさを表現させたい。

2009年度　実施問題

一次試験

【中学校】

【１】放送で流される曲の一部分を聴いて，次の(1)～(4)の問いに答えよ。

(1) 冒頭の伸ばし音の高さの変化を線によって表すと，次のア～エのどれになるかを記号で答えよ。また，その奏法の名称を答えよ。

(2) 作曲者と，作曲された時代，演奏されている楽器名を，漢字で答えよ。

(3) この曲全体の速度の変化をグラフで表現せよ。

(4) 速度がグラフのように変化することで，どのような演奏効果があると考えるか答えよ。

(☆☆☆☆◎◎)

【２】現行の中学校学習指導要領－音楽編－第2章　目標及び内容には，音楽の構成要素と表現要素として，それぞれどのようなものが書かれているか答えよ。また，教師が構成要素と表現要素を意識して授業に取り組むことにより，どのような効果があると考えるか述べよ。

(☆☆☆☆◎◎◎◎)

【３】日本の音階の分類には諸説あるが，今日では次の四つに分けて説明されることが多い。この中から一つの音階を選び，曲名を付けて，16小節程度の音楽を創作せよ。

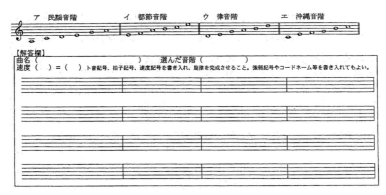

（☆☆☆◎◎）

【４】次の楽譜は，ある曲の一部分を簡易に表したものである。これを見て，下の設問に答えよ。

(1)　曲名と作曲者名を答えよ。

(2)　この曲の形式を答え，さらに上の部分はその型式の何という部分か名称を答えよ。

(3)　(2)の型式について，生徒が理解しやすいように図式化し，板書として書き示せ。

(4)　第1主題の動機は，各楽章でどのように使われ，楽曲全体にどのような印象を与えているか述べよ。

（☆☆☆☆◎◎◎）

【５】次の楽譜を見て，下の設問に答えよ。

(1)　曲名，作詞者，作曲者，曲の型式を答えよ。

(2)　第3学年で，この曲の指導計画を2時間扱いで作成し，次の表を完成させよ。学習指導要領との関連ではA－アのように，関連する内

容を下から選んで記入せよ。

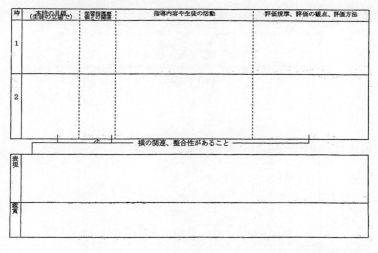

（☆☆☆☆◎◎◎）

二次試験

【中学校】

【1】中学校学習指導要領[音楽]の第2章第2節　A表現(3)第2学年及び第3学年の表現の内容アにおいて「歌詞の内容や曲想を味わい，曲にふさわしい歌唱表現を工夫すること。」とある。生徒が，自分がなぜこういうイメージや感情をもったのかという根拠を，歌詞や曲の仕組みの中に探すことができるような学習活動の展開について述べよ。

（☆☆☆☆◎◎◎）

解答・解説

一次試験

【中学校】

【１】(1)　記号　エ　　奏法　引き色　　(2)　作曲者　八橋検校
時代　江戸時代　　楽器名　箏

(3)

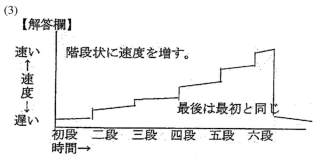

【解答欄】

速い←速度→遅い

階段状に速度を増す。

最後は最初と同じ

初段　二段　三段　四段　五段　六段
時間→

(4)　・段が進むごとに，速度が速くなることにより，聴く人が曲に引き込まれていくような感じを与える。　・曲の最後は，初めと同じ速さに戻ることで落ち着いた感じを与える。

〈解説〉放送で流される曲の一部分を聴いて，(1)奏法を，(2)作曲者名とその時代及び楽器名を答える設問。しかし，(3)この曲全体の変化や(4)演奏の効果についての設問のために，曲全体を放送で流しているのかどうかは不明である。曲全体を放送していないとすれば，(3)と(4)についての答のためにはこの曲(八橋検校作曲「六段の調」)を知っていないと正答できないことになる。　(1)　箏の「引き色」――箏の左手手法の1つで，柱(ジ)の左側部分で弦をつまんで右の方に引き，音をわずかに低める技法。図ではエが正，であり，音色の余韻の変化が味わえる。　(3)　この曲は短い前奏の"テーントンシャーン"があり，続いてゆるやかな初段に始まって次第に速さを増し(各段は2/4拍子にして52拍子)，六段目の最後で再びゆるやかになり曲を閉じる。

【2】構成要素　音色，リズム，旋律，和声を含む音と音とのかかわり合い，形式　表現要素　速度，強弱　授業への効果　・ある<u>特定の要素について注目</u>させて鑑賞，表現に取り組むことにより<u>目標の焦点化を図る</u>ことができる。　・<u>構成要素・表現要素と，それらの働きによって生まれる曲想等との関連</u>に気付かせ，興味・関心を高めることができる。　・<u>注目させた要素について表現工夫</u>させることにより，具体的・効果的な表現方法や効果を理解させることができる。　・<u>評価</u>の観点や方法，評価基準を明確にすることができる。　(アンダーライン部分はキーワード)

〈解説〉現行学習指導要領の解説にはこの設問の，音楽の「構成要素」と「表現要素」についての記述を多く見ることができる。ここではそれらに関する解説を分析的に示すと次のようになる。

音楽

(1)構造的側面

「構成要素」……音色，リズム，旋律，和声を含む音と音とのかかわり合い，形式など

「表現要素」……速度，強弱など

(2)感性的側面──雰囲気，曲想，美しさ，豊かさ

(3)文化的側面──背景となる風土，文化・歴史，伝統

【3】評価基準　曲名，音階，速度記号を記入している。　ト音記号と拍子記号を正確に記入　○選んだ音階を使っている。　○リズム，拍数に間違いがない。　○旋律が不自然でない。

〈解説〉日本の音階はペンタトニック・スケール(五音音階)であり，諸説ある中でこの出題の4つに分けて説明されることが多い。この4つの音階から1つを選び，16小節程度の作曲を完成させたい。速度記号や拍子記号を忘れずに，*p*や*f*を入れるのもよいが，コードネームは五音音階では避けたほうがよいであろう。

【４】(1)　曲名　交響曲第5番ハ短調　　作曲者名　ベートーヴェン

(2)　形式　ソナタ形式　　部分の名称　展開部

(3)

(4)　第1楽章では，ほぼ楽章全体に第1主題が使われ，第2主題が提示される部分でも第1主題の動機が伴奏として使われている。このことにより1楽章全体に緊張感と統一感がもたらされている。第3楽章と第4楽章では，リズムを変えて使われているが，このことで，曲全体が統一され，動機のリズムが強く印象づけられる。(2つ以上の楽章について，具体的に記述していること)

〈解説〉(1)　有名な第5交響曲(ベートーヴェン)の第1楽章からの楽譜であることはすぐに分かるであろう。　　(2)　ソナタ形式の代表的作品であることもよく知られる。しかし，提示部が展開部かは迷う人が多いと思われる。この第1楽章全体は502小節であり，最初の提示部は124小節まで。ここにリピートがあり，曲は冒頭へ戻って提示部は繰り返される。　　出題の楽譜は129小節からの8小節であり，有名な第1主題が次々に変化し発展していく部分である。　　(3)　ソナタ形式についてはよく出題されるのでよく学習しておきたい。　　(4)　この曲は冒頭の動機が第1楽章全体に何回もくり返され変化・発展するだけでなく，第3楽章の19小節からホルンに**ff**で ♩♩♩｜♩.｜ の印象的なリズムのテーマが現れる。このような名曲についてはスコアを読みよく研究しておきたい。

【5】(1) 早春賦　作詞者…吉丸一昌　作曲者…中田　章
形式…二部形式

(2)

〈解説〉(1)　新学習指導要領において歌唱共通教材(7曲)の1つとして復活した「早春賦」の楽譜である。作詞・作曲者名を正しく覚えていたい。

(2)　指導計画2時間の作成を，現行学習指導要領の「表現」と「鑑賞」の指導事項(Aア～ク，Bア～エ)と関連させて書く出題である。

公開の解答例がきめ細かく記述されているので参考にしたいもの。

二次試験

【中学校】

【1】音楽を構成する要素に目を向ける活動を行う。楽曲のある部分を指定し，そこにどんな音楽を構成する要素が隠されているか考えていく。リズムかもしれないし，和声かもしれない，音色，旋律，強弱または言葉の意味かもしれない。様々な音楽を構成する要素が存在する中で，その構成要素を自分たちが工夫することで音楽をいかようにも表現す

ることが可能になる。もし構成要素を何も変化させず表現したら，ただののっぺらぼうの音楽になってしまう。ある部分のある要素に目を向けさせることで，表現するにも技能が必要であることが分かる。ある要素のみ変化をつけて歌ってみることや，ある要素のみに耳を傾けて聴き取ってみるなどの活動を行う。

〈解説〉音楽を構成する要素は表現する上でも鑑賞する際も非常に重要なものになる。人が音楽を知覚する際，音楽の構成要素を感じ取っているため，感情やイメージと直接的に結びついているものであるといえよう。

2008年度 実施問題

一次試験

【中学校】

【1】放送で流される曲の一部分を聴いて，次の(1)，(2)の問いに答えよ。

(1) 放送で流された旋律とその続きを楽譜の中に書き入れ，伴奏を創作せよ。

(2) この曲の曲名，作曲者，日本語の作詞者を答えよ。

(☆☆☆◎◎)

【2】次の文章は，現行の「中学校学習指導要領　第2章　各教科　第5節音楽」の「第1　目標」である。<u>下線の部分</u>について，どのような能力を指しているのかを説明せよ。

　　表現及び鑑賞の幅広い活動を通して，音楽を愛好する心情を育てるとともに，音楽に対する感性を豊かにし，<u>音楽活動の基礎的な能力</u>を伸ばし，豊かな情操を養う。

(☆☆☆☆◎◎◎◎)

【3】「大好きなもの」というテーマで題名をつけて作詞し，その歌詞にふさわしい拍子・速度・音階を「参考」の欄を参考に設定して，16小節程度の旋律を創作せよ。

(☆☆☆☆◎◎)

【4】次の楽譜を見て下の(1)～(3)の問いに答えよ。

(1) 曲名，作曲者を答よ。

(2) 楽譜中のA，Bの部分を演奏している楽器名を答よ。

(3)　作曲者は，この曲にどのような思いを込めているか，歴史的背景に触れながら説明せよ。

(☆☆☆◎◎◎◎)

【5】現行の「中学校学習指導要領　第2章　各教科　第5節　音楽」の「第3　指導計画の作成と内容の取扱い」に，「和楽器については，3学年間を通じて1種類以上の楽器を用いること。」とある。和楽器を効果的に活用して，次の条件を満たした題材を設定し，指導計画表を完成させよ。また，学習指導要領との関連では，A－アのように，関連する内容を下の表現，鑑賞の中から選んで記入せよ。

・郷土の音楽に親しむことができる内容であること。(この場合の郷土とは，解答者自身が郷土と感じている地域)
・生徒が和楽器を演奏する場面を設定すること。
・学習指導要領の表現A－オ，または表現A－カのどちらかの内容を必ず含むこと。

(☆☆☆☆◎◎)

二次試験

【中学校】

【1】「中学校学習指導要領　音楽」の「第1　目標」の中にある「音楽活動の基礎的な能力」を伸ばすとはどのようなことか具体的に述べよ。

(☆☆☆☆◎◎◎)

【2】「中学校学習指導要領　音楽」の「第2　各学年の目標及び内容〔第1学年〕　2内容　A表現　(1)ウ」において「楽器の基礎的な奏法を身に付け，美しい音色を工夫して表現すること。」とあるが，和楽器についてどのような指導例が考えられるか，楽器を設定し活動を具体的に述べよ。

(☆☆☆☆◎◎◎)

解答・解説

一次試験

【中学校】

【1】リスニングのため解答，省略

〈解説〉解答(例)を公開していないため，放送でどんな曲が流れたのかは不明。よく知られている名曲らしいが，次年度に受験する者のためにも解答(例)を公開して欲しいもの。全国的には公開している自治体が多い。

【2】「音楽を形作っている諸要素」を感受する能力のこと。その「諸要素」とは，音楽の「構成要素」(音色，リズム，旋律，和声，形式など)と「表現要素」(速度，強弱など)の①構造的側面と，②感性的側面(音楽の美しさ，曲想，雰囲気，豊かさなど)を備え，音楽をイメージをもって感じとる能力のことである。

〈解説〉解答例は学習指導要領の〈解説〉をまとめたものである。

【3】略

〈解説〉「大好きなもの」のテーマで作詞し，16小節程度の旋律を作曲せよという出題である。時間をあまりかけずに仕上げたいもの。

【4】(1)「ブルタヴァ(モルダウ)」——交響詩「我が祖国」から
作曲者：スメタナ　(2)　A：フルート　B：クラリネット
(3)　作曲者の祖国チェコはオーストリア帝国の強い支配のもとにあり，厳しい圧政を受けていた。独立した国への願いが強く，その思いをチェコを流れるブルタヴァ(モルダウ)川の流れに沿って，祖国の自然や周辺の情景をもとにオーケストラで表現している。

〈解説〉中学校の鑑賞教材の名曲として，また，合唱に編曲されてよく知

られている旋律である。交響詩「ブルタヴァ」は，①ビシェフラト，②ブルタヴァ，③シャルカ，④ボヘミアの牧場と森から，⑤ターボル，⑥ブラニークの6曲より構成されている。

【5】略

〈解説〉和楽器を活用した授業の指導計画を作成せよという出題で，使用する和楽器や題材名，教材名，指導の学年は任意となっている。和楽器では，箏，三味線，尺八，篠笛，和太鼓などが一般的に用いられるであろうが，学習指導要領の表現の指導事項Ａ－オまたはＡ－カの内容を含むことが条件となっているので，この解答としては「箏」を用いるのが適切であろう。箏の平調子調弦方法や「さくらさくら」などの演奏，平調子による即興的な旋律づくりなどの指導計画が考えられる。和楽器を活用した実践的な指導のあり方が問われている。

二次試験

【中学校】

【1】「基礎的な能力」とは，生涯にわたって楽しく充実した音楽活動ができるための基になる能力を意味する。それは，「音楽を形作っている諸要素」を感受する能力である。

　　その「諸要素」とは，音楽の①構造的側面—音色，リズム，旋律，和声，形式などの〈構成要素〉と，速度，強弱などの〈表現要素〉を指す。そしてさらに，音楽固有の②感性的側面—雰囲気，曲想，美しさ，豊かさなどがある。この①と②の「互いにかかわり合って成立している音楽」を感受する能力が「基礎的な能力」になる。

〈解説〉第一次で出題された設問とほとんど同じものである。解答例は，学習指導要領「解説」をまとめたもの。

【2】略

〈解説〉第一次で出題された設問とほとんど同じものである。和楽器を用
　いた指導例を述べるものであるが，第一次の解説を参照して欲しい。

2007年度	**実施問題**

【中学校】

【1】これから流される合唱演奏を聴き，次の(1)，(2)の問に答えよ。

(1)　中学校第2学年の生徒たちがこのような学級合唱をしたとき，どのような点を認め，ほめるかを具体的に述べよ。

(2)　この学級合唱をさらに高め，伸ばすために，音楽科教師として何を課題としてとらえ，どのように指導するかを三つ述べよ。

(☆☆☆☆◎◎)

【2】次の文章は，現行の「中学校学習指導要領　第5節　音楽」の「第1目標」である。下線の部分に入れるのにもっとも適当な語句をそれぞれ一つずつ記入し，文章を完成させよ。

　　＿＿の幅広い活動を通して，＿＿を育てるとともに，＿＿を豊かにし，音楽活動の基礎的な能力を伸ばし，＿＿を養う。

(☆☆☆◎◎◎◎)

【3】現行の「中学校学習指導要領　第五節　音楽」の「第1　目標」の中の「音楽活動の基礎的な能力」について次の(1)，(2)の問いに答えよ。

(1)　「音楽活動の基礎的な能力」について示した下の文章中の空欄(　　)に入れるもっとも適当な語句をそれぞれ一つずつ記入せよ。

　　「音楽活動の基礎的な能力」＝音楽を形作っている(　　)を感受する能力

　　音楽は，下の2つの側面が互いにかかわりあって成立している。

構成要素　　表現要素

(　　)的側面・・音色，(　　)，(　　)，和音を含む(　　)，(　　)，(　　)，(　　)強弱

(　　)的側面・・雰囲気，(　　)，(　　)，美しさ

　　構成要素と表現要素を(　　)し，それらの働きによって生まれる

264

(　　)や美しさを(　　)をもって感じ取る能力が，音楽科における「基礎的な能力」になる。

(2)　「音楽活動の基礎的な能力」を身に付けさせるということを念頭に置いて，中学1年生でヴィヴァルディ作曲「春」の鑑賞を2時間扱いで効果的に実施できるよう，下の指導計画表を完成させよ。

	身に付けさせたい「音楽活動の基礎的な能力」	指導内容や生徒の活動	評価規準や評価方法
第1時			
第2時			

(☆☆☆☆○○○)

【4】次の楽譜を見て，下の(1)～(4)の問いに答えよ。

(1)　曲名を答えよ。

(2)　この曲の作詞音名・作曲者名を答えよ。

(3)　上の楽譜の空いているところを正しく埋めて1番の第2フレーズまでを完成させよ。

(4)　第2学年または第3学年で，この曲を含めた複数の教材で題材を設定して4時間取り扱いで指導計画を作成し，次の表を完成させよ。学習指導要領との関連ではA－アのように，関連する内容をあとの「表現」「鑑賞」の欄から選んで，記入せよ。

題材名			教材名		
時	本時の目標 （生徒の立場で）	学習指導 要領との 関連	指導内容や生徒の活動		評価規準や評価方法
1					
2					
3					
4					

表現

A－ア　歌詞の内容や曲想を味わい，曲にふさわしい歌唱表現を工夫すること。

A－イ　曲種に応じた発声により，美しい言葉の表現を工夫して歌うこと。

A－ウ　楽器の特徴を生かし，曲にふさわしい音色や奏法を工夫して表現すること。

A－エ　声部の役割を生かし，全体の響きに調和させて合唱や合奏をすること。

A－オ　歌詞にふさわしい旋律や楽器の特徴を生かした旋律を作り，声や楽器で表現すること。

A－カ　表現したいイメージや曲想をもち，様々な音素材を生かして自由な発想による即興的な表現や創作をすること。

A－キ　音色，リズム，旋律，和声を含む音と音とのかかわり合い，形式などの働きを理解して表現を工夫すること。

A－ク　速度や強弱の働きによる曲想の変化を理解して表現を工夫すること。

鑑賞

B－ア　声や楽器の音色，リズム，旋律，和声を含む音と音とのかか

わり合い，形式などの働きとそれらによって生み出される曲想とのかかわりを理解して，楽曲全体を味わって聴くこと。

B－イ　速度や強弱の働き及びそれらによって生み出される曲想の変化を理解して聴くこと。

B－ウ　我が国の音楽及び世界の諸民族の音楽における楽器の音色や奏法と歌唱表現の特徴から音楽の多様性を理解して聴くこと。

B－エ　音楽をその背景となる文化・歴史や他の芸術とのかかわりなどから，総合的に理解して聴くこと。

(☆☆☆◎◎◎)

【高等学校】

【1】現行の「高等学校学習指導要領」について，次の(1)～(3)の問いに答えよ。

(1)　高等学校学習指導要領の「芸術」の目標には，「芸術の幅広い活動を通して，生涯にわたり芸術を愛好する心情を育てるとともに，感性を高め，芸術の諸能力を伸ばし，豊かな情操を養う」とある。これを受けて「音楽Ⅰ」の目標を答えよ。

(2)　「2　内容」の「B　鑑賞」について，その内容が四つあげられている。鑑賞の内容について四つ記入せよ。

(3)　「2　内容」の「A　表現　(1)　歌唱」の「ア　曲種に応じた発声の工夫」及び「(2)　器楽」の「ア　いろいろな楽器の体験と奏法の工夫」について，主としてどのようなものを扱うと書かれてあるか，述べよ。

(4)　「2　内容」の「A　表現」及び「B　鑑賞」の教材について配慮すべきことを述べよ。

(☆☆☆◎◎◎)

【２】次のそれぞれの楽器の譜面に記された音の実音を，その下の五線に音部記号・調子記号・全音符を用いて示せ。

(1)　Clarinet in A　　　(2)　Horn in F　　　(3)　String Bass

(4)　Trumpet in B♭　　　(5)　Alto Saxophone in E♭

(☆☆☆☆○○○)

【３】次の詞に平易な8小節の同声2部合唱曲を作曲せよ。ただし，コードネームを記すこと。また，「阿蘇」は自由に繰り返してもよい。

みどりの風　　白いけむり　　われらの宝もの　　阿蘇　阿蘇
・・・・・

(☆☆☆☆○○○)

【４】音楽を聴いて，曲名・作曲者名を記せ。また，演奏の形態について簡単に説明せよ。

	曲　名	作曲者名	演奏の形態について
1曲目			
2曲目			
3曲目			

(☆☆☆○○○)

【5】次の音楽用語の意味を答えよ。

　　agitato

　　brillante

　　con brio

　　scherzando

　　maestoso

　　　　　　　　　　　　　　　　　　　　(☆☆☆◎◎◎◎)

【6】次の語句に関係する国名を記せ。

　　ガムラン

　　ケーナ

　　シタール

　　アリラン

　　サンバ

　　バラライカ

　　　　　　　　　　　　　　　　　　　　(☆☆◎◎◎◎)

【7】次の旋律に平易なピアノ伴奏譜を作れ。また，コードネームを記せ。

　　　　　　　　　　　　　　　　　　　　(☆☆☆☆◎◎◎)

解答・解説

【中学校】

【１】省略

〈解説〉(2)の「課題としてとらえること」と「どのように指導するか」の記述例を，合唱曲名は不明であるが次に示す。

- ・合唱の声部のバランス，調和，歌詞の発音の工夫，曲想の表現などは適切か。それらの表現のためにどんな工夫をしたらよいか。
- ・男女の声部の比(人数)，声質など，そしてパートリーダー，伴奏者など，人間関係も含め全員で取り組めるよう留意を。
- ・曲の表現にふさわしい共鳴，姿勢，呼吸法，発声を工夫させる。
- ・全体のまとまりを大切に，協力し合って合唱をつくり上げる喜びを味わえるようにする。
- ・その他，曲の具体的な箇所の音程，強弱，*rit.* や ⌢• など表現の工夫をさせる。

【２】「表現及び鑑賞」「音楽を愛好する心情」「音楽に対する感性」「豊かな情操」

〈解説〉音楽の目標は受験する人すべてが覚えているべきものである。

【３】(1)　「諸要素」(構造)的側面…(リズム)，(旋律)，(音と音とのかかわり合い)，(形式)，(速度)　　(感性)的側面…(曲想)，(豊かさ)…(知覚)し，……(曲想)や美しさを(イメージ)を，もって……　　(2)　省略

〈解説〉(1)は学習指導要領の解説の記載そのままの出題である。解説には目標についての記載が解説書の4ページにわたっている。それらをすべて覚えるなどは無理でありその必要もない。が，目標に新しく加えられた語句については十分に理解しておきたい。その新たに加えられたのが「音楽活動の基礎的な能力」である。旧学習指導要領の「音楽性を伸ばす」の語句が削除され，「基礎的な能力」が改訂で入った

と考えてよい。　「音楽活動の基礎的な能力」＝音楽を形作っている〔諸要素〕を感受する能力，として〔構成要素〕＋〔表現要素〕の「構造的側面」がある。さらに，雰囲気，〔曲想〕，〔豊かさ〕，美しさなど「感性的側面」がある。その両者が「基礎的な能力」と深く結び付いていることと理解したい。

【4】(1)　「花」　　(2)　作詞者　武島羽衣　　作曲者　滝廉太郎
　　(3)

　　(4)　省略

〈解説〉長く歌われ親しまれている名曲「花」である。(3)の楽譜の感性は第2フレーズまでではあるが，旋律を正しく，𝄾を落とさずに記譜したい。(4)は省略としたが，4時間扱い，複数の教材に留意して指導計画を作成したい。

【高等学校】

【1】(1)　音楽の幅広い活動を通して，音楽を愛好する心情を育てるとともに，感性を高め，創造的な表現と鑑賞の能力を伸ばす。
　　(2)　ア　声や楽器の特性と表現上の効果　　イ　楽曲の歴史的背景ウ　我が国の伝統音楽の種類と特徴　　エ　世界の諸民族の音楽の種類と特徴　　(3)　我が国の伝統的な歌唱及び和楽器を含めて扱うようにする。　　(4)　地域や学校の実態を考慮し，郷土の伝統音楽を含めて扱う。
〈解説〉「音楽Ⅰ」の目標及び内容についての出題で，「内容の取扱い」を含めてよくつかんでおくことが求められている。

【２】

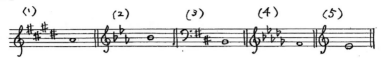

〈解説〉(1)　inAの記譜は実音の短3度上である。従って実音は短3度下となる。　(2)　inFの記譜は実音の完全5度上である。　(3)　コントラバスは記譜が1オクターヴ高い。　(4)　inB♭では記譜が実音の長2度上である。　(5)　inE♭では記譜が実音の長6度上である。

【３】省略
〈解説〉平易な8小節の同音2部合唱の作曲である。[7]にもピアノ伴奏の作曲があり，時間制約もあるのであまり時間をかけずに，コードネームを考えつつ2声部を作りたい。

【４】省略

【５】agitato…激しく　　brillante…はなやかに　　con　brio…生き生きと
scherzando…おどけて　　maestoso…荘厳に

【６】ガムラン…インドネシア(ジャワ島及びバリ島)　　ケーナ…南米アンデスからアマゾン地方の国々　　シタール…(北)インド　　アリラン…朝鮮(半島)　　サンバ…ブラジル　　バラライカ…ロシア
〈解説〉設問が「国名を記せ」となっているが，ケーナは南米アンデスやアマゾン地歩の尺八に似た葦製のたて笛で一つの国だけではない。

【７】省略
〈解説〉ピアノ伴奏の作曲でコードネームを記せとなっている。ピアノを弾きながらでも創作の場合は苦労するもの。紙の上だけで，時間を気にしながらの解答になるので，あまり凝らずに仕上げたい。

2006年度 実施問題

一次試験

【中学校】

【1】次の文は，中学校学習指導要領に示されている音楽科の目標である。下線の部分を埋めて完成させよ。

＿＿＿＿＿＿＿を通して＿＿＿＿＿＿＿を育てるとともに，＿＿＿＿＿を豊かにし，＿＿＿＿＿＿を伸ばし，＿＿＿＿＿＿を養う。

(☆☆☆◎◎◎)

【2】次の文は，学習指導要領の音楽科の目標の中の「音楽活動の基礎的な能力」について述べた部分である。①から⑯に適切な語句をあとの語群より選び記号で答えよ。

次に，今回の改訂で新たに加えられた「音楽活動の基礎的な能力」であるが，この「基礎的な能力」とは生涯にわたって楽しく（ ① ）した音楽活動ができるための（ ② ）を意味する。それは（ ③ ）を感受する能力である。

音楽は，（ ④ ），リズム，（ ⑤ ），（ ⑥ ），形式などの（ ⑦ ）要素と，速度，（ ⑧ ）などの（ ⑨ ）要素による（ ⑩ ）側面，そして，（ ⑪ ），曲想，美しさ，（ ⑫ ）といった，その音楽固有の（ ⑬ ）側面が互いにかかわりあって成立している。（ ③ ）を感受する能力とは，音楽の（ ⑦ ）要素と（ ⑨ ）要素を（ ⑭ ）し，それらの働きによって生まれる（ ⑮ ）や美しさを（ ⑯ ）をもって感じ取る能力である。すなわちそれが，音楽科における「基礎的な能力」になるものである。

語群

　　ア　知覚　　　イ　力強さ
　　ウ　和声を含む音と音とのかかわり合い　　エ　構成
　　オ　和声的　　カ　曲想　　キ　音楽を形作っている諸要素
　　ク　基礎的・基本的　　　　ケ　情緒的　　コ　構造的
　　サ　豊かさ　　シ　充実した　　ス　発達段階に応じた活動
　　セ　旋律的　　ソ　形式　　タ　表現　　チ　基になる能力
　　ツ　強弱　　　テ　感受　　ト　雰囲気　　ナ　感性的
　　ニ　イメージ　ヌ　音色　　ネ　発展的　　ノ　旋律

（☆☆☆◎◎◎）

【３】次の楽譜を見て設問に答えよ。

(1)　曲名と作曲者名を答えよ。

(2)　この曲を鑑賞教材として取り上げる価値はどこにあると思うか簡
　　潔に述べよ。

(3)　この曲の鑑賞の授業で養うことのできる「音楽活動の基礎的な力」
　　を4つあげ，どのような指導方法や授業場面を設定するか答えよ。

（☆☆☆◎◎◎）

【４】中学校学習指導要領[音楽]の第1学年の内容A表現(1)カ「表現した
　　いイメージや曲想をもち，様々な音素材を用いて自由な発想による即
　　興的な表現や創作をすること」を基に創作の授業を3時間で実施する
　　ことを想定して，指導計画表を完成させよ。

274

	指導内容・生徒の活動	評価
第1時		
第2時		
第3時		

(☆☆☆○○○)

【5】次の歌詞を見て，設問に答えよ。

一、
①あした浜辺を
　さまよえば
昔のことぞ
　しのばるる
風の音よ
　雲のさまよ
寄する波も
　かいの色も

二、
②ゆうべ浜辺を
③もとおれば
昔の人ぞ
　しのばるる
寄する波よ
　かえす波よ
月の色も
　④星のかげも

(1) 曲名，作詞者，作曲者を答えよ

(2) 傍線部①～④の言葉の意味を答えよ。

(3) 1番は「寄する波も　かいの色も」，2番は「月の色も　星のかげ
　　も」で終わっているが，「～も」の後にはどのような感情が込めら
　　れていると考えるか簡潔に答えよ。

(4) この曲はA(a，a')B(b，a')の2部形式であるが，bの部分を下の五線
　　譜に書き入れよ。

(☆☆☆○○○)

二次試験

【中学校】

【１】次の問題の中から1つを選び，その番号を○で囲み，問いに答えよ。

問題

1　中学校学習指導要領　[音楽]　の2内容　A表現(1)イにおいて「曲種に応じた発声により」とあるが，授業では具体的にどのように指導していくか述べよ。

2　中学校学習指導要領　[音楽]　の第3　指導計画の作成と内容の取扱いでは，内容の指導についての配慮事項として「創作指導については，理論に偏らないようにするとともに，必要に応じて作品を記録する方法なども工夫させること。」とある。創作指導においてどのような工夫をすれば，生徒たちが興味をもって取り組み，音楽活動の基礎的な能力を高めることができると考えるか述べよ。

(☆☆☆◎◎◎)

解答・解説

一次試験

【中学校】

【１】表現及び鑑賞の幅広い活動を通して，音楽を愛好する心情を育てるとともに，音楽に対する感性を豊かにし，音楽活動の基礎的な能力を伸ばし，豊かな情操を養う。

〈解説〉音楽科の全体目標は，①音楽を愛好する心情を育てる　②音楽に対する感性を豊かにする　③音楽活動の基礎的な能力を伸ばす　④豊かな情操を養うの4つの柱からなっている。　平成元年版学習指導要

領では若干の修正を加え，かつ，その順序性を変え，さらに，小学校
や中学校の例にならった形で，「芸術の幅広い活動を通して」という
前文を付けた。全体目標のポイントの意図をしっかりと把握しておく
必要がある。

【2】① シ ② チ ③ キ ④ ヌ ⑤ ノ ⑥ ウ
⑦ エ ⑧ ツ ⑨ タ ⑩ コ ⑪ ト ⑫ サ
⑬ ナ ⑭ ア ⑮ カ ⑯ ニ
〈解説〉文部省が発行している中学校学習指導要領 解説―音楽を熟読す
ること。

【3】(1) 曲名 小フーガ ト短調 作曲者 J.S.バッハ
(2) 小規模なフーガであるため，フーガの面白さを手軽に理解するこ
とができる。またパイプオルガンのもつさまざまな音色や，それらの
重なり合った音楽の特徴を感じ取ること。

(3)

音楽表現の基礎的な能力	指導法・授業場面
さまざまな鍵盤楽器の音色と構造の特徴	パイプオルガン・チェンバロ・ピアノの音色の特徴を感得しそれと楽器の構造,特に発音原理の特徴とのかかわりを理解させる。
鍵盤楽器による音楽の特徴の感得	3種類の鍵盤楽器のために書かれた音楽を味わうことを通して,それらの趣や,楽器の特性とのかかわりをまとめさせる。
バロック時代の音楽の特徴の感得	バッハの「小フーガ」,ダカンの「かっこう」を通して,バロック時代の特徴を感じとらせる。
フーガ形式の理解	フーガ,装飾音などの知的理解については,専門的にならないようにし,音楽そのものの場面や美しさに触れるようにする。

〈解説〉小フーガ ト短調・・・「フーガ」とは模倣対位法の完成された
形式であり，主題が独立した各声部に模倣反復を繰り返しながら発展
していく楽曲形式のことである。
14世紀から16世紀頃のイタリアでは，カノンのことをフーガと呼ん
でいたが，18世紀になってバッハが完全なフーガ形式をつくりだした。
バッハの後の作品に比べると，対位法の組み立てや各声部の処理法が

さほど緻密ではない，エピソードに工夫が見られない，などの指摘も
あるがバッハのオルガン曲の中では最も知られ親しまれている作品で
ある。それは，明快で美しい主題と対旋律の流麗さ，声部を支えて
次々と現れる主題の応答，加えて主題に対して常に決まった対位句が
奏される(固定対位句)など，この曲が大変聴きやすくまたわかりやす
い構成になっていることによるものであろう。

【４】〈解答例〉

	指導内容・生徒の活動	評価
第1時	・身の回りの音を探してみよう ・身の回りにある「音」を調べその音を中心に関連した音をできるだけ見つける。 　例：警笛・踏み切り音	・複数の音素材が関連性を持って組み合わされたか。
第2時	・音を作って表現してみよう(個人練習) 　テーマを考えよう ・身の回りのものを使って音を出すときどんな風にそれらを扱うか考える。	・1つの物で何通りの扱い方ができるか。 ・複数の物の組み合わせ方に工夫があるか。
第3時	・発表してみよう ・各自のテーマに基づいた発表を行い，他の生徒が感想を発表する。	・前回の練習より発表。工夫があったか。

【５】(1)　曲名　浜辺の歌　　作詞者　林古溪　　作曲者　成田為三
　(2)　①　朝　　②　夕方　　③　当てもなく歩き回れば　　④　光
　(3)　浜辺で見えるこれらの情景が昔の情景と重なって変わりなく見
　　え，作者の回顧の情景がいっそう高められている。
　(4)

〈解説〉「浜辺の歌」は，浜辺に打ち寄せてくる波を思わせるような叙情
　　的な旋律と，8分の6拍子特有のやわらかくながれるような伴奏のリズ
　　ムによって出来ている。

二次試験

【中学校】

【1】1　例えば，イタリア民謡を歌う場合と日本民謡を歌う場合とでは，発声の仕方や音色の変化が異なることに配慮した上で学習を展開させることが求められのである。しかし，ここで示していることは，表現しようとしている曲に関して，本来の持ち味がより的確に表現できる発声に気付かせることが大切なのであり，決して何通りもの発声の技能を身に付けさせことを求めているのではない。　2　生徒の意欲や創造的体験を尊重することが重要である。特に，生徒一人一人の個性を生かし，自分の表現したいイメージを曲想に基づいた表現をさせるとともに，様々な音素材にも興味・関心をもたせることが大切となる。このことから，五線譜による記譜だけではなく，文字，絵，図，記号，コンピューター等機器を活用した方法なども含め，創作したものを記録する方法を工夫させ，生徒の個性的な創造や自己表現を一層活発にする必要がある。尚，このことは，楽譜のもつ意味や多様な音楽の仕組みの総合的な理解につながるものである。

〈解説〉1　ここでいう「曲種」とは音楽の種類のことであるが，その場合，特に時代・地域に基づく特徴や，様式によう違いをとらえることが大切である。歌唱歌においても，わが国や諸外国には様々な種類の曲があり，言語のみならず発声の方法も多様でそれぞれ独特の表情や味わいをもっている。したがって，歌唱の幅広い学習活動を行うためには，発声の方法が常に一律ではないとういう認識をもつ必要がある。

2005年度　実施問題

一次試験

【中学校】

【１】次の文は，中学校学習指導要領に示されている音楽科の目標である。
文中の（　１　）〜（　６　）にあてはまる語句を記入せよ。

「（　１　）及び（　２　）の幅広い活動を通して，音楽を愛好する（　３　）
を育てるとともに，音楽に対する（　４　）を豊かにし，音楽活動の（　５　）
な能力を伸ばし，豊かな（　６　）を養う。」

(☆☆☆◎◎◎)

【２】中学校学習指導要領［音楽］第1学年，第2学年及び第3学年の2内容，
A表現，（2）のイに「歌唱教材には各学校や生徒の実態を考慮して，
次の観点から取り上げたものを含めること」とあり，次のような内容
が記載されている。

(ア)　（　①　）で長く歌われ親しまれているもの

(イ)　我が国の（　②　）や（　③　）の美しさを感じ取れるもの

(ウ)　我が国の（　④　）や日本語のもつ（　⑤　）を味わえるも
の

(1)　文中の①〜⑤にあてはまる語句を記入せよ。

(2)　上の3つの観点のいずれかを満たす表現教材を現行の教科書の中
から3曲選び，曲名，作詞者，作曲者，冒頭の2小節を答えよ。（調
は任意）

(☆☆☆◎◎◎)

【3】 中学校学習指導要領［音楽］第3の「指導計画の作成と内容の取扱い」に、「第2の内容の指導については次の事項に配慮するものとする。」とあり、次のような内容が記載されている。

・　（　1　）について気付かせるとともに（　1　）の生徒に対しては、心理的な面についても配慮し、適切な（　2　）と（　3　）によって歌わせるようにすること。

・　歌唱指導における階名唱については、（　4　）を原則とすること。

・　器楽指導については、指導上の必要に応じて弦楽器、管楽器、打楽器、鍵盤楽器、電子楽器及び（　5　）を適宜用いること。また、（　6　）については、3年間を通じて1種類以上の楽器を用いること。

文中の（　1　）～（　6　）に適切な語句を記入せよ。

(☆☆☆◎◎◎)

【4】 次の楽譜を見て、設問に答えよ。

(1)　曲名を答えよ。

(2)　作詞者、作曲者を答えよ。

(3)　作曲者はどのような効果をねらって曲中にフェルマータを用いたかを答えよ。

(4)　作曲者が2小節目にピアニッシモを付けている理由を考えて答えよ。

(5)　3小節目に音符を書き入れて曲を完成させよ。

(☆☆☆◎◎◎◎)

【5】 次の楽譜を見て，設問に答えよ。

- (1) 曲名と作曲者名を答えよ。
- (2) ピアノ伴奏（実際に授業で使えるもの）を創作して楽譜内に記入せよ。
- (3) この曲を第1学年で学習する場合，どのような指導内容や学習活動が考えられるか。箇条書きで5つ以上答えよ。

(☆☆☆◎◎◎)

【6】 次の(1)の楽譜をフルート（in C）で演奏し，(2) アルトサックス（in E♭）と(3) クラリネット（in B♭）とでユニゾンで合わせる場合，どのように記譜するか答えよ。

(☆☆☆◎◎◎)

【7】 次の楽譜を見て，設問に答えよ。

- (1) 曲名と作曲者名を答えよ。

(2) 　中学校学習指導要領［音楽］の第2学年及び第3学年の内容B鑑賞（1）ア「声や楽器の音色，リズム，旋律，和声を含む音と音とのかかわり合い，形式などの働きとそれらによって生み出される曲想とのかかわりを理解して，楽曲全体を味わって聴くこと」を基にして，どのような指導内容が考えられるか箇条書きで5つ以上答えよ。

(☆☆☆◎◎◎)

二次試験

【中学校】

【1】1 　中学校学習指導要領［音楽］の教科の目標の中にある「音楽活動の基礎的な能力」とはどのようなことを指しているかを述べよ。

2 　中学校学習指導要領［音楽］の指導計画の作成と内容の取扱いに「コンピュータや教育機器の活用も工夫すること」とあるが，どのように活用していきたいと考えているか，期待できる教育的効果も含めて述べよ。

(☆☆☆◎◎◎)

解答・解説

一次試験

【中学校】

【1】1　表現　　2　鑑賞　　3　心情　　4　感性　　5　基礎的
6　情操

〈解説〉生活を明るく豊かにするための「音楽を愛好する心情を育てる」こと，教科の特性にかかわる「音楽に対する感性を豊かにし，音楽活

動の基礎的な能力を伸ばす」こと，人間形成を目指す「豊かな情操を
養う」ことの，3つのねらいで構成されている。

【2】(1)　(ア)　①　我が国　　(イ)　②　自然　　③　四季
　　(ウ)　④　文化　　⑤　美しさ

〈解説〉生徒の音楽への興味・関心を引き出し，表現活動への意欲や喜び
　を高めるものを選択し，生徒の発達段階や技能の実態，学校や地域の
　特色について留意することも必要。

(2)〈例〉・「夏の思い出」　作詞　江間章子　　作曲　中田喜直
　　・「花」　作詞　武島羽衣　　作曲　滝廉太郎
　　・「赤とんぼ」　作詞　三木露風　　作曲　山田耕筰

夏の思い出

花

赤とんぼ

〈解説〉他に，「浜辺の歌」や「花の街」など，沢山の曲が考えられる。

【3】1　変声期　　2　声域　　3　声量　　4　移動ド　　5　世界の諸
　民族の楽器　　6　和楽器

〈解説〉1，2，3　変声は健康な成長の一過程であり，その時期や変化の
　程度は個人差があることに気付かせ，不必要な不安や羞恥心などをも
　たないよう配慮する。　　4　各長調の主音をド，各短調の主音をラと
　読む方法。　　5　様々な地域の民族の楽器に触れることで，諸外国の
　文化に対する理解を深める。　　6　三年間を通じて，1種類以上を用い
　る。

【4】(1) 夏の思い出　(2) 作詞者　江間章子　　作曲者　中田喜直
(3) 作詞者が以前訪れた尾瀬の美しさや，懐しさを表現しているとともに，尾瀬までの距離（遠さ）を表す効果がある。　(4) 水芭蕉の花がひっそりと咲いている情景を表現している。

(5)

〈解説〉(1) 昭和24年，NHKのラジオ歌謡として作曲。　(2) 江間章子：「花の街」の作詞者としても有名。　中田喜直：東京音楽学校卒業，他に「めだかの学校」，「雪の降る町を」などを作曲。　(3) 尾瀬は，群馬，福島，新潟三県にまたがる日本有数の湿原地帯。
(4) 水芭蕉は，白い花びらのようなもの（実際は葉が変形したもの）がついた植物。　(5) 曲中で唯一，3連符が使われている小節である。

【5】(1)　曲名；主人は冷たい土の中に　　作曲者：フォスター
(2)　例

(3)・歌詞の内容や曲想を感じとる。　・曲種に応じた発声で歌う。・楽器の基礎的な奏法を身に付け，リコーダーで演奏する。　・美しい音色で演奏する。　・旋律の美しさを感じながら演奏する。など。
〈解説〉5はスティーブン・コリンズ・フォスター（1826年〜1864年・米）の「主人（あるじ）は冷たい土の中に」からの問題。(2)のピアノ伴奏は，コードがC→F→C→G7で曲想を損なわないもの。

なども良い。

【6】(2)　アルトサックス　in E♭

(3)　クラリネット　in B♭

〈解説〉この曲はBdur（B♭，E♭）なので，クラリネットin B♭の楽譜には，調号はつかない。アルトサックスinEb（B♭，E♭，A♭）では，A♭をAにするため，調号1つ（♯1つ）がつく。

【7】(1)　曲名：交響曲第5番ハ短調op.67　作曲者：ベートーヴェン

(2)　例　・オーケストラの楽器の種類，音色の違いについて。
・リズムが生み出す効果について。（第一楽章提示部第一主題の緊迫したリズムなど）　・度々反復される中心的な旋律があり，途中で変化すること。またそれと対照的な旋律が挿入されていること。（第一楽章提示部第一主題，第二主題の対照的な旋律など）　・オーケストラが生み出す豊かな響きについて。　・楽曲全体を構成するソナタ形式について。

〈解説〉(1)　第一楽章，提示部・第一主題。クラリネット・弦楽器。

(2)　第一学年では，「音色」，「リズム」，「旋律」，「和声を含む音と音とのかかわり合い」，「形式」について，それぞれを“感じ取って聴くこと”と示しているが，第三学年では，“理解して，楽曲を味わって聴くこと”と示している。諸要素と曲想とのかかわりをより細部にわたって知覚することによって，楽曲構成の豊かさを感じ取り，理解を深め，楽曲全体を味わえるようにする。

二次試験

【1】1　例　生涯にわたって楽しく充実した音楽活動ができるための，基になる能力。すなわち，音楽を形作っている諸要素を感じ取る能力である。

音楽は，音色，リズム，旋律，和声，形式などの構成要素と，速度，強弱などの表現要素による構造的側面，雰囲気，曲想，美しさ，豊かさといった音楽固有の感受性的側面が互いにかかわり合って成り立っている。音楽の構成要素と表現要素を知覚し，それらの働きによって生み出される曲想や美しさを，イメージをもって感じ取る能力をさす。

2　例　近年科学技術の発達により，様々な優れた音質による再生装置が開発されている。

コンピュータやシンセサイザーなどには関心を示す生徒が多く見られ，表現や鑑賞において，学習意欲を高めるためにも有効である。また創作活動においても，五線譜による記譜だけでなく，コンピュータ等の機器に記憶させるなどの活用も考えられる。

〈解説〉1　今回の改訂で新たに加えられたねらいである。以前は基礎的な能力とは，知識や楽器の奏法，ソルフェージュ能力などととらえられていたが，それらも音楽の諸要素を感受する能力と結びついてはじめて意味をもつものである。　2　各学校の実情に合わせ，効果的な学習をするために，活用の場や方法の工夫が望まれる。

2003年度　実施問題

【1】次の文は平成14年度版学習指導要領に示された目標である。①〜③の空欄に適語を入れなさい。

　表現及び鑑賞の幅広い活動を通して，音楽を〔　①　〕する心情を育てるとともに，音楽に対する〔　②　〕を豊かにし，音楽活動の〔　③　〕な能力を伸ばし，豊かな情操を養う。

(☆☆◎◎◎)

【2】平成元年版学習指導要領の「指導計画の作成と内容の取扱い」において読譜指導については三年間を通じて2♯・2♭程度…だったものが，平成10年の改正で1♯・1♭程度を持った調号の楽譜の視唱や視奏に慣れさせるようにすることとなった。このことの意義についてあなたの考えを述べなさい。

(☆☆☆◎◎◎)

【3】学習指導要領において，各学年の「A．表現」及び「B．鑑賞」の指導に当たっては，適宜，自然音や環境音についても取り扱うとあるが，自然音・環境音とは何か。また，自然音・環境音を授業で扱う意義について述べなさい。

(☆☆☆◎◎◎)

【4】水芭蕉の花が　咲いている
　　夢見て咲いている　水の辺り
　　石楠花色に　たそがれる
　(1)　この曲の曲名を答えなさい。
　(2)　この曲の作曲者名を漢字で答えなさい。
　(3)　上の歌詞の続きに出てくる地名を漢字で答えなさい。

(☆☆◎◎◎◎)

【5】

  (   )

(1) この曲の作曲者名を答えなさい。

(2) 楽譜の空いているところを書きなさい。

(3) 楽譜の下の( )に2番の歌詞を書きなさい。

(4) この曲は何調か。

(☆☆○○○)

【6】次の曲のA作曲者名とB国名を書きなさい。

曲名	1.ブルタバ(モルダウ)	2.子犬のワルツ	3.六段の調べ	4.交響詩「ローマの松」	5.魔弾の射手
作曲者名 A					
国名 B					

(☆☆○○○)

【7】(1) この曲を二度高く，臨時記号を使ってかきなさい。

(☆☆☆○○○)

【8】(1) 学習指導要領のなかで，鑑賞教材のうち世界の諸民族の音楽については，第1学年においては主としてどこの地域の諸民族の音楽のうちから適切なものを選んで取り上げるようにするとなっているか。

(2) 歌唱指導における階名唱については固定ド唱法と移動ド唱法のどちらを原則とするか。

(☆☆○○○)

【9】次の文は学習指導要領の「選択教科」に関する内容である。①～④
の〔　　〕へ適語を入れなさい。
　　選択教科としての「音楽」においては，生徒の特性等に応じ多様な
　学習活動ができるよう，第2の内容その他の内容で各学校が定める
　ものについて，〔　①　〕学習，創造的な表現活動の学習，郷土の
　伝統芸能など地域の特質を生かした学習，表現の能力を〔　②　〕
　的に高める学習，〔　③　〕表現を追求する〔　④　〕な学習など
　の学習活動を各学校において適切に工夫して取り扱うものとする。
　　　　　　　　　　　　　　　　　　　　　　　（☆☆☆☆◎◎◎）

解答・解説

【1】①　愛好　　②　感性　　③　基礎的

【2】(解答例)　今回の改訂で小学校の中学年(第3・4学年)でハ長調を，
　高学年(第5・6学年)でハ長調及びイ短調をと，従来の♭1つ(ヘ長調と
　ニ短調)の指導が削減された。中学校ではそれを受けて目標に示されて
　いる「音楽活動の基礎的な能力を伸ばし」ていく指導をしたい。「1♯・
　1♭程度」ということは，生徒の実態に応じて臨時記号の含まれてい
　る楽譜や，♯，♭がもっと多い楽譜の指導も可能ということではある
　が，読譜というものが♯や♭の数だけで難易度が決まるものではなく，
　リズムや音程などの要素によるものが大きいため，「移動ド唱法」の
　指導を含めて無理のない方法で指導していきたい。

【3】(解答例)　自然音とは例えば風にそよぐ木々，川のせせらぎ，波や
　風の音など自然界に存在する様々な音である。環境音とは車や電車の
　音，工場や街の音，日常生活の身の回りの音を指す。音楽は音を媒体

とするものであり，声や楽器以外のそれらを含めた音を，音楽の対象
として視野を広げ意識しつつ「音」そのものの音色の多様さや効果に
耳を傾け，表現や鑑賞の活動において適宜取り扱いたい。

【4】(1) 「夏の思い出」   (2) 中田喜直   (3) 尾瀬沼

【5】(1) 山田耕筰

(2)

(3) (やーまのはたけーのくわのみを)   (4) 変ホ長調

【6】1. A スメタナ   B チェコスロバキア

2. A ショパン   B ポーランド

3. A 八橋検校   B 日本

4. A レスピーギ   B イタリア

5. A ウェーバー   B ドイツ

【7】

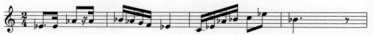

〈解説〉移調の場合はふつう調号を使って書くが，ここでは臨時記号をと
いう指示なので留意したい。

【8】(1) アジア地域   (2) 移動ド唱法

【9】① 課題   ② 補充的   ③ 芸術   ④ 発展的

第 3 部

チェックテスト

過去の全国各県の教員採用試験において出題された問題を分析し作成しています。実力診断のためのチェックテストとしてご使用ください。

音楽科

【1】 次の(1)〜(10)の音楽用語の意味を答えよ。

（各1点　計10点）

(1)　agitato	(2)　comodo	(3)　con fuoco
(4)　marcato	(5)　ma non troppo	(6)　ritenuto
(7)　con brio	(8)　brillante	(9)　delizioso
(10)　rinforzando		

【2】 次の(1)〜(5)の楽曲形式名等を答えよ。

（各1点　計5点）

(1)　主に二つの主要主題が提示される提示部(A)−展開部(B)−再現部(A')からなる3部構造で，それに終結部が付加されるもの。

(2)　主要主題(A)が，副主題をはさんで反復される形式で，A−B−A−C−A−B−Aのように構成されるもの。

(3)　3部形式A−B−AのA及びB部分が拡大されて，それ自体が2部あるいは3部形式をなすような構造をもつもの。

(4)　主題の旋律やリズム，速度などを様々に変化させたり，発展させたりするなどの手法によるもの。

(5)　ポリフォニー(多声音楽)の完成されたものといわれ，主題と応答を規則的な模倣，自由な対位法的手法で展開された楽曲。

【3】 次の音楽や楽器と関係の深い国の国名をそれぞれ答えよ。

（各1点　計10点）

(1)　ケチャ	(2)　ホーミー	(3)　シャンソン
(4)　カンツォーネ	(5)　タンゴ	(6)　フラメンコ
(7)　シタール	(8)　胡弓	(9)　ツィンバロム
(10)　バラライカ		

【4】 次の(1)〜(6)のギターのコードダイヤグラムについて，コードネーム
を答えよ。

（各1点　計6点）

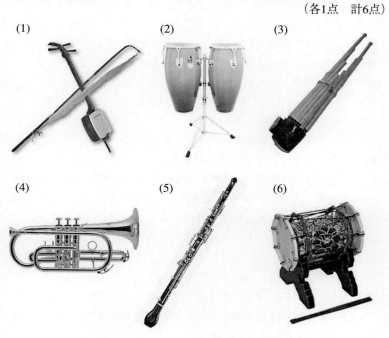

(1)　　　　　　　　　(2)　　　　　　　　　(3)

(4)　　　　　　　　　(5)　　　　　　　　　(6)

【5】 次の楽器の名前をあとのア〜ソから1つずつ選び，記号で答えよ。

（各1点　計6点）

(1)　　　　　　　　　(2)　　　　　　　　　(3)

(4)　　　　　　　　　(5)　　　　　　　　　(6)

　ア　コンガ　　　　イ　三味線　　　ウ　コルネット　エ　カバサ
　オ　トランペット　カ　胡弓　　　　キ　ボンゴ　　　　ク　バスーン
　ケ　鞨鼓　　　　　コ　オーボエ　　サ　鉦鼓　　　　　シ　締太鼓
　ス　イングリッシュ・ホルン　　　　セ　笙
　ソ　バス・クラリネット

【6】 次の文章は，西洋音楽史について述べようとしたものである。この
　文章中の(ア)～(ト)にあてはまる最も適切な語句をそれぞれ書
　け。ただし，同じ記号の空欄には，同じ語句が入るものとする。

（各1点　計20点）

　　中世ヨーロッパにおいて教会での典礼儀式と結びついた単旋律聖歌
は，地方的聖歌や民俗音楽を同化しつつ(ア)聖歌に統一された。
これは，礼拝様式の統一を命じた教皇(イ)の名に由来するとされ，
ラテン語の歌詞をもち，(ウ)譜で記された。その後，教会や修道
院の中で聖歌が基礎となって(エ)音楽が生まれ，パリの(オ)
大聖堂を中心にオルガヌム，モテトなどへ発展し(カ)，(キ)らに
よってその頂点を極めた。また，この時期は民俗的世俗音楽も全盛期
であり南フランスの(ク)，北フランスの(ケ)，ドイツの(コ)
たちの俗語による歌曲を生んだ。

　　(サ)の音楽とは，音楽史上，中世とバロック期の間に位置する
時代の音楽を指す。この時代，15世紀のデュファイなどに代表される
(シ)楽派が活躍し，次いで15世紀末から16世紀にかけて展開され
るジョスカン・デ・プレやラッススなどに代表される(ス)楽派の
音楽によって(サ)音楽は本格的な歩みをたどりはじめる。この時
代の後期は，「教皇マルチェルスのミサ」を作曲した(セ)楽派の
(ソ)や「ピアノとフォルテのソナタ」を作曲した(タ)楽派の
(チ)などが活躍した。フランスでは市民階級の向上とともにジャ
ヌカンなどの(ツ)が一世を風靡し，イタリアではフィレンツェの
(テ)家を中心に高度な芸術活動が展開され，優れた詩による多声
歌曲(ト)が作曲された。モンテヴェルディは9巻に及ぶ(ト)曲

集を出版している。

【7】次の日本の伝統音楽についての説明文の各空欄に適する語句を下の ア〜タから1つずつ選び，記号で答えよ。

(各1点　計8点)

(1)　室町時代の初めに，物語は歌謡として謡われ，台詞も抑揚を付け て唱える，観阿弥・世阿弥父子が大成した仮面劇を(　①　)楽とい う。

　　また，(　①　)楽と一緒に上演されることの多いコミカルな対話 劇を(　②　)という。

(2)　17世紀後半に大阪の竹本座で創始された三味線音楽を(　③　)と いい，脚本家(　④　)の協力を得て，人形芝居の音楽として大流行 した。現在，(　③　)は「(　⑤　)」の音楽として知られている。

(3)　唄方，細棹三味線を使用した三味線方，囃子方によって演奏され る歌舞伎のために生まれた三味線音楽を(　⑥　)という。

(4)　舞台奥に作られたひな壇に並んで演奏することを(　⑦　)といい， これに対して舞台を盛り上げる効果音を舞台下手の黒御簾で演奏す る音楽を(　⑧　)音楽という。

ア　雅	イ　狂言	ウ　神楽	エ　舞
オ　太鼓	カ　長唄	キ　地謡	ク　能
ケ　近松門左衛門	コ　義太夫節	サ　黙阿弥	シ　人形浄瑠璃
ス　出囃子	セ　下座	ソ　裏方	タ　合いの手

【8】次の和音の基本形をd音を根音としてヘ音譜表に書け。

(各1点　計5点)

(1)　長三和音

(2)　減三和音

(3)　属七和音

(4)　短三和音

(5)　増三和音

【9】 次の各問いに答えよ。

（各1点　計4点）

(1) 次の楽譜を短3度上方に移調した時，①の部分で最も適切なコードネームはどれか。下のア〜オから1つ選び，記号で答えよ。

　　　ア　F　　イ　E♭　　ウ　Am7　　エ　B7　　オ　Cm

(2) 次の楽譜はB♭管のクラリネットの楽譜である。同じ音でF管のホルンで同時に演奏する場合の楽譜は何調で示されるか。下のア〜オから1つ選び，記号で答えよ。

　　　ア　ハ長調　　イ　ト長調　　ウ　変ロ長調　　エ　ニ長調
　　　オ　ハ短調

(3) 次の楽譜は何調か。下のア〜オから1つ選び，記号で答えよ。

　　　ア　ニ短調　　イ　ロ短調　　ウ　ヘ短調　　エ　ト短調
　　　オ　イ短調

(4) 次の楽譜は何調か。下のア〜オから1つ選び，記号で答えよ。

　　　ア　ハ長調　　イ　ト長調　　ウ　イ短調　　エ　ニ長調
　　　オ　ニ短調

【10】 次の楽譜を見て，下の各問いに答えよ。

（各1点　計6点）

(1)　①～③の音程を書け。

(2)　a及びbの囲まれた音符で構成される和音の種類を書け。

(3)　この曲はヘ長調で始まるが，その後何調から何調へ転調している
か書け。

【11】 次の(1)〜(7)の楽譜は，ある曲の一部分である。作曲者名と作品名をそれぞれ答えよ。

（完答各2点　計14点）

【12】 合唱の授業において生徒から次の内容の質問を受けた場合，どのような指導をすればよいか，具体的に答えよ。

（各2点　計6点）

(1)　なかなか響く声を出すことができません。どうすればいいですか。

(2)　歌詞の内容が聴く人に伝わるように歌いたいのですが，どうすればいいですか。

(3)　変声期で声が出にくいのですが，どうすればいいですか。(男子生徒からの質問)

解答・解説

【1】 (1) 激しく (2) 気楽に (3) 熱烈に，火のように (4) はっきりと (5) しかし，はなはだしくなく (6) すぐに遅く (7) いきいきと (8) はなやかに，輝かしく (9) 甘美に (10) 急に強く

|解|説| 楽語は基本的にイタリア語である。音楽用語は基礎的かつ頻出の問題であるため，集中して音楽用語を覚えることが大切である。(3)のconは英語のwithとほぼ同義の前置詞であるので，楽語にもよく登場する。注意しておこう。

【2】 (1) ソナタ形式 (2) ロンド形式 (3) 複合3部形式 (4) 変奏曲形式 (5) フーガ

|解|説| 本問は楽曲形式名を答える出題だが，楽曲形式を説明させる問題であってもきちんと対応できるようにしたい。 (3) 「複合」を付けること。 (5) フーガは遁走曲ともいう。

【3】 (1) インドネシア (2) モンゴル (3) フランス (4) イタリア (5) アルゼンチン (6) スペイン (7) インド (8) 中国 (9) ハンガリー (10) ロシア

|解|説| (1)のケチャはインドネシアのバリ島の男声合唱。 (2)のホーミーはモンゴルの特殊な発声(1人で2種類の声を同時に出す)の民謡。(7)のシタールは北インドの撥弦楽器で古典音楽の独奏に用いられる。(8)の胡弓は日本の擦弦楽器であるが，明治以降は使用されることが少なくなった。中国では胡琴(フーチン)という胡弓に似たものがあり，その種類が多く，二胡(アルフー)もその一つであるため混同されている。 (9)のツィンバロムはダルシマーとも呼ばれ，ハンガリーのジプシー音楽で多く用いられる。

【4】(1) Em　　(2) D　　(3) B7　　(4) A　　(5) C7　　(6) G

解説　ギターの基本的なコードの知識が求められる問題である。新学習指導要領解説では，ギターと三味線を授業で取り扱う場合についても触れている。ギター関連の出題ではコードが主で，各地で出題されている。したがって，基本事項はおさえるべきであろう。

【5】(1) カ　　(2) ア　　(3) セ　　(4) ウ　　(5) ス　　(6) ケ

解説　楽器の名前を写真で判断する問題であるが，特に難しい楽器はない。どの場合も，必ず楽器の特徴的な部分があるのでそこに目をつけること。

【6】ア：グレゴリオ　　イ：グレゴリウスⅠ世　　ウ：ネウマ
　　エ：ポリフォニー　　オ：ノートルダム　　カ，キ：レオニヌス，ペロティヌス　　ク：トルバドゥール　　ケ：トルヴェール　　コ：ミンネゼンガー　　サ：ルネサンス　　シ：ブルゴーニュ　　ス：フランドル　　セ：ローマ　　ソ：パレストリーナ　　タ：ヴェネツィア　　チ：ガブリエーリ　　ツ：シャンソン　　テ：メディチ
　　ト：マドリガーレ

解説　出題傾向が高い部分なので，確実に身につけておきたい。また各語についてもさらに研究しておくことが望ましい。

【7】(1) ① ク　　② イ　　(2) ③ コ　　④ ケ　　⑤ シ
　　(3) ⑥ カ　　(4) ⑦ ス　　⑧ セ

解説　日本伝統音楽の能楽・三味線音楽に関する問題。記号を語群から選ぶものであり，(1)〜(4)の説明文が簡潔で正答できなければならない出題である。

【8】

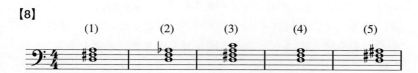

解説 基本的な和音構成問題。根音が必ずしもCとならないことに注意し，またこれらの和音はどのコードにあたるのかということも合わせて学んでおくと良い。

【9】(1) ア　(2) エ　(3) エ　(4) イ

解説 (1)　この楽譜はニ長調で短3度上方に移調するとヘ長調になる。①の小節はDがFとなり，ソーミドでFのコードネームとなる。
(2)　クラリネットは実音が長2度下であり，楽曲はGdurとわかる。ホルンの記譜音は完全5度上であるため，Gの5度上のDdurとなる。

【10】(1)　①　短6度　　②　減4度(減11度)　　③　増2度
(2) a　短3和音　b　長3和音　(3)　ヘ長調→ハ長調→イ短調

解説 (1)　音程を答えるためには，まず音部記号を正しく読める必要がある。　(2)　これも同様であるが，配置の異なる音符を和音に再構成する必要がある。　(3)　転調は3種類方法があるが，特徴音を探すことと，和声の流れから調性を判断することができる。

【11】(1)　ビゼー ／ 歌劇「カルメン」から「ハバネラ」　(2)　プッチーニ ／ 歌劇「トスカ」から「妙なる調和」　(3)　チャイコフスキー ／ ピアノ協奏曲第1番 変ロ短調　(4)　ベートーヴェン ／ 交響曲第3番「英雄」　(5)　シューベルト ／ 歌曲集「冬の旅」から「春の夢」　(6)　ヘンデル ／「水上の音楽」から「ホーンパイプ」
(7)　ガーシュイン ／ ラプソディー・イン・ブルー

解説 楽譜の一部から作曲者，曲名を問うことは頻出。どれも有名な旋律部分であるが，分からないものは，必ず音源を聞いておくこと。

【12】(1)　・模範のCDを聴かせ，響く声のイメージを持たせる。　・姿勢，呼吸，口形，発音に気をつけて発声練習をさせる。　・その生徒のもっとも響く音域を見つけ，響かせる感覚をつかませる。　など

(2)　・歌詞の内容，メッセージを十分に理解させる。　・子音をていねいに歌い，言葉がはっきり聞こえるように歌う。　・歌詞のイントネーションに合わせた歌い方になるよう，言葉のまとまりに気をつけた歌い方を工夫させる。　など　　(3)　・無理のない声域や声量で歌うようにさせる。　・音域の幅があまり広くない曲を教材として選曲する。　・変声は健康な成長の一過程であり，不必要な不安や羞恥心などをもつことのないように配慮する。　など

解説　(1)や(2)の指導例に〈鼻濁音〉の指導を入れるのもよい。　(3)の変声期の対応は出題されることが多い。

第4部

頻出問題演習

Part1

【1】 次の(1)〜(4)は，音楽で使用される用語である。その意味を答えよ。

(1) comodo　　(2) delizioso　　(3) rinforzando　　(4) con fuoco

【2】 和楽器について，次の各問いに答えよ。

(1) 箏の歴史に関する説明として正しくないものを，次のア〜エから
1つ選び，記号で答えよ。

ア　雅楽の楽器として大陸から伝来し，その主要楽器として用いら
れた。

イ　箏は独奏楽器や催馬楽の伴奏楽器として貴族に愛好された。

ウ　室町時代の末に福岡県久留米市の善導寺の僧賢順が，寺に伝わ
る雅楽から箏を伴奏とする歌曲を創作した。これが山田流箏曲の
起源である。

エ　江戸時代の初期，八橋検校は筑紫流箏曲をもとに調弦法の改良
などを行い，箏曲を芸術的なものへと昇華させた。

(2) 箏の奏法に関する説明として正しくないものを，次のア〜エから
1つ選び，記号で答えよ。

ア　合せ爪とは，親指と中指(または人さし指)で2本の弦を同時に弾
くことである。

イ　輪連とは，爪の裏側を使って高音から低音へ連続して弾くこと
である。

ウ　カキ爪とは，隣接した2本の弦を中指でほとんど同時に弾くこ
とである。

エ　スクイ爪とは，親指で弦の向こうから手前にすくうように弾く
ことである。

(3) 尺八の奏法で，同じ指使いのまま，あごを出して音高を上げるこ
とを何というか。最も適当なものを，次のア〜エから1つ選び，記
号で答えよ。

　　ア　カリ　　イ　メリ　　ウ　ムラ息　　エ　スリ上げ

(4)　雅楽で用いられ，ばちを使って演奏する金属製の楽器は何か。最
　　も適当なものを，次のア～エから1つ選び，記号で答えよ。

　　　ア　鞨敷　　イ　鉦鼓　　ウ　楽太鼓　　エ　釣太鼓

(5)　三味線音楽に関する説明として正しくないものを，次のア～エか
　　ら1つ選び，記号で答えよ。

　　　ア　三味線音楽は，歴史や特徴などから，歌い物と語り物に大別す
　　　　ることができる。

　　　イ　義太夫節は，人形芝居，文楽の伴奏音楽に用いられる。

　　　ウ　常磐津節は，お座敷浄瑠璃と呼ばれるものである。

　　　エ　浪花節は，寄席の芸として生まれ，浪曲ともいう。

(6)　三味線に関する説明として正しくないものを，次のア～エから1
　　つ選び，記号で答えよ。

　　　ア　三味線は，インドのサンシエンが沖縄の三線を経て，16世紀に
　　　　日本に伝えられた楽器である。

　　　イ　三味線を最初に演奏したのは，琵琶法師であり，琵琶の撥を流
　　　　用した。

　　　ウ　サワリは，一の糸の振動に特色ある高次倍音を強調して添える
　　　　工夫である。

　　　エ　棹の太さを目安にして太棹，中棹，細棹の3種類に分類され，
　　　　長唄で用いられるのは細棹である。

(7)　次の①，②の唱歌は，何の楽器に使われるものか。最も適当なも
　　のを，下のア～カから1つずつ選び，記号で答えよ。

　　　①　「テンテテツク」　　②　「テーントンシャン」

　　　ア　三味線　　イ　箏　　ウ　篠笛　　エ　つけ太鼓

　　　オ　鉦　　　　カ　笙

【3】 世界のポピュラー音楽について，次の各問いに答えよ。

(1) 次の文章は，19世紀後半以降にアメリカで生まれたポピュラー音楽の1つについて，説明した文章である。文中のa，bに当てはまる語句を答えよ。

（ a ）は，アフリカ系アメリカ人の過酷な生活から生まれた哀愁を帯びた音楽である。一定のコード進行による12小節からなり，（ b ）・ノートを含んだ（ a ）音階に特徴がある。

(2) 次のア～カとかかわりの深い国を，下のA～Fから1つずつ選び，記号で答えよ。

ア シャンソン　　イ クロンチョン　　ウ メレンゲ
エ ファド　　　　オ ボサ・ノヴァ　　カ ルンバ
　A インドネシア　　B フランス　　　C ブラジル
　D ドミニカ　　　　E ポルトガル　　F キューバ

【4】 三味線と尺八について書かれた次のア～エの文について，下の各問いに答えよ。

> ア 三味線は，中国のミンシェンが，琉球を経て16世紀半ばに日本に伝わった楽器で，太棹，中棹，（ a ）の3種類に分類される。
> イ 三味線の三の糸は，上駒に乗せず，棹の一部にわずかに触れるようになっている。その結果，糸と棹が触れ合い，三味線独特のビリビリと響くような音が出る。この響きを（ b ）という。
> ウ 尺八は奈良時代に中国から伝来した。最もよく使われる尺八の指穴は，表に4つ，裏に1つある。裏の指穴を一孔という。
> エ 尺八は，江戸時代に禅宗の一派である普化宗の虚無僧による宗教音楽として発達した。尺八のために作られた本曲と，他の種目や楽器の曲に尺八を添えて演奏する他曲とがある。

(1) 文中のa，bの中に当てはまる語句を書け。

(2) ア～エの文の中には，間違っている語句が1つずつある。その間違っている語句を抜き出し，正しい語句を書け。

【5】次の楽譜を見て，下の各問いに答えよ。

はる こう ろう の　 はな の えん　　 めぐる さかずき　 かげ さ して

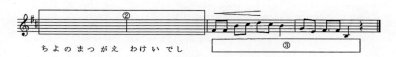

ちよ の まつ が え　わけ い でし

(1) この曲の曲名を漢字で答えよ。

(2) この曲の作曲者名を漢字で答えよ。また，この作曲者の作品の中で歌唱教材として代表的なものを，上記の曲以外に1つ答えよ。

(3) この曲の作詞者である土井晩翠が生まれた都道府県名を答えよ。

(4) 上の楽譜は，この曲の原曲である。□ ① □にあてはまる速度標語を次のア～エから1つ選び，記号で答えよ。

　　ア　Adagio　　イ　Andante　　ウ　Allegretto　　エ　Allegro

(5) 楽譜中□ ② □の部分に適切な旋律を書き入れなさい。

(6) 楽譜中□ ③ □にあてはまる歌詞を書き入れなさい。

(7) この曲と同じ形式で作られている曲を次のア～エから1つ選び，記号で答えよ。

　　ア　椰子の実　　イ　こきりこ節　　ウ　赤とんぼ
　　エ　浜辺の歌

【6】次の楽譜は，クラリネット(inA)用に書かれたものである。この楽譜を，ホルン(inF)で演奏するとき，クラリネット(inA)と1オクターブユニゾンになるように楽譜を移調して書け。

【7】次の(1)～(6)について音程名を答えよ。

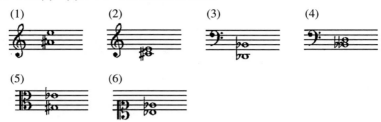

【8】中学校第1学年の創作の活動において，言葉や音階などの特徴を感じ取り，表現を工夫して簡単な旋律をつくることを指導する。どのような指導が考えられるか。簡潔に2つ答えよ。

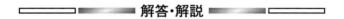
解答・解説

【1】(1) 気楽に　　(2) 甘美に　　(3) 急に強く　　(4) 熱烈に

|解|説| 楽語は基本的にイタリア語である。なお，(4)のconは英語のwithとほぼ同義の前置詞であるので，楽語にもよく登場する。注意しておこう。

【2】(1) ウ　(2) イ　(3) ア　(4) イ　(5) ウ　(6) ア
(7) ① エ　② イ

|解|説| (1)　ウの誤りは〈山田流箏曲〉，正しくは〈筑紫箏〉であり，さらに賢順の弟子の系統から〈八橋検校〉が祖となる〈八橋流〉が生まれた。箏曲2大流派の〈生田流〉は八橋検校門弟の生田検校が創始したもので，〈山田流〉は江戸中期以降に江戸で〈山田検校〉がたてたもの。　(2)　輪連とは人差し指と中指で2本の絃を擦る奏法で，高音から低音へグリッサンドするのは〈流し爪〉である。　(3)　正答はカリであり，この反対がメリで中メリや大メリもある。　(5)　お座敷浄瑠璃と呼ばれるのは〈新内節〉であり，新内流しという街頭での独特の演奏もあった。　(6)　サンシェン(三弦)とは中国の楽器で，沖縄の三線を経て日本に入り変化・改良され三味線になった。　(7)　唱歌

(しょうが)は和楽器教習のためのソルミゼーションの一種で口三味線(くちじゃみせん)ともいう。楽器の実習を通して覚えたいもの。小太鼓では　テンツク　テケツク テンツク　ツ　などがある。

【3】(1) a ブルース　　b ブルー　　(2) ア B　イ A
ウ D　エ E　オ C　カ F

|解|説| (1)　ブルースはA－A－B形式の12小節が基本となっている。ブルー・ノートとは，長音階の第3音と第7音を$\frac{1}{4}$音ほど下げた音とされる。　(2)　クロンチョンは西洋楽器を取り入れ16世紀に成立したといわれる，世界最古のポピュラー音楽のひとつ。メレンゲはドミニカ発祥の舞踊音楽。ファドはギターラ(ギターの一種)で伴奏されるポルトガルの大衆歌謡である。

【4】(1) a 細棹　　b サワリ　　(2) (間違っている語句，正しい語句の順) ア ミンシェン，サンシェン　イ 三の糸，一の糸
ウ 一孔，五孔　エ 他曲，外曲

|解|説| (1)　aの細棹は，太棹と中棹が出てきているので比較的答えやすいだろう。bのサワリについては，琵琶にも同じような構造がある。(2)　三味線のルーツとも言われるサンシェンは「三弦」と書く。沖縄では今でも「サンシン(三線)」という呼び方が残っている。

【5】(1)　荒城の月　　(2)　作曲者：滝廉太郎　　作品：花，箱根八里，お正月など　(3)　宮城県　(4)　イ
(5)

(6)　むかしのひかり　いまいずこ　　(7)　エ

|解|説| 楽譜は滝廉太郎作曲の「荒城の月」の原曲である。8小節の形で書かれ，「花のえん」の「え」に♯が付いている。8分音符を4分音符にして16小節とし，「え」の♯を消して歌われている曲に補作編曲したのは山田耕筰である。　(3)　土井晩翠は宮城県生まれ。仙台市の青葉城，及び会津若松の鶴ヶ城の印象から，詩が生まれたといわれる。また，滝廉太郎の縁で大分県の岡城も有名である。

【6】

解説 クラリネットＡ管とホルンＦ管とは長3度の音程差があるが，移調楽器の場合は，実音に対し記譜をどのように移調して演奏しているかを，しっかり把握しておくことが確実である。Ｂ♭管やＥ♭管も含めて次の表をよく覚えておきたい。この出題の実音の調は，「ホ長調」であり，ホルンでその実音を奏するには完全5度上のロ長調に移調すればよい。

（表）

調	記　譜	楽　器
Ｂ♭管	実音の長2度上	クラリネット・トランペット
Ａ　管	実音の短3度上	クラリネット
Ｅ♭管	実音の長6度上	アルトサクソフォーン
Ｆ　管	実音の完全5度上	ホルン

【7】 (1)　減5度　　　(2)　短3度　　　(3)　長6度　　　(4)　増3度　　　(5)　減6度　　　(6)　完全4度

解説 音程を答える問題では，基本の音程を身につけておかなければならない。音程には完全系と長短系の度数の2種類があり，長短系の度数が「長」または「短」に，および「長」から「短」，「短」から「長」になることを把握しておこう。なお，長短系の度数が完全系になることはない。

【8】 ・感じ取った言葉の抑揚やアクセントなどを手掛かりに旋律の音高を工夫して簡単な旋律をつくらせる指導。　・感じ取った言葉のリズムを手掛かりに旋律のリズムを工夫して簡単な旋律をつくらせる指導。　・我が国の伝統音楽に使われている音階の雰囲気を感じ取り，楽器の音色や奏法の特徴とかかわらせながら簡単な旋律をつくらせる指導。　・既存の旋律の特徴を感じ取ってそれを基にして変奏するようにつくらせる指導。　などから2つ

┃解┃説┃〈創作活動〉の第1学年において簡単な旋律をつくる指導を2つ並べる出題である。「言葉や音階などの特徴を」とあるのは，歌唱曲を意図したものであろうか，はっきりしない。解答例の中には，我が国の伝統音楽に…などもあるので，例えば沖縄音階の特色を活用した旋律の創作なども有効である。また，〈学級の歌〉の創作と決定も，時間はかかるが工夫の仕方によっては興味・関心を高め，意欲的に活動させることもあり得る。作曲を1人だけの活動に限らず，グループ活動を応用したり，テープ録音などの作品を記録する方法の工夫など，創作活動は大きな広がりを可能とするものである。

Part2

【1】 次の(1)〜(4)の音楽用語を簡単に説明せよ。

(1) ソナタ形式 　　(2) 対位法 　　(3) 通作歌曲

(4) 偶然性の音楽

【2】 世界の民族音楽について，次の各問いに答えよ。

(1) 次の民族楽器のうちガムランの打楽器では<u>ないもの</u>を，次のア〜オから1つ選び，記号で答えよ。

　　ア　ガンバン 　　イ　モリンホール 　　ウ　グンデル

　　エ　ゴング 　　オ　サロン

(2) 民族楽器の説明として<u>正しくないもの</u>を，次のア〜オから1つ選び，記号で答えよ。

　　ア　笙はリードの付いた竹のパイプを組み合わせた楽器で，和音を奏することができる楽器である。

　　イ　ウードはアラブ諸国，トルコ，ギリシャなどで広く用いられている弦楽器の一つである。日本の琵琶と同じく，中世イスラム世界の楽器を起源とする。

　　ウ　シタールは北インドの古典音楽で使用されるリュート族の撥弦楽器である。指ではじく弦と共鳴弦を持つ。

　　エ　ディジェリドゥは，アフリカの先住民族に使用されるユーカリ製のラッパで，成人になるための儀式などの伴奏に用いられてきた。

　　オ　スリンはインドネシアやフィリピンの竹製の縦笛で，ガムランの演奏等で使用される。

【3】 音学史について，あとの各問いに答えよ。

　　19世紀前期・中期に，自由思想や浪漫主義文学の影響のもと，音楽の世界にも「ロマン派」が花開いた時代であるが，19世紀も後期にさ

しかかると，ヨーロッパの中でも周辺地域の国々や民族的な少数派が，市民権の獲得や自由な表現様式による精神の解放を求め，国民主義的な音楽家が次々に輩出した。こうした傾向の先駆けとなった作曲家の一人にポーランド出身の(①)があげられる。彼は《24の前奏曲》作品8や4つの即興曲をはじめ，当時の中流家庭に普及しつつあった楽器(②)のための作品にとりわけ優れた才能を発揮し，古典派以来の形式の中に，_A母国の民族舞踊のリズムや情感を巧みに詩的に表現して「(②)の詩人」と呼ばれたが，2010年はその生誕(③)年の年にあたり，いろいろな催し物が世界中で行われた。

国民主義的な傾向の作曲活動は，ロシアでは，バラキレフやR.コルサコフ，ボロディンらが同人であったグループ(④)の活動が知られている。交響詩《禿山の一夜》や組曲《展覧会の絵》を作曲した(⑤)も，このグループに属していた。一方，スペインにおいてはヴァイオリンの名手で《ツィゴイネルワイゼン》を作曲した(⑥)や，フランス音楽の影響を強く受けながらも，_Bスペイン独特のリズムや旋律を用いたバレエ音楽《恋は魔術師》や《三角帽子》などを作曲した(⑦)が出た。さらに，20世紀に入ると，_Cスペインの国民的な楽器を独奏楽器にして民族的なリズムや響きを多用した《アランフェス協奏曲》を作曲した盲目の作曲家(⑧)が有名である。

(1) (①)〜(⑧)に当てはまる作曲家名や語句，数字を答えよ。

(2) 下線部Aのリズムの例を2つ答えよ。

(3) 下線部Bのリズムの例を1つ答えよ。

(4) 下線部Cの楽器は何か，答えよ。

【4】雅楽について次の文を読み，あとの各問いに答えよ。

雅楽は，日本古来の音楽と朝鮮半島や中国から伝来した音楽とが融合し，10世紀頃平安時代中期に完成し，今日もなお当時の形をほぼ保ったまま日本の宮中および神社，寺院等で演奏されている。雅楽の演奏形態は，管弦，(①)，歌謡の三つの演奏形態がある。

管弦は(②)，笙，(③)からなる管楽器と，箏，(④)の2

種類の弦楽器，鉦鼓，（　⑤　），太鼓の3種類の打楽器の編成で演奏される。（　①　）は日本古来の舞である「国風の歌舞」，中国から伝来した左方の舞(左舞)，朝鮮半島から伝来した右方の舞(右舞)がある。歌謡は雅楽器伴奏を付けた声楽曲で，馬を引く時の民謡である（　⑥　）と，漢詩に曲を付けて歌われた（　⑦　）に分類される。

(1)　①～⑦に適する語句を次のア～セから1つずつ選び，記号で答えよ。

 ア　長唄 イ　鞨鼓 ウ　神楽 エ　催馬楽 オ　三味線

 カ　乱声 キ　竜笛 ク　囃子 ケ　篳篥 コ　琵琶

 サ　舞楽 シ　平曲 ス　締太鼓 セ　朗詠

(2)　下線部について「左方の舞」，「右方の舞」の伴奏音楽を，それぞれ漢字で答えよ。

(3)　民謡「黒田節」の元になった雅楽曲を何というか，漢字で答えよ。

【5】次の楽譜はJ.S.バッハ作曲「マタイ受難曲」BWV244の第54曲「コラール」である。ソプラノ，アルト，テノールのパートを，それぞれクラリネット，アルト・サクソフォン，ホルンで演奏できるように楽譜を書き換えよ。なお，調号を用いずに臨時記号を用いて書くこととする。

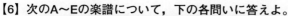

【6】 次のA～Eの楽譜について，下の各問いに答えよ。

(1) A，Bは中学校学習指導要領(平成20年3月告示)で示された歌唱指導における共通教材のピアノ伴奏の一部である。それぞれの曲名を答えよ。

(2) C～Eの曲名についてはa～mから，作曲者名についてはア～スからそれぞれ選び，記号で答えよ。

〈曲名〉

a 闘牛士の歌(歌劇「カルメン」より)

b 交響曲第6番ヘ長調「田園」   c 歌劇「トスカ」

d 連作交響詩「わが祖国」   e 交響組曲「シェエラザード」

f 動物の謝肉祭   g 鐘(「パガニーニによる大練習曲」より)

h ボレロ   i 前奏曲集第1巻より 第10曲「沈める寺」

  j ラプソディー・イン・ブルー k はげ山の一夜

  l ポロネーズ第6番「英雄」 m スラブ舞曲第10番

 〈作曲者名〉

  ア ラヴェル   イ ガーシュイン

  ウ ムソルグスキー   エ スメタナ

  オ リスト   カ リムスキー＝コルサコフ

  キ サン＝サーンス   ク ショパン

  ケ ビゼー   コ ベートーヴェン

  サ プッチーニ   シ ドビュッシー

  ス ドヴォルジャーク

【7】次の(1)～(3)の舞曲の起源の国名を〈A群〉の中から，適切なリズム
 パターンを〈B群〉の中から選び，それぞれ番号で答えよ。

 (1) Mazurka (2) Bolero (3) Samba

 〈A群〉

  ① アメリカ ② ドイツ   ③ ポーランド

  ④ ブラジル ⑤ アルゼンチン ⑥ スペイン

 〈B群〉

【8】 あなたが，箏を用いて創作指導をしようとするとき，どのような「指導のねらい」を設定し，どのような「指導の工夫」を行うか答えよ。

解答・解説

【1】 解説参照

解説 説明の記述問題では平常の音楽に対する関心・意欲が問われるもの。簡潔に，とあるので要点をまとめて記述したい。ここでは解答例の参考として要点を示す。　(1)　ソナタ，交響曲，室内楽などで用いられる楽曲形式。提示部・展開部・再現部(＋終結部)の3部分から構成され，提示部では第1及び第2主題が中心となる。ハイドンによって確立されベートーヴェンによって完成されたといわれている。

(2)　複数の旋律をそれぞれの独立性を保ちつつ組み合わせるための技法。和声法が和音の積み重ねの縦の関係を中心に扱うのに対し，対位法では旋律線や対旋律の横の流れの関係を扱う。対位法を駆使した曲種の代表がフーガであり，J.S.バッハ作品で頂点に達したといわれる。

(3)　詩の各節ごとに異なった旋律が付けられる歌曲。例としてシューベルト作曲(ゲーテ作詩)の「魔王」がある。通作の対語が「有節」歌曲で，詩の各節が同じ旋律であり，シューベルトの「野ばら」がその例である。　(4)　作曲や演奏に不確定な要素，偶然性を取り入れた現代音楽の1つ。アメリカのJ.ケージが20世紀中頃に提唱。音高，リズムが確定しないため五線上の記譜でなく，図形楽譜を使うことも多い。

【2】 (1)　イ　　(2)　エ

解説 (1)　イ　モリンホールはモンゴルの馬頭琴と呼ばれる二弦の擦弦楽器で，ガムランでは用いられない。　(2)　エ　ディジェリドゥはオーストラリア先住民のラッパである。

【3】 (1)　①　ショパン　　②　ピアノ　　③　200　　④　五人組　⑤　ムソルグスキー　　⑥　サラ・サーテ　　⑦　ファリャ　⑧　ロドリーゴ　　(2)　マズルカ　ポロネーズ　　(3)　ボレロ or

ハバネラ　　(4)　ギター

解説(1)　①　ショパンはポーランド出身で，前期ロマン派を代表する作曲家である。　②　産業革命の影響もあり，1790年から1860年頃にかけて，ピアノの生産技術は飛躍的に向上した。ショパンはピアノのための作品を数多く残し，「ピアノの詩人」と呼ばれている。

③　2010年はショパン生誕200年にあたる。　④　本文で挙げられている3人に，キュイ，ムソルグスキーを加えた5人の作曲家が，19世紀後半に民族主義的な芸術音楽を志向したロシア五人組と呼ばれる。

⑥　スペインの作曲家サラ・サーテは，自身もヴァイオリン奏者であり，技巧的かつスペインの民謡風の旋律を用いた音楽をのこしている。

⑦　ファリャは，新古典主義の影響を受けたスペインの作曲家。

⑧　ロドリーゴは，幼児期に失明したにも関わらず数々の作品を残したスペインの作曲家・ピアニスト。　(2)　マズルカ，ポロネーズは，共にポーランドを代表する民族舞踊のリズム，形式である。基本的には両方とも4分の3拍子。　(3)　ボレロはスペイン起源，ハバネラはキューバ起源で，共にスペインで流行した舞踊音楽である。ボレロは3拍子，ハバネラは2拍子。　(4)　ロドリーゴは，自身はピアニストでありながらギターに関心を持ち，クラシック・ギターを用いた楽曲を数多くのこしている。『アランフェス協奏曲』でもギターが独奏楽器として使用される。

【4】(1)　①　サ　②　キ　③　ケ　④　コ　⑤　イ　⑥　エ　⑦　セ　(2)　右方の舞……高麗楽，左方の舞……唐楽　(3)　越天楽

解説(1)　日本音楽については，近年出題頻度が高い。雅楽に関しても確実に押さえておくことが必要だ。ここでは，選択肢も用意されているので確実に正解したい。選択肢中の長唄，三味線などの日本音楽についても同様に確認しておくこと。　(2)　中国つまり唐を経由して伝来した伴奏音楽なので唐楽と，朝鮮半島つまり高麗を経由して伝来した伴奏音楽なので高麗楽と呼ぶ。　(3)　「越天楽」は，雅楽の曲のなかで最も有名な曲であり，歌詞をつけたものが「越天楽今様」で，後に「黒田節」になった。「黒田節」は結婚式などで用いられること

が多い曲であり，一度は耳にしたことがあるはずである。

【5】

解説 クラリネット(指示がなければ通常B♭管)への記譜は，ト音譜表で原調の長2度上に記譜する。Fdurの長2上，Gdurにする。アルトサクソフォンは記譜音の長6度下が実音であるが，慣例として他のサクソフォンも含めト音譜表上で記されている。アルトサクソフォンの記譜は，短3度下で表すのでDdurにする。ホルンはF・B♭管(シングル・ダブルのタイプがある)が通常用いられるが，どちらの調性の管でも記譜はF管用で行う。完全4度下のCdurで記譜する。

【6】(1)　A　赤とんぼ　　　B　夏の思い出　　　(2)　(曲名，作曲者名の順)
　　　C…e，カ　　　D…a，ケ　　　E…g，オ

解説 (1)　共通教材については，歌唱指導の方法など，様々な形式で

出題されている。したがって，学習指導要領等を読むだけでなく，すべての曲を聴き，演奏しておくことが必要だろう。 (2) その他の選択肢の正しい組み合わせは，b－コ，c－サ，d－エ，f－キ，h－ア，i－シ，j－イ，k－ウ，l－ク，m－スである。

【7】(A群，B群の順) (1) ③，② (2) ⑥，⑥ (3) ④，③

解|説|(1) Mazukaはポーランドの舞曲である。4分の3拍子で，1拍目に付点がつくことが多く，2拍目あるいは3拍目にアクセントが置かれる。
(2) ボレロはスペインの舞曲である。4分の3拍子が特徴的である。
(3) サンバはブラジル発祥の舞曲である。2拍子を感じさせる，シンコペーションを含んだ固有のリズムパターンが特徴である。

【8】指導のねらい…音階を選んで旋律をつくり，その旋律に副次的な旋律や和音などを付けて，イメージをもって音楽をつくる。 指導の工夫…調弦の異なる音階の複数の箏の中から，表現したい音楽のイメージを膨らませながら，それに合うものを選んで簡単な旋律をつくり，さらに，箏の特徴を生かして，その旋律に別の旋律を重ねたり，キー・ボードなどで和音を付けさせたりする。その際，イメージや表現の工夫についてワークシートにまとめさせる。その後，作品発表を行い，相互評価及び自己評価をさせる。

解|説|箏を用いた創作指導の「ねらい」と「工夫」を答えよという出題で難しい設問といえよう。生徒は中学校において1種類以上の和楽器の表現活動を経験しているが，各学校の実態に応じた経験であり，その和楽器も箏とは限らない。したがって，経験の個人差に応じた指導の工夫やグループで協力し合う指導の工夫で進めるのが基本として必要であろう。しかし，例えば箏に最も調和する「平調子」「雲井調子」「古今調子」などの調弦を無視し，ドレミファ…の全音階に調弦するようなことは避けねばならない。日本の伝統音楽のよさ，音色や響きの豊かさや繊細さなどを感じ取れる箏の創作指導の工夫でなくてはならない。

Part3

【1】 次の(1)から(4)の語句について，それぞれ簡単に説明せよ。

(1) オルティンドー (2) 序破急 (3) 平均律

(4) appassionato

【2】 三味線音楽について，下の(1)〜(7)に答えよ。

〈A〉

〈B〉

> これやこの，往くも還るも別れては，知るも知らぬも逢坂の山隠す，
> 霞ぞ春はゆかしける，波路遙かに行く船の，海津の浦に着きにけり

(1) Aの楽譜上の①「ハ」及び②「ス」の奏法の名前を書け。

(2) (1)の①「ハ」の奏法について具体的に説明せよ。また，②「ス」
　　はどのような場合にどのように弾く奏法か，具体的に説明せよ。

(3) この曲を弾くときの調弦を書け。

(4) この楽器で曲を伝えたりするときの唱歌のことを何と呼ぶか，書け。

(5) Bは三味線の伴奏で歌われる。Bの曲名及び音楽の名前を書け。また，この音楽を取り入れた日本の伝統的な演劇は何か，書け。

(6) Bの曲の囃子の楽器を3つ書け。

(7) Bの曲のもとになった能の作品は何か，書け。

【3】次の各問いに答えよ。

(1) 次の①～⑥の語句について，それぞれに関連する説明文をA群ア～コから，時代をB群a～fからそれぞれ1つずつ選び，記号で答えよ。

① オラトリオの興隆

② ライトモティーフ

③ オルガヌム

④ コラールの誕生

⑤ 12音音楽

⑥ アルベルティ・バス

〈A群〉

ア 文学作品や絵画などを題材とし，詩的感情や幻想的内容を表現したもの。多楽章ではなく，1曲1曲が独立していることが多い。

イ 中心音の存在や調性の支配を否定し，新しい表現を追求した作曲技法体系であり，すべての幹音と派生音を平等かつ均等に用いた音楽。

ウ ワーグナーの楽劇において用いられたもので，曲の中で繰り返し使われ，人物や状況を表す。劇中での状態の変化にしたがってリズムや和声が変形され，楽曲を統一するものである。

エ 分散和音の1種。右手の旋律に対する左手の伴奏の形として，連続的に現れることが多い。

オ ローマ・カトリック教会のラテン語典礼文をテキストとする単声聖歌。

　カ　2声部以上の旋律の独立的な横の流れに重点を置いて作曲された音楽。

　キ　多声音楽の1形態で，聖歌の旋律に1度，4度，5度，8度音程で並進行する対声部を付けるという手法。

　ク　宗教的または道徳的な性格をもつ劇的な物語を，独唱，合唱，管弦楽のために作曲した作品。

　ケ　幻想交響曲に初めて使用された，文学的な一定の概念に結びつけられたモティーフのことで，全曲を通して反復される。

　コ　聖歌隊によって歌われる歌という意味を持ち，ルター派の礼拝で歌われる自国語による賛美歌。

〈B群〉

　a　中世　　　　b　ルネサンス　　c　バロック　　　d　古典派

　e　ロマン派　　f　近・現代

(2)　次の①～⑤の作曲家を，古い年代から順に並べ変えよ。

　①　ロベルト・シューマン

　②　ジョスカン・デプレ

　③　アントニオ・ヴィヴァルディ

　④　カール・オルフ

　⑤　ヨーゼフ・ハイドン

(3)　「コンチェルト・グロッソ」について，時代の要素を入れて説明せよ。

【4】次の各問いに答えよ。

(1)　我が国の伝統的な歌唱に関する次の①～③の語句の読みと意味をそれぞれ書け。

　①　謡　　②　声明　　③　産字

(2)　中学生を対象に我が国の伝統的な歌唱を指導する際，生徒に伝統的な声の特徴を感じ取らせるための指導上の工夫について説明せよ。

【5】 次の楽譜を見て，下の各問いに答えよ。

(1) 楽譜の曲名，作曲者名を答えよ。

(2) （ ア ）の中に入る楽器名を答えよ。

(3) （ イ ）のように1つの旋律に対して独立して動くほかの旋律のことを何というか，答えよ。

(4) 楽譜のVaのパートで使われている音部記号の名称を答えよ。

【6】 次の楽譜は「エーデルワイス」の一部である。この楽譜を，下の内容を満たして編曲せよ。

1 吹奏楽部の生徒の金管アンサンブル用で，編成は以下の通り。
　(1) トランペット in B♭　　(2) ホルン in F
　(3) トロンボーン in C　　(4) チューバ in C
2 各パートには音部記号，調号，拍子を記すこと。
　(一般的な吹奏楽用の記譜とする。また，生徒が演奏しやすいように移調してもかまわない。)
3 金管楽器の響き合いの美しさが味わえるように配慮すること。
4 速度記号，発想記号など，曲想を表現するための記号も必ず記入すること。

【7】 次の(1)〜(4)の譜例に当てはまる日本の音階を下のA〜Dから1つずつ
選び，記号で答えよ。

A　民謡音階　　B　沖縄音階　　C　律音階　　D　都節音階

【8】 中学校第1学年で，楽器のための簡単な旋律を作る創作の活動を行
うこととした。どのような学習活動が考えられるか，1つ書け。また，
その学習活動を行う際の指導上の留意点を1つ書け。

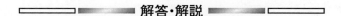

―――――――― 解答・解説 ――――――――

【1】(1) 「長い歌」という意味で，声を長くのばして歌うモンゴルの民謡
の形式。　　(2)　我が国の伝統音楽において，速度が次第に速くなる構
成や形式上の三つの区分を表すものとして用いられるもの。　　(3)　近
似的な音程を平均してひとつの音程で代表させるようにして，実用的
に簡便なものとした音律。　　(4)　熱情的に

|解|説| (1) 「長い歌」といわれるゆるやかなモンゴル民謡で，チメグレ
ルというリズム様式。　　(2) 「序」は導入部でゆっくり(無拍子)，「破」
は展開部・中間部で変化に富み，「急」は終結部で短く躍動的になど
形式原理を三段に分ける発想用語。本来は雅楽(舞楽)の楽曲編成の用
語である。　　(3)　純正律に生じる近似値の同音程を平均し簡便化した
音律。転調等に対応できるより実用的な音律である。　　(4)　アパッシ
ョナートで熱情的にの意。

【2】(1)　①　ハジキ　　②　スクイ(撥)　　(2)　①　左手の指(人差し指
または中指)で糸(弦)をはじく奏法　　②　同じ高さの音が2つ続く場合
に，2つ目の音をばちの先で糸の下から上へすくい上げるように弾く

奏法　　(3)　三下がり　　(4)　口三味線　　(5)　曲名…勧進帳　　音楽の名前…長唄　　演劇…歌舞伎　　(6)　太鼓，小鼓・鼓・締太鼓，龍(竜)笛・篠笛　　(7)　安宅

解説 三味線音楽についての出題で，(1)〜(3)は三味線の実技練習を体験した場合には答え易い。実技の経験がない場合も，「ハ」や「ス」の基本的な奏法や「三味線文化譜」(三本の線が一の糸，二〜三の糸を示しそれぞれの線の上の数字がポジションをあらわす。0は開放弦で18まで用いる)の記譜を知っていたい。　(1)　「ハ」は左指で糸をはじく「ハジキ」で，∩で表記される。「ス」は「スクイ(ばち)」で，バチの先で糸の下から上へすくい上げるように弾く。ほとんどの場合，まず上から弾いた後にすくい上げる。楽譜の表記はⅤである。　(3)　調弦法では「本調子」「二上がり」「三下がり」が基本的なものである。本問の場合，五線の下の「文化譜」を見ると三の糸の「ラ」(ハ長調)が0のポジションになっているので，一の糸が「シ」，二の糸が「ミ」，三の糸が長2度下げた「ラ」の「三下がり」の調弦でということになる。　(4)　唱歌(しょうが)の中で「口三味線(くちじゃみせん)」は三味線・箏の場合に用いられる。　(5)　Bは長唄(歌舞伎)で最も名場面として知られる「勧進帳」。　(6)　歌舞伎の囃子方は，笛・小鼓・太鼓が中心である。　(7)　能の「安宅(あたか)」を7代目市川團十郎が1840年に歌舞伎に改作・初演した。

【3】 (A群，B群の順)　(1)　① ク，c　　② ウ，e　　③ キ，a　　④ コ，b　　⑤ イ，f　　⑥ エ，d　　(2)　②→③→⑤→①→④　(3)　バロック時代に書かれた様式で，大小2つの合奏体からなる合奏協奏曲のこと。急・緩・急の3楽章構成を取ることが多く，対比的要素が反映された楽曲である。

解説 (1)　いずれの用語も西洋音楽史において，おさえておきたい用語である。説明文と時代の組み合わせを確認するだけでなく，流れとして確認しておいた方がよいだろう。用語の意味があいまいなものがあったら，自分の言葉で説明できるようにしておくこと。　(2)　ロマン派のシューマン，バロック派のヴィヴァルディ，古典派のハイドン

ということを考えると③→⑤→①の並びは迷うことがないだろう。デ
ブレは15世紀ルネッサンス時代の作曲家。オルフは近・現代の作曲家
である点が分かれば解答を導けるだろう。　　(3)　コンチェルト・グロ
ッソは，合奏協奏曲とも呼ばれバロック時代に用いられた音楽形式の
一つである。「協奏曲」という用語からも分かるように，独奏楽器群
とオーケストラの2群による演奏する楽曲のことである。合奏協奏曲
を作曲した有名な作曲家としてはヘンデルである。

【4】(1)　(読み，意味の順)　①　うたい，能楽に用いる声楽，など
②　しょうみょう，法会で僧侶が唱える声楽，など　　③　うみじ，
歌詞の音節を長く延ばしてうたう場合の母音部分，など　　(2)　伝統
的な声の音色や装飾的な節回しなどの旋律の特徴に焦点を当てて比較
して聴いてみたり，実際に声を出してみたりさせる。　など

‖解‖説‖(1)　①　能・狂言，また，それに近い芸能の歌唱のこと。特に
能の謡(うたい)を「謡曲」という。　　②　日本仏教の儀式・法要で僧
の唱える声楽の総称である。　　③　謡曲や長唄などで，例えば「こそ」
の「そ」を「そーお」と発音する場合の「お」を産字(うみじ)という。
(2)　解答例は，学習指導要領解説(平成20年9月，文部科学省)の〈A 表
現〉(4) 表現教材のイに記述されているものである。新学習指導要領の
音楽科改訂の要点の1つに「我が国の伝統的な歌唱の充実」があげら
れ，それに沿った出題である。学習指導要領解説を十分に学習してお
きたい。

【5】(1)　曲名：交響曲第9番「合唱」付　　作曲者名：ベートーヴェン
(2)　ファゴット(バスーン)　　(3)　対旋律(オブリガート)　　(4)　ハ
音記号(アルト記号)

‖解‖説‖(1)　楽譜はベートーヴェンの第9交響曲・第4楽章で，よく知ら
れる「歓喜の歌」の旋律が，Vc(チェロ)とDB(ダブルベース)で奏され
る。　　(2)，(3)　オーケストラ総譜を略した楽譜になっているため，
Vn(ヴァイオリン)のパートが無い。(ア)はBn(バスーン)のパート譜で，
Va(ヴィオラ)とVc(チェロ)の奏する主旋律と対旋律(オブリガート)にな
っている。　　(4)　Va(ヴィオラ)はアルト記号が用いられている。イタ

リア語や英語ではViolaであるが，フランス語ではaltoと呼んでいる。

【6】

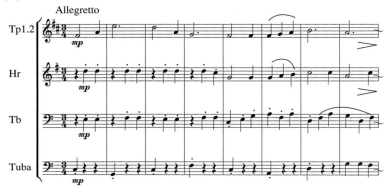

解説 吹奏楽に関する知識や経験があるとよいだろう。記譜の際には移調楽器に注意するべきである。トロンボーンとチューバは実音で記譜する。また音部記号については，トロンボーンとチューバはヘ音記号で記譜する。さらに4の条件を満たすように，ダイナミクスや楽語もふさわしいものを選択するとよい。

【7】(1) C　　(2) A　　(3) B　　(4) D

解説 (1)　律音階は日本の雅楽の音階のひとつ。雅楽・声明など中世以前成立の音楽で多用されている。　　(2)　スコットランド民謡などで多用される民謡音階。　　(3)　琉球音階ともいう。　　(4)　都節音階は義太夫，長唄など近世邦楽で多用される。

【8】**学習活動：限定した音を使って短い旋律を作り，それを自分の思うイメージに合うような楽曲形式を用いてまとまった作品にしていく活動。　など　　留意点：自分の表現したいイメージと音楽の諸要素との働きをかかわらせながら旋律を作らせること。　など**

解説 いろいろな学習活動が考えられ，創作活動の実践に即した解答をしたい。生徒のイメージと音楽の諸要素(音色・リズム・旋律・和声・形式，及び速度・強弱，雰囲気・曲想など)の働きとをかかわらせて創作し，表現するねらいの活動である。

●書籍内容の訂正等について

　弊社では教員採用試験対策シリーズ（参考書，過去問，全国まるごと過去問題集），公務員試験対策シリーズ，公立幼稚園・保育士試験対策シリーズ，会社別就職試験対策シリーズについて，正誤表をホームページ（https://www.kyodo-s.jp）に掲載いたします。内容に訂正等，疑問点がございましたら，まずホームページをご確認ください。もし，正誤表に掲載されていない訂正等，疑問点がございましたら，下記項目をご記入の上，以下の送付先までお送りいただくようお願いいたします。

---

① **書籍名，都道府県（学校）名，年度**
　（例：教員採用試験過去問シリーズ　小学校教諭 過去問　2025年度版）
② **ページ数**（書籍に記載されているページ数をご記入ください。）
③ **訂正等，疑問点**（内容は具体的にご記入ください。）
　（例：問題文では"ア〜オの中から選べ"とあるが，選択肢はエまでしかない）

〔ご注意〕
○ 電話での質問や相談等につきましては，受付けておりません。ご注意ください。
○ 正誤表の更新は適宜行います。
○ いただいた疑問点につきましては，当社編集制作部で検討の上，正誤表への反映を決定させていただきます（個別回答は，原則行いませんのであしからずご了承ください）。

●情報提供のお願い

　協同教育研究会では，これから教員採用試験を受験される方々に，より正確な問題を，より多くご提供できるよう情報の収集を行っております。つきましては，教員採用試験に関する次の項目の情報を，以下の送付先までお送りいただけますと幸いでございます。お送りいただきました方には謝礼を差し上げます。
（情報量があまりに少ない場合は，謝礼をご用意できかねる場合があります）。

◆あなたの受験された面接試験，論作文試験の実施方法や質問内容
◆教員採用試験の受験体験記

送付先	○電子メール：edit@kyodo-s.jp
	○FAX：03-3233-1233（協同出版株式会社　編集制作部 行）
	○郵送：〒101-0054　東京都千代田区神田錦町2-5
	協同出版株式会社　編集制作部 行
	○HP：https://kyodo-s.jp/provision（右記のQRコードからもアクセスできます）

※謝礼をお送りする関係から，いずれの方法でお送りいただく際にも，「お名前」「ご住所」は，必ず明記いただきますよう，よろしくお願い申し上げます。

教員採用試験「過去問」シリーズ

熊本県・熊本市の
音楽科 過去問

編　集	ⒸＣ 協同教育研究会
発　行	令和6年2月10日
発行者	小貫　輝雄
発行所	協同出版株式会社
	〒101-0054　東京都千代田区神田錦町2‐5
	電話　03－3295－1341
	振替　東京00190－4－94061
印刷所	協同出版・ＰＯＤ工場

落丁・乱丁はお取り替えいたします。

2024年夏に向けて
―教員を目指すあなたを全力サポート！―

●通信講座

志望自治体別の教材とプロによる
丁寧な添削指導で合格をサポート

●公開講座（＊1）

48のオンデマンド講座のなかから、
不得意分野のみピンポイントで学習できる！
受講料は6000円〜　＊一部対面講義もあり

●全国模試（＊1）

業界最多の **年5回** 実施！
定期的に学習到達度を測って
レベルアップを目指そう！

●自治体別対策模試（＊1）

的中問題がよく出る！
本試験の出題傾向・形式に合わせた
試験で実力を試そう！

　上記の講座及び試験は，すべて右記のQRコードか
らお申し込みできます。また，講座及び試験の情報は，
随時，更新していきます。

＊1・・・2024年対策の公開講座、全国模試、自治体別対策模試の
　　　　情報は、2023年9月頃に公開予定です。

協同出版・協同教育研究会
https://kyodo-s.jp

お問い合わせは
通話料無料の
フリーダイヤル
0120（13）7300
いいみ　なさんおうえん
受付時間：平日（月〜金）9時〜18時　まで